Georg Lohmeier

GESCHICHTEN FÜR DEN KOMÖDIENSTADEL

GEORG LOHMEIER

Geschichten für den Komödienstadel

VERLAG R. S. SCHULZ

8136 Percha am Starnberger See, Berger Straße 8 bis 10,
8136 Kempfenhausen am Starnberger See, Seehang 4.

Umschlagentwurf: Typobild Günter Becker
ISBN 3-7962-0047-8

INHALT

Seite

Vom Heustadel zum Komödienstadel

Das ganze Leben ist eine Komödie. Und Stadel nennen die Bayern und Österreicher, die Franken und Schwaben eine Scheune. Der Komödienstadel wäre demnach — auf gut norddeutsch — nichts anderes als eine „Lustspiel-Scheune“!

Wie kann der Mensch nur in einem Stadel Theater spielen mögen, in einer hölzernen, zusammengezimmerten Hütte? — Manchmal titulierten die Alten den Komödienstadel auch bloß Cumedi-Hütten, oder gar nur Cumedi-Schupfen. Sind für die holden Musen nicht kunstvolle Tempel und prächtige Staatstheater gerade gut genug? Welch ein monumentaleres Gegenstück zu einem primitiven Komödienstadel stellt ein griechisches oder römisches Amphitheater vor? Das von Syrakus zum Beispiel oder das Colosseum in Rom, die Amphitheater zu Orange in Südfrankreich, zu Verona oder Trier? Selbstverständlich hatten die Römer auch in den bayerischen Gegenden ähnliche steinerne Riesentheater gebaut: in Augsburg, Kempten und Regensburg zum Beispiel. Überlebt haben bei uns diese heidnischen Vergnügungspaläste blutrünstiger Kurzweil nicht einmal als Ruinen das fromme Mittelalter.

Die Bayerischen Musen — unter ihnen obenan die leichtgeschürzte Thalia im Dirndlgwand, die Muse der heimischen Lustspieldichter — begnügten sich als Opfertempel mit einem Heustadel.

Im Frühjahr werden aus diesen Stadeln, die mancherorts außerhalb der Dörfer in den Berg- oder Auwiesen herumstehen, die letzten Heufuder heimgefahren auf die Tenne über dem Kuhstall und sie stehen nun leer bis zum Grummet- oder Trittelheu, stehen leer von April bis August. So ein leerer Stadel in den frühlingsgrünen Wiesen lockt Burschen und Dirndl an, den Flori und die Marie, den Sixtus und die Annamirl. In so einer Hütten ist man von neugierigen Blicken geschützt, hat ein bergendes Dach überm Kopf und kann sich einmal ungeniert laut aussprechen über die wahre Zuneigung, man braucht nicht allerweil nur verstohlen am Kammerfenster flüstern.

Aber die eifersüchtige Gretl hat die Annamirl in den Stadel schleichen sehen, hat Argwohn geschöpft und rennt nun auch hinunter in den Ötzwieser Stadel mit ihrem unehelichen Kind im Arm. Der Flori streitet jede Vaterschaft ab und die Annemarie versöhnt sich, während die anderen sich zanken, am Leiterbaum lehnend wieder mit dem Sixtus.

Die Moni aber läuft heim, erzählt alles der Bäuerin und erscheint gleich darauf mit dem Bauern im Stadel, wo inzwischen der alte Kräuteltoni vorbeigekommen ist, der in der Heuhütten des Ötzwiesers seinen Blümerlsack versteckt hat und aus einem zweiten Rucksack seine kleine Zither hervorholt. Mit einem schönen Lied versöhnt er die neu zusammenstehenden Paare und dann spielt er den Steirertanz. Der Sixtus umgirrt die Annamirl und der Flori die stämmige Gretl. Der Hansl aber, der herbeigeeilte Hüterbub, tut einen Juchschrei.

Da naht schon der zweite Akt: Der Ötzwieser tritt auf, mit der weinenden Monika, die nun gesteht, auch von dem wilden Florian guter Hoffnung zu sein. Ob er denn jenen schönen Sonntagnachmittag schon vergessen habe, den wo er mit ihr in diesem Stadel zugebracht hat, wie der Stadel noch halb voller Heu gewesen? Der Flori lacht nur, busselt seine Gretl und meint, das Heu hätten die Küh schon lang gefressen. Und die Gretl wußte genau, daß auch die Moni schon einmal ohne Flori im Stadel einem anderen hatte das Heu zusammendrücken helfen.

Da stößt der Ötzbauer einen heiligen Eid aus, daß er diesen Sündenstadel anzünden werde, wenn in ihm noch einmal eine Todsünde geschehe. Alle versprechen sofortige Besserung. Die Moni allein will im brennenden Sündenstadel ums Leben kommen oder sich im Ötzsee ertränken. Da verzeiht ihr der Bauer und verspricht ihr, sie könne das Kind auf dem Hof lassen, denn seine Bäuerin habe ohnehin erst ein einziges Dirndl davongebracht. Die Moni fällt ihrem großherzigen Bauern um den Hals und der Toni spielt für die zwei einen „Kickeriki" auf, daß sich die Bretter biegen, weil auch die anderen Paare mitstampfen und sich dabei gegenseitig an den Händen „steiren".

Aber das Leben in der wirklichen Welt hat für das Glück im Heustadel meistens kein Verständnis, denn schon nähert sich der dritte Akt: Die Ötzwieserin hat vom lauernden Jagerloisl erfahren, wie ihr Bauer mit der Magd Monika im Stadel drunten einen Steirischen tanze. Jetzt rennt die Bäurin gleich zum Herrn Pfarrer und mit diesem dann hinunter in die Ötzwies und sieht gerade noch wie ihr Bauer die junge Moni an den Hüften in die Höhe stemmt und dazu einen Juchschrei ausstößt, daß man von der Zither des Kräutltoni nichts mehr hört. Jetzt kommt die Komödie rasch zum Schluß, denn der Herr Pfarrer liest jedem die Leviten. Der Sixtus muß die Annemarie heiraten und die Gretl darf mit dem Flori ins Hüterhäusl einziehen, sobald der darin hausende alte Kräutertoni verstorben wäre, ja noch besser gleich, denn dem Toni ist das

Häusl allein mit seiner Stube und Kammer ohnehin viel zu groß. — Der Bauer soll keine jungen Dirndl mehr anrühren, denn wie der Herr so das Gescherr. Außerdem sei der Fehltritt eines Mannes eine größere Sünde als der Übermut eines jungen Burschen. Aber weil die schöne Monika so lieb schluchzt, verspricht ihr der Herr Pfarrer, sie in seinem Pfarrhofe als Hausmädchen — neben der ohnehin kränkelnden alten Köchin — anzustellen. Und dann bekommen sie alle den Verlobungssegen und der Kräutltoni darf einen langsamen Ländler spielen. Und ganz am Schluß singt die Moni an der Hand des Herrn Pfarrers das Lied, wo es im Refrain heißt: Verflogen sei die Trauer und in etlichen Wocherl', da sei sie a kreuzbraves Pfarrerkocherl.

Aus diesem Geiste wirklich verschlungener und sich auch kreuzender Liebeswege wurde im Ötzwieser Heustadel, drunten in der Ötzwies, die bayerische Komödie geboren, denn die Geschichte wurde noch nach Jahren erzählt und als eine rechte Theatergaudi gelobt, die man geradezu noch einmal wieder aufspielen müsse, „nachspieln", damit sie auch andere erleben könnten, die damals nicht dabeigewesen waren. — Zur Silberhochzeit des Ötzwieser-Sixtus und seiner Gretl nun endlich spielten die Jungen die alte Liebesgeschichte der Eltern. Und das war eine Freud! Schon während der heimlichen Proben, drunten im leeren Stadel, fügten der junge Flori, die junge Moni und das agierende Jubelpaar einen Scherz um den anderen hinzu, besonders der Kräutltoni trieb seine Späße und auch jener lustig fröhliche Bursch, der den Herrn Pfarrer darstellen durfte, ließ seinem mimischen Triebleben die Zügel schießen. Und wahrscheinlich ist das Schlußlied der Ur-Cumedi auch erst jetzt entstanden, jener Gesang der Monika:

„Verflogen ist mein' Trauer
Pfüat di Gott liaba Bauer
In etliche Wocherl'
bin i 's Pfarrerkocherl."

Die Proben in der Ötzwieser Hütten waren oft so lustig und ausgelassen, daß neue Liebesgeschichten anfingen — und auch Eifersüchteleien — und man nicht mehr wußte, was nun wirklicher war, die Wirklichkeit oder das Spiel. Theater und Leben waren vollkommen identisch.

Um der Erinnerung getreu wirkungsvoll agieren zu können und um auch ein erstes dramaturgisches Komödienstadelgesetz, nämlich jenes der Einheit des Spiel- und Handlungsortes, zu kreieren, fand die Aufführung des Ötzwieserischen Hochzeitsspieles natürlich in dem Ötzwieser Heustadel in der Ötzwies statt. Dieser Heustadel war die erste Cumedi-Hütten, gewissermaßen der Adam- und Eva-Komödienstadel.

Die Zuschauer saßen auf primitiven Bänken in der „Oost" (= geleerte, „geoostete" Stadelhälfte oder Stadelviertel im Gegensatz zum Heustock). Sie saßen also in der leeren Hälfte des Stadels, während die Spieler in der anderen Oostseite werkten, wo man wegen des Tanzens und Plattelns über den bloßen Lehmboden des Stadels ein paar Bretter gelegt hatte, denn das Schuhplatteln und Steirertanzen stapft nirgends so effektvoll wie auf einem hohlen Bretterboden. Das wußte bereits der mönchische Ruodlieb-Dichter vom Tegernsee vor nun bald schon tausend Jahren. Und der Steirertanz ist eine uralte Liebespaar-Pantomime, wo sich Mann und Frau gegenseitig anlehnen und führen, halt altbayerisch „steiren".

Die Geschichte kriegt aber bald einen geistlichen Anstrich. Und das nicht zuletzt wegen des Liedes der Monika und der angeheiterten Rolle des in das Spiel miteinbezogenen Herrn Pfarrers.

Der gutmütige alte Geistliche war gestorben und der neue Herr hatte einen strengeren Charakter und weniger Humor. Das hohe Mittelalter war mittlerweile angebrochen. Er verbot das ganze Spiel, er predigte gegen das Herumtreiben der jungen Leute „in denen Heuhütten und sündigen Schupfen“, fernab des Elternhauses. Im Laufe der Jahrhunderte wurde das Stadeltreiben zur Sünde schlechthin, ob nun im Winter und Herbst, wo die Städel voll des duftenden Heus waren oder im Frühjahr und Frühsommer, wo sie sich geoostet zeigten. Cumedistadeln und Unkeuschheit treiben galten bald als sinngleiche Worte. Doch der mimische Trieb ließ sich nicht bändigen. Es kam in den Heustadeln immer wieder zu herzlichen Liebes- und Hochzeitsspielen mit Tanz und Gesang in den Zwischenakten. Da sagte sich die einsichtigere Geistlichkeit eines Tages, die sich obendrein jetzt allmählich an den Zölibat halten mußte:

Nützen wir doch diesen Spieltrieb zur Veredelung der rohen Herzen, pfropfen wir ihm das kostbare Reis der Frömmigkeit ein, der Reue und Buße.

Gedacht, gesagt, getan, das war eines, und in allen bayerischen Pfarreien, in den Dörfern, Märkten und Städten waren die Menschen begeistert. Jetzt dürfte, ja sollte man Cumedi spielen. Aber zunächst nicht mehr in den Heustadeln, sondern in oder vor den Gotteshäusern. Der bajuwarische Darstellungstrieb, die visibilitas, das Sichtbar-Machen-Wollen geistlicher Geschichten und Gestalten, ja von Ideen, hatte ein weites Betätigungsfeld bekommen und dargestellt wurde — im Mittelalter zunächst — das Spiel von der glorreichen Auferstehung unseres Herrn und Heilandes. — Damit auch für die Kurzweil gesorgt war, traten in der heiligen Aktion ein paar lustige Gestalten auf: Herr und Frau Salbenkrämer, bei denen die heiligen Frauen am Ostersonntag in der Früh die kostbaren Spezereien einkauften, ehe sie sich zur Einsalbung des göttlichen Leichnames ans Grab begeben wollten. Der ausgelassenste Bursch ist der Knecht dieser Salbenkrämerleut, der in einer immer größer werdenden Szene bald seinem Prinzipal die Hörner aufsetzen hilft und schließlich dem Geizhals das Weib samt Kasse entführt.

Aber auch in der erschütternden Karfreitagsprozession der Reformationszeit und der folgenden Jahrhunderte kommt allmählich eine derbe Cumedi vor: das Henkersknechtsspiel. Dabei taucht zum erstenmal das Wort Komödienstadel auf. Die Prozession gelangt auf ihrem Weg durch die Stadt an mancherlei Stationen, wo sie halt macht und eine besonders eindringliche Handlung oder Betrachtung vorzeigt; und zwar auf einem eigens dazu hergerichteten hölzernen Szenarium, das manchmal auch überdacht wird und so einen gezimmerten Stadel vorstellt, eben einen „Cumedi-Stadel".

Auf einer dieser Bühnenhütten der Karfreitagsprozession wurden die rauhen, groben Kerle der Henkersknechte vorgestellt. Das mußten ja üble Typen sein, grausame Bösewichte, die unseren Herrn gegeißelt, mit Dornen gekrönt und ans Kreuz genagelt haben: ordinäre Spieler, Säufer und Raufer, Ehebrecher und Zuhälter, geldgierige Diebe und Spießgesellen. Aber nicht ausschließlich waren es gezeichnete Böse, nicht selten verbargen sich die Henkersknechte auch unter der Maske der Biedermänner und Spießbürger. In diesem Akt der Henkersknechts-Vorstellung kamen also immer auch derbe Szenen vor. Da war die Möglichkeit zur Entfaltung von Possen gegeben, zum Auftritt betrunkener Zotenreißer, zum Fluchen und Witzemachen, zu Verführungsszenen unschuldiger Mädchen, denn diesen Henkern war ja ohnehin nichts heilig. Manchmal tritt sogar der brave Nagelschmied auf, der jene Nägel den Henkern verkauft, die sie durch Händ' und Füße des Herrn bohren werden. „I bin a braver Nagelschmied — bringt 's Handwerk ohnedas nicht viel ..." Er entpuppt sich als ein starker Trinker, der Weib und Kind schlägt.

Die Henkersknechtsszene der Karfreitagsprozession erweist sich als ein theatergeschichtlicher Ursprung des Komödienstadels. Welch eine erschütternde Erkenntnis! Der Anfang unserer rüpelhaften bayerischen Theatergaudi — der Attraktion unseres so gerühmten und beliebten Nationalhumors — entwickelte sich aus der Charakterisierung mitleidloser, verkommener und zu allem fähiger Henkersknechte, Scharfrichter und deren Helfershelfern!

Diese Henkersknechtskomödien, wenn sie auch, wie vereinzelte Klagen der höheren Geistlichkeit es beweisen, hier und da übertrieben ausgespielt worden sind, machten doch nur einen winzig kleinen Teil der Andachtsszenen innerhalb der großen, mächtigen Karfreitagsprozession aus. 1741 zum Beispiel umfaßte die Münchner Leidensprozession 111 Nummern, dargestellt von ungefähr zweitausend Menschen; darunter viele Kreuzträger und Geißler, die sich während der stundenlangen Prozession, die von hunderten von Windlichtern beleuchtet wurde, selber gegeißelt haben und, wie alte Stadtrechnungen von Deggendorf oder Ingolstadt, München oder Würzburg, Nürnberg oder Kempten es aufweisen: je größere Wundmale sich einer bei der Karfreitagsprozession selber geschlagen hat, ein desto höheres Honorar hat er aus der Stadtkasse empfangen.

Geradezu mit Freud und Erwerbslust haben sich damals

die Gläubigen im Mitleiden mit der Passion gegenseitig zu überbieten gesucht. Die ganze Prozession war ein riesiges Theater, eine „divina comedia“. Auf zahllosen Tragbühnen, den sogenannten Fercula oder auch Cumedi-Gestellen genannt, wurden in lebenden Bildern Andachtsszenen aus der Passion vorgestellt, vom Abendmahl bis zum Vesperbild. Und einige dieser sichtbar gemachten Meditationen werden dramatisiert. Für diese Auftritte genügen manchenorts Höfe und Plätze, gelegentlich aber wird dazu eine eigene überdachte Bühne aufgeschlagen, ein „Cumedi-Stadel“.

Aus den Karfreitagsprozessionen haben sich die Passionsspiele entwickelt. Es wurde an sehr vielen Orten in Bayern gespielt, aber angefangen damit haben die Ingolstädter und Dillinger, denn in ihren Mauern gab es Jesuitenklöster, entfaltete sich der neue Stil der sinnenhaften Frömmigkeit am ersten.

Durch eine wirkungsvolle schauspielerische Leistung konnten sich manche Orte besonders hervortun und brachten es zu ergreifenden Aufführungen. Sie bekamen einen so großen Zulauf, daß sie mehrere Spieltage ansetzen mußten. Solch berühmte Passionsspielorte waren, im 17. und 18. Jahrhundert, Markt Schwaben und Dorfen, Deggendorf und Dachau, Ingolstadt und Dillingen, Oberammergau und Erl usw. Man spielte auf den Kirchplätzen, auf überdachten Bühnen, bald in eigenen, stadelähnlichen Passionsspiel-Hütten, in denen auch die Zuschauer ein Dach überm Kopf hatten, eben in den Komödienstadeln.

Nach unserem heutigen Sprachgebrauch müßte der Komödienstadel ja eigentlich Tragödienstadel heißen, denn Christi Leidensgeschichte ist — bis zur Auferstehung wenigstens — doch eine herzzerreißende Tragödie. Nur die barocke Visibilität, die fromme Sinneslust, durfte das Geschehen Komödie nennen und nach der innigsten Anbetung ein Gaudium vortragen.

1760 war diese Welt noch in Ordnung, zehn Jahre später war der Teufel los. Der Geist der Aufklärung verspottete die barocken Passionen als ungeziemendes, närrisches Possenspiel eines unwissenden Volkes. Die Spiele wurden von der aufgeklärten geistlichen und weltlichen Obrigkeit verboten.

Das Volk war tief betroffen, konnte es nicht fassen. Die spielfreudigen Darsteller der berühmtesten Passionsspielorte zweier Generationen bemühten sich um Sondergenehmigungen durch mutige Eingaben an die Regierung, ja sogar an den Landesfürsten. Die Oberammergauer hatten Erfolg. Die Kiefersfeldener vergaßen ihre geistlichen Erbauungsspiele und wandten sich weltlichen Stoffen zu, der Darstellung mittelalterlicher Ritterschicksale in romantisch-biedermeierlicher Rührseligkeit. Und das wurde ihnen zeitweise noch verwehrt. Immerhin konnten sie ihren Komödienstadel erhalten, ja erneuern und größer bauen. Und in den sechziger Jahren des 19. Jahrhunderts wurde dieser Kiefersfeldener Komödienstadel durch den Münchner Schriftsteller Ludwig Steub in ganz Deutschland berühmt gemacht. Seitdem ist der Begriff „Komödienstadel“ nicht nur dem einheimischen Publikum geläufig, sondern vielen großstädtischen Sommerfrischlern aus ganz Deutschland; denn Ludwig Steubs populäre Reisebilder haben ja den Fremdenverkehr im oberbayerischen Gebirg und in Tirol angeregt und zu einer ersten Blüte gebracht. Seine „Wanderungen im Bayrischen Gebirge“ wurden auch in Berlin gelesen. Die ersten deutschen illustrierten Zeitungen, wie zum Beispiel die „Leipziger Illustrierte Zeitung“ brachten schon 1864 anschauliche Berichte über den Komödienstadel, deren es ja damals nur noch wenige gegeben hat, die Passionsspielhäuser zu Oberammergau und Erl in Tirol zum Beispiel.

Vor allem der Kiefersfeldener Komödienstadel erregte immer mehr Aufmerksamkeit. Anfang des 20. Jahrhunderts entdeckten ihn die Literaturhistoriker und Volkskundler und der Begründer der Theaterwissenschaft, Professor Arthur Kutscher, stellte den Komödienstadel in den Mittelpunkt seiner zahlreichen mimischen Untersuchungen. Auch Doktorarbeiten wurden darüber geschrieben.

Anderer Komödienstadel — wie des Flintsbachers zum Beispiel —, bemächtigte sich das Bauerntheater. Dieses Bauerntheater, 1892 in Schliersee erfunden, hat jene uralten Heustadeltraditionen wiederaufgenommen, die wir in dem lustigen Hochzeitsspiel im Ötzwieser Stadel in der Ötzwies schon erlebt haben. Und obwohl sich der gutmütige Bauernpfarrer wieder einfindet, kennt das Bauerntheater keine Heiligen, keine Kreuzträger und keine Apostel, weder den Ritter Rudolf von Felseneck noch die Gräfin Ulrike und auch nicht den Kaiser Octavianus.

Und doch kann es an die Überlieferung der großen Passionen anknüpfen, an das Possenspiel der Henkersknechte, ja schon an die Späße des Salbenkrämers im mittelalterlichen Osterspiel. Von den witzigen bürgerlichen Fasnachtsschwänken, Hanswurstiaden und originellen Typen der Vorstadtbühnen ganz zu schweigen! Denn die Urgewalt der vis comica, nach der sich die Völker mehr sehnen als nach Gerechtigkeit, verspricht uns, dargestellt durch die Potenz des Mimischen, Freude, schmerzlindernde Tröstung und feuchte Fröhlichkeit.

Seit 1959 benützen der Bayerische Rundfunk und das Deutsche Fernsehen den ehrwürdigen Theaternamen für die Sendereihe ihrer Bauernschwank-Inszenierungen. Der

Name ist zu einem Inbegriff leichter, manchmal fast allzu leichter Kost geworden. Und doch dürften in einem Komödienstadel auch Tragödien zur Aufführung kommen, volkstümliche Tragödien freilich, die auf die Henkersknechts-Cumedi nicht verzichten, nicht auf die unverwüstliche vis comica, die nie versiegende Kraft des Komischen.

Die Schlierseer

Das Zeitalter des bayerischen Bauerntheaters — man braucht es gar nicht bayerisch nennen, denn ein anderes Bauerntheater hat es nie gegeben — verdient innerhalb der deutschen Theatergeschichte ein eigenes Kapitel. Das war nämlich etwas vollkommen Neues in der Bühnengeschichte, dieses Bauerntheater, das Dreher und Terofal 1892 in Schliersee erfunden haben. Ein Volkstheater in den Städten hat es immer schon gegeben — wie z. B. in München im 18. Jahrhundert das Faberbräutheater, die Vorstadtbühne Lorenzonis auf dem Anger, das Schweigertheater vor dem neuen Maxtor oder Weinmüllers Ensemble im Gasthaus zur „Weißen Lilie" in der Au. Das waren ähnliche Unternehmungen wie die berühmteren Wiener Vorstadttheater, wie etwa Schikaneders Theater an der Wien, wie das Leopold- oder Josephstädtertheater. Die Münchner Volksbühnen gipfelten schließlich 1865 im neuerbauten „Aktienvolkstheater am Gärtnerplatz", das sich ab 1870 „königliches Volkstheater" nennt, nachdem Ludwig II. gesagt hat: „Meiner Hauptstadt darf der Besitz eines würdigen Volkstheaters nicht vorenthalten bleiben!" Bald aber von der Operette immer mehr verdrängt, zieht das Münchner Volkstheater in die Sonnenstraße. — Im Kriege zerbombt, schleppte es sich hernach noch etliche Jahre von Quartier zu Quartier, bis es schließlich ganz einging. Aber kaum richtig tot, fängt es in der Sonnenstraße in einem Privatunternehmen wieder zu leben an und geht nochmal zugrunde. Ein lustig-trauriges Theaterschicksal, fast wie es der Brauch ist, möchte man sagen. Warum solls dem Bauerntheater nicht ähnlich ergehen? —

Eh wir aber von den Schlierseern weiter erzählen, muß der häufig so verschwommene Unterschied zwischen Volkstheater und Bauerntheater etwas geklärt werden. Ja, werden Sie sagen, im Volkstheater spielt man halt Volksstücke, im Bauerntheater Bauernstücke. Nicht einmal das stimmt, denn das Volkstheater spielt auch gelegentlich ein Bauernstück und die Bauerntheater haben schon Volksstücke gespielt. Obendrein sind schon vor 1892 Bauernstücke geschrieben worden, also noch ehe es ein Bauerntheater gegeben hat. Die Unterscheidung ist einfacher und komplizierter zugleich und sie muß von der Theatergeschichte getroffen werden, also ganz und gar von der Schlierseer Gründung her, von der Erfindung des Bauerntheaters durch Dreher und Terofal.

Im Repertoire der alten Vorstadttheater trat die Figur des Bauern nur gelegentlich als schwerfälliger, komischer Trottel auf, als ein dem flotten städtischen Leben noch unerfahrener homo novus. Er war auch meist kein wirklicher Bauer, sondern eher einfach eine ländliche Type, ein Original zum Lachen, eine Vorstadtpflanze. Es waren dies Vorläufer von Ludwig Thomas Josef Filser etwa. So in Wien z. B. in der Zeit nach dem Kongreß — Jahre vor Raimund und Nestroys Zauberpossen — die köstliche Figur des „Vetters von Eipeldau“, die das Publikum in zahlreichen Stücken ergötzte oder der „Hansjörgel von Gumpoldskirchen“ mit seinen Abenteuern in der Kaiserstadt Wien. Im Verlaufe des 19. Jahrhunderts drang dann das ländliche Milieu immer kräftiger ins Volksstück ein, angeregt wahrscheinlich auch von den nun entstehenden Dorfgeschichten, die ihrerseits wiederum von der späten

Romantik beeinflußt waren. Dorfgeschichten schrieben Lentner und Kobell, Hermann von Schmid und Maximilian Schmidt und, alle überragend, der große Schweizer Bauernpfarrer Albert Bitzius im Emmental, genannt Jeremias Gotthelf. — Es handelt sich also überwiegend um alpenländische Schriftsteller, wenn auch nicht ausschließlich, denn auch in Norddeutschland setzte sich allmählich die Dorfgeschichte durch. — Daß nach diesen ländlichen Erzählungen nun bald auch Bauernstücke folgten, ist ausschließlich eine bayerische, ja Münchner Geschichte. Die Dorfgeschichte allein hat das Bauernstück nicht gezeugt. Da gibt es noch andere Väter und ziemlich sicher waren auch die Münchner Maler beteiligt. Die hatten damals gerade die Schönheit der Berge, die Idyllen der Seen, die Wirtsstuben und Almhütten, die Sennerinnen und Wildschützen, Schuhplattler und Zitherspieler, die Holzknechte und Kellnerinnen für die Leinwand entdeckt. Diese Maler des oberbayerischen Genres waren die Vorläufer Leibls und Defreggers und die Nachfolger eines Georg von Dillis. Zu ihnen gehören August Riedel und Philipp Heinel, vor allem aber der in Hof gebürtige Karl von Enhuber, ein vortrefflicher Schilderer des ländlichen Lebens, ein Meister des biedermeierlichen Münchner Genrebildes. Er versteht die Typen prächtig zu charakterisieren und auch die humorige Pointe fehlt meist nicht in der Komposition, — oder sollen wir nicht gleich lieber sagen „in der Szene"? Ja, München wird im 19. Jahrhundert zur Metropole aller Landschafts- und Genre-Maler. Es wären noch viele Namen zu nennen zwischen Wilhelm von Kobell, dem scharfäugigen, sachlichen Landschafter, bis hin zu ersten Im- und Expressionisten, zu Corinth und Slevogt und vor allem zu Fritz von Uhde und der Dachauer Malerkolonie. Ja, auch die Dachauer, wie sie später in den Stücken Ludwig Thomas auftreten, wurden zuerst von den Münchner Malern gesehen. Es ist nicht übertrieben, es waren Dutzende, junge Genies aus aller Herren Länder, vor allem auch aus Schottland, die damals, zwischen 1880 und 1910, in der lustigen Bergstadt Dachau und ihrem bäuerlichen Hinterland, in der herben Amperlandschaft und im Dachauer Moos, eine neue Welt entdeckten. Und schon in den achtziger Jahren gab es die Malerschule „Neudachau“, ein Ausweichsquartier der Sezessionisten. — Die Einflüsse der Maler auf die Dichter sind von je her nachzuweisen. — Und umgekehrt.

In den fünfziger-sechziger Jahren, schon im Isartortheater, entwickelte sich schön langsam das bayerische Bauernstück. Sein unmittelbarer Vorläufer war das „lebende Bild“, eine direkte Nachahmung der Genrebilder aus dem bayerischen Oberland. Das war einfach eine Bühnenschau, musikalisch umrahmt, von Schauspielern und Statisten dargestellt, stumm, ohne Text. Da sah man vor einer Almhütte am Feierabend die Sennerinnen beisammen sitzen, ein paar Holzknechte dabei, der Jäger mit seinem Stutzen beobachtet mißtrauisch einen dunklen Gesellen im Hintergrund, das Liebespaar hält sich die Hände, der Hüterbub schnalzt mit der Peitsche usw. Die Szenerien wechselten rasch: bald war es ein Bauernhof, bald ein Tanzsaal, bald ein herrliches Alpenpanorama. Mit der Zeit kam auch immer mehr Leben in diese Bilder: man sang, tanzte und plattelte. Jetzt brauchte man nur noch einen Text und das erste Bauernstück war fertig. Diese Texte lieferte der Münchner Magistratsschreiber Josef Prüller. Es waren einfache Stücklein von mäßiger Handlung und voll süßer Romantik.

Im Gärtnerplatz nahm sich dann ab 1865 Direktor Hofbauer dieser neuen Gattung sehr tatkräftig an und er machte denn auch das Bauernstück berühmt. Dieses Hofbauersche Ensemble der „Münchner vom Gärtnerplatz“ wie sie sich nannten, bestand aber noch ausschließlich aus Berufsschauspielern! — Als die Meininger auf den deutschen Bühnen Triumphe feierten, gingen auch die Münchner vom Gärtnerplatz in die Welt hinaus. Sie gastierten von 1879 bis 1893 in 72 Städten Deutschlands, Österreichs, der Schweiz, Hollands, Rußlands und auch Amerikas; und sie brachten im Lauf ihres Bestehens 33 verschiedene Bauernstücke in 2000 Vorstellungen auf die Bühne. Sie spielten ausschließlich Dialektstücke — wenngleich der Dialekt nicht ganz hasenrein war, denn die Schreiber dieser Stücke waren manchmal sogar zugereiste Münchner Schauspieler — und ihre Gebirgsbauern waren poetisch verklärte, idealisierte Gestalten. Großen Erfolg hatten sie in Berlin. Die seriösesten Kritiker der großen Zeitungen schwärmten.

Das große Theater empfing neue Impulse. Das bayerische Dialektstück regte zur Nachahmung an. Aber welch gewaltige Nachahmer waren es: die ersten Naturalisten, Gerhart Hauptmanns Weber in schlesischer Mundart! — Damit konnten die Münchner mit ihren minderwertigen Stücken nicht mehr konkurrieren. Ende der achtziger Jahre schon schlug das Wohlwollen der Berliner den Münchnern gegenüber ins pure Gegenteil um. Auch als sie nun ihre Stücke fallen ließen und den jungen Anzengruber spielten, hatten sie in Berlin keinen Erfolg mehr. Als Meister der Genremalerei und der Zustandsschilderung einer bäuerlichen, poetisch verklärten Welt, scheiterten sie an der Darstellung des Dramatischen. Die aufkommenden Naturalisten, denen Unnatur ein Dorn im Auge war, verspotteten nun die Münchner als „gespreizte Salontiroler“.

Da war es also höchste Zeit, daß etwas geschah, sollte

die neue Gattung weiterleben. Und es geschah tatsächlich etwas: Konrad Dreher und Xaver Terofal gründeten in Schliersee das erste Bauerntheater — auf dem — und das ist das vollkommen Neue — nur Bauern spielen sollten. Echter, will sagen, naturalistischer geht es nicht mehr. Und tatsächlich, der Erfolg war ungeheuer groß. Auch finanziell. Allein die Ausgaben unter Drehers Direktion noch bis 1902, beliefen sich auf siebenhundertfünfzigtausend Goldmark. Da gab es denn auch schon Neider. Konrad Dreher erzählt darüber:

„Manche fühlen sich zur abfälligen Kritik berechtigt als wie: die Direktion dieses Bauerntheaters hat die braven, unschuldigen Bauern vom Pflug und von der Feldarbeit weggerissen — obwohl im ganzen Gebirg kein Pflug und kein Feldbau existiert — oder daß ich durch diese Art Unternehmen die dramatische Kunst geschädigt und entwertet hätte, da ich quasi gezeigt, daß jeder Bauer mit Erfolg auch Theaterspielen könne! — Die bayerische Bauernkomödie ist und bleibt, nach meiner unmaßgeblichen Meinung, eine Spezialität und was den Bauerndarsteller dabei unterstützt, ist die Echtheit des Dialekts, der Bewegung, des Kostüms und der natürlichen und einfachen Art sich selbst zu geben, was auch noch unterstützt wird durch das auffallend angeborene Talent zum Komödiespielen all der ausgewählten Mitglieder der Truppe. Eine Vielseitigkeit, wie sie Terofal besitzt, der als Darsteller, Tänzer, Zitherspieler und Volksliedersänger Vortreffliches leistet; ein dramatisches Talent, schönes Organ, ausdrucksvolles Gesicht, kräftige Figur, wie sie Meht aufzuweisen hat, eine Darstellungsart von Bauernväterrollen wie sie Dirnberger und Gailling zustande bringen, ebensolche charakteristische Erscheinungen wie die Dirnbergerin und die Reil, eine so reizende Liebhaberin wie die Anna Dengg, habe ich nie vollkommener in Bauernstücken gesehen. Dies sage nicht nur ich, sondern das rühmen Tausende von Journalen allererster Kritiker wie Hermann Bahr, Rudolf Gottschalk u. a. Nur für hochdeutsche Rollen, auch Pfarrer, Lehrer, Maler, also Figuren, welche den gebildeteren Ständen entnommen sind, habe ich Berufsschauspieler verpflichtet."

Am 21. Mai 1892 war die erste Aufführung in Schliersee. Man spielte das Wildererstück „Das Jagerbluat" von Benno Rauchenegger. Dreher sprach einen selbstverfaßten Prolog, in dem es heißt:

„Da Nutzn soll für alle sein
net nur für uns, fürn ganzn Ort,
für Schliersee, Miesbach und so fort.
Und gehts amal und wird bekannt,
Na nutzts dem ganzn Oberland,
Na machts es ebn wo anderscht nach
Und was a Quell is wird a Bach
Und was a Bach is wird a Strom,
Drum muaß ma aa den Quell schon lobn."

Das war richtig vorausgesehen. Bald gab es mehrere Bauerntheater, denn einige der Gründungsmitglieder von Schliersee machten sich selbständig. So 1903 Michl Dengg, ursprünglich Schiffer, und seine Frau Anna, 's Gamsei genannt, von Haus aus eine Näherin, sie gründeten das Tegernseer Bauerntheater, für das Thoma dann später mehrere Stücke schrieb, z.B. „1. Klasse" und „Magdalena". Meth bildete sich in Reichenhall ein Ensemble. Und so ging die Entwicklung fort. In den dreißiger Jahren mag es mehr als ein Dutzend wandernder Bauernbühnen gegeben haben. Und die Darsteller — von Haus aus eigentlich mehr Handwerker als Bauern — sind bald auch zu Berufsschauspielern geworden. Am Anfang spielten sie nur „nebenbei", übten also noch ihren Beruf aus, dann aber übten sie nur noch nebenbei ihren Beruf aus — und schließlich wurden sie professionell.

Es ist noch eines nachzutragen: Haben denn nicht vor den Schlierseern auch schon Bauern Theater gespielt? — Natürlich haben sie es. Man denke nur an die Kiefersfeldener, an die Oberammergauer, an die Erler, ja überall haben sie gespielt und seit Jahrhunderten. Aber sie haben keine Bauern dargestellt. Sie glänzten als biblische Gestalten, als Helden und Heilige, als Ritter, Grafen, Fürsten und Könige, als Edelfräulein und Prinzessinnen. Das außergewöhnlich Neue war beim Bauerntheater, daß sie sich jetzt selber spielten.

Am zünftigsten muß es doch in Schliersee zugegangen sein im Theater und Hotel Xaver Terofal. Das muß der Himmel von einem Wirtshaus gewesen sein! Die Schauspieler spielten zugleich das Hotelpersonal. Terofal steht in der Wurstküch, in der er zusammen mit Meth grad Weißwürst macht; dann geht er als Hotelier in der Lederhosen durch die vollbesetzte Gaststube, grüßt, hilft selbst bedienen, „Hats gschmeckt, Herr Kommerzienrat?" — „Wer kriagt dös Backhendl?" — „Glei kimmt die gfüllte Schweinsbrust!" — Mit den Damen unterhält er sich sehr galant, sagt etwa „Ausschaugn teans wie Milch und Bluat so gsund" oder „Heit waar a Tag zum Schifferlfahrn!" — Die Liebhaberinnen sind auch Zimmermadl und Beschließerinnen, die Bäuerinnen arbeiten in der Küch, und der Wildschütz am Abend spielt untertags den Hausl, tragt die Koffer und putzt die Schuh. Ein lustiges Hotel, überall wird gespielt, auf der Bühne am Abend und untertags im Hotel.

Und die Identität von Spiel und Wirklichkeit, dieser Wohltat eines verliebten Lebens, gewährt uns jene humorige Leichtigkeit, mit der wir spielend Pflichten erfüllen, Barmherzigkeit üben, ja Schmerzen ertragen.

Komödie-Gschichten

Je mehr Geschichten daß erzählt werden in einem Volk, desto gemütlicher läßt es sich in ihm leben, desto friedlicher auch, denn es ist ein anderes, Geschichten zu erleben und ein anderes, Geschichten zu erzählen. Je mehr und hübschere Geschichten also daß ein Volk hat, desto größer ist sein kulturelles Ansehen. Was wäre Griechenland ohne die Gestalten Homers? Was selbst die ganze Christenheit ohne die Geschichten der Heiligen Schrift?

Gottlob passieren auch heute noch exemplarische Vorkommnisse, merkwürdige Fügungen und seltsame Begebenheiten, denn allerweil geht nicht alles so glatt wie es der Computer haben will. Auch wenn ihn einmal humorige Programmierer mit noch so menschlichen Daten füttern! Etliche noch ledige Computerbeamte eines Ministeriums, zum Beispiel, ließen von ihrem riesigen Speicherapparat eine ausführliche Datei für Mitgiftjäger anfertigen. Sie hatten aber dann doch keinen nennenswerten Erfolg, weil die geldigen Damen an einen Prinzgemahl zu hohe Anforderungen stellten.

Das hilft alles nichts. Kurzweilige Geschichten, am wenigsten herzinnige, freundliche Liebesgeschichten, lassen sich nicht beliebig herbeiführen oder befehlen, wie schon ein alter Spruch sagt: „'S Beten und 's Singan laßt se net zwinga." „'S Lieben und 's Beten laßt se net nöten."

Zu einer saftigen Komödie braucht man viele Zutaten. Das bloße Gaudium allein genügt nicht, obwohl es für den zweiten Akt wichtig ist: Die Trinkszene zum Beispiel, wo der Herr Bürgermeister seine opponierenden Stadträte betrunken macht und unter den Tisch säuft. Die Herren wollten ihm nämlich den morgigen kommunalpolitischen Festtag vermasseln, an dem die Einweihung des neuen Schwimmbades begangen werden sollte, zu welch feierlichem Anlaß kein geringerer als der Herr Staatsminister der Justiz erwartet wurde.

Im Keller des neuen Schwimmbades hatte der Bürgermeister für sich und seine Freunde eine heimliche Unterwasserkabine einbauen lassen, von wo aus die Herren, durch ein angelegtes Fenster im Schwimmbecken und infolge einer ebenfalls installierten Unterwasserbeleuchtung, einen exklusiven Blick auf die ahnungslos vorbeischwimmenden Damen- und Mädchengestalten werfen konnten. Nur er, der Herr Bürgermeister und seine ihm befreundeten Stadträte sollten zu dieser Kabine, in der man freilich auch gemütlich Bier trinken und Schafkopfen konnte, einen Zutritt haben.

Vor etlichen Tagen nun hatte die Opposition von diesem unterirdischen Jägerstand erfahren und hatte gleich Presse und Stadtpfarramt unterrichtet. Die honorige Damenwelt der kleinen Stadt war empört. Jetzt mußte das sündige Fenster verklebt werden und auch die Unterwasserscheinwerfer durften nicht mehr eingeschaltet werden. Die opponierenden Stadtväter spotteten und frohlockten.

Humorige Geschichten für eine leichtgeschürzte Komödie passieren also im alten Königreich Bayern auch heute noch jeden Tag. Denn 's Leben is a Gaudi, geht's guat oder haudi', sagt ein uraltes Sprichwort.

Die seit Jahrzehnten verfeindeten Ökonomen und Väter ihrer sich liebenden Kinder geraten auf dem Feld in einem Hohlweg mit ihren Traktoren aneinander und beginnen einen heftigen Streit. So erzählt eine andere Idylle unseres gegenwärtigen Landlebens. Die beiden Todfeinde schreien sich jähzornig an und verlieren jede Selbstbeherrschung. Ihre Großväter hätten in einer solchen Situation sich gegenseitig geohrfeigt, an den Haaren und Ohren gezogen, am Ackerrain sich gehörig gebalgt. Unsere Streithähne, auf ihren funkelnagelneuen, PS-strotzenden Schleppern, geben Gas und rennen aufeinander los — wie mittelalterliche Turnierreiter. Die sündteuren Traktoren werden verbogen und verkratzt, eingedrückt und demoliert. Und auch die beiden Prozeßhanseln kommen nicht ohne Hautabschürfungen und Rippenprellungen davon.

Vorüberkommende Nachbarn leisten Erste Hilfe, alarmieren Polizei und Sanitäter. Bis diese aber ankommen, werden die humpelnden Kontrahenten in die Stube des nur siebzig Meter von der Unglücksstätte entfernten Leitnerhofes geführt und auf das Kanapee, beziehungsweise in den Leitnerischen Fernsehsessel, gebettet.

Die Bäuerin gibt ihnen auf den Schrecken ein Stamperl Schnaps, der Leitner nochmal eines und der Opa noch ein drittes und viertes. Daraufhin fangen sie in der Bauernstube den Streit von neuem an. Endlich kommt der Unfallwagen. Der Arzt kann nichts Wesentliches feststellen und läßt die Herren weiterstreiten, ja trinkt mit ihnen, wegen des glimpflichen Ausganges des Unfalls, nochmal geschwind einen Obstler.

Als dann endlich die Polizei vorfährt, muß sie, dem Augenschein nach, auf einer Blutprobe bestehen.

„Des freut die ganze Gemeinde, wenn der Herr Bürgermeister einmal Schläg kriegt“, lehrt ein kommunaler Bayernspruch. Im Zeitalter der Landkreis- und Gemeindereform kam es im ganzen Land zu hochdramatischen Szenen und komödiantischen Affären. Die Herren Bürgermeister von Ober- und Niederseidling sollten ihre beiden Zwerggemeinden zusammenschließen. In der neuen Großgemeinde Seidling konnte es dann freilich nur noch einen Bürgermeister geben.

Diese personalpolitische Nuß war nicht zu knacken. Die schwierigste politische Disziplin ist ja nicht die Außenpolitik, auch nicht die Innen-, Finanz- oder Kulturpolitik. Nicht einmal die Europapolitik und auch nicht die Kommunalpolitik. Nein, das schwierigste politische Fach ist und bleibt die Personalpolitik. Die beiden Seidlinger Bürgermeister mit ihren Anhängern hätten sich beinahe duelliert. Das Oberseidlinger Gemeindeoberhaupt ist bis zum Herrn Innenminister vorgedrungen und hat im Zimmer des Herrn Ministers den berühmt gewordenen Ausspruch getan — und das in erregter Stimmlage: „Wenn wir auch eine Zwergengemeinde sind, Herr Minister, so bin ich noch lang kein Zwergenbürgermeister. Dös merkens ihnen!"

„Wer mit der Zeit geht, geht aa ins Grab", behauptet eine volkstümliche Weisheit. Und ein anderer Spruch lehrt: „Wer bergab net bremst, der derennt se."

Die Kommunalpolitik war immer schon eine Fundgrube der Komödienstücklschreiber. In Zwicklbach zum Beispiel hat die Fortschrittspartei einen Leichenwagen anschaffen wollen, obwohl der Mittermaier eigens noch zwei Pferde hält, die er je nach Bedarf, bald vor den alten Totenwagen und bald vor die Hochzeitskutsche spannt.

„Von dene Hochzeiten alloan kann i meine Pferd' net fuattern", hat der Mittermaier entsetzt ausgerufen.

Die Konservativen also waren empört, denn der Schwiegersohn des Herrn Bürgermeisters war Autohändler und wollte mit allen Mitteln den Umsatz steigern.

Natürlich siegt in der Kommunalpolitik meistens der

Fortschritt. Die Zwicklbacher gründeten mit den Nachbargemeinden schließlich einen kommunalen Zweckverband „Leichenwagen“ und dem Mittermaier wurde wegen der beliebten Hochzeitskutsche für seine beiden Rösser ein Futtergeld gewährt.

Ein Jahr später ließ sich der Automobilhändler von der Bürgermeisterstochter scheiden. Jetzt soll, so spottet die Opposition, der Zweckverband wieder aufgelöst werden.

„Man braucht nix verbieten, es vergeht mit der Zeit alls von ihm selbn.“, doziert ein einheimischer Philosoph und Sprüchemacher. „Und“, setzt er hinzu, „Besser a Laus aufs Kraut wia überhaupts koa Schweiners.“

Markt Greimelfing wollte vor etlichen Jahren unbedingt eine Stadt werden. Alle waren begeistert von dieser Idee, besonders natürlich die Herren vom Magistrat. Und die Herren Erster und Zweiter Bürgermeister. Nur der reichste Mann im Ort, der Herr Brauereibesitzer Hunzinger, war dagegen. Ihm war ein gestandener Marktflecken weit lieber wie eine lausige Stadt. Um den städtischen Charakter, den der Magistrat nicht müde wurde mit tausend Maßnahmen und Verschönerungen zu heben, gehörig zu senken, ließ der Herr Hunzinger seine Küh und Schafe jetzt alle Tag über den Marktplatz auf die Weide treiben — auf Wiesen, die früher gar keine Weiden waren, sondern nur zur Heugewinnung benützt wurden. Auch in dieser Stadterhebungsgeschichte passierten kommunalpolitische Zusammenstöße von nicht geringer Heftigkeit.

Aber sie waren harmlos gegen den stereotypen Unverstand der Loipfinger Bauern, deren fortschrittlicher Bürgermeister mit seiner Gemeinde einem kommunalen Zweckverband einer zentralen Wasserversorgung beitreten wollte.

„Bei uns hat a jeder selbn sein Brunn’“ beteuerten sie

jahrelang und lehnten jede Wasserleitung ab. „Dann darf in Loipfing kein einziges Haus mehr gebaut werden“, drohte der Bürgermeister. — „Dös wiss' ma scho“, grinsten die Loipfinger Ökonomen, „deswegen san ja mir gega die Wasserleitung.“

„Lieba alt und gsund, wie jung und dappig“, heißt bei uns ein optimistischer alter Spruch.

Die berühmten Fußballweltmeisterschaftsspiele in München berührten auch in Kirchenzell die Leut und alle glaubten an den Sieg der deutschen Nationalmannschaft. Der Buchdruckereibesitzer Anton Wöhrmüller machte eine Ausnahme. Er war ein alter Bayernparteiler und weißblauer Monarchist, dem der Begriff einer deutschen Nation immer schon suspekt erschienen war. Er wünschte sich — wie es die Schotten gegenüber den Engländern durchgedrückt hatten — eine eigene bayerische Nationalmannschaft. Deutsch hieß für ihn oft nicht viel mehr wie preußisch.

„Was haben wir Bayern davon, wenn wir mit unseren hervorragenden Spielern den Preußen die Weltmeisterschaft gewinnen helfen? — Einen Dreck haben wir, weil die Preußen dann noch größenwahnsinniger daherreden werden!“

Und er wünschte in aller Heimlichkeit den Holländern den Weltmeistertitel. Die erste Halbzeit war er innerlich merkwürdig glücklich. Mitten in der Oberpfalz fühlte er wie ein Holländer. Natürlich die Holländer kamen seinen monarchischen Empfindungen nahe, sie hatten ja eine Königin. Und während aus den Fernsehapparaten ganz Kirchenzells immer lauter die anfeuernden Rufe der Deutschen zu hören waren, rief er plötzlich in seinem Wohnzimmer aus: „Holland vor, noch ein Tor!“ — Seine Frau, sein Sohn, seine Tochter, Schwiegersohn und Schwiegertochter und die befreundete Familie des Drogisten Stürzer zischten und pfauchten heftig zurück: „Deutschland, Deutschland . . . !"

Der jüngere Sohn Peter, der leidenschaftlichste Fußballanhänger der Familie, war gottlob nicht anwesend. Er erlebte die Spiele direkt im Münchner Olympiastadion. Das war für die Familie Wöhrmüller ein Segen, denn sonst wäre es vielleicht in diesem Augenblick zu einem heftigen Ödipus-Reflex gekommen, will sagen, der Peter hätte seinem Vater vielleicht einen Schlag versetzt. So hitzig war die Stimmung und das Bier floß in Strömen. Dazwischen hinein wurden sogar Schnäpse hinuntergeschüttet.

Nach einer Weile ergriff der Buchdruckervater, der bayerische Patriot, abermals mutig für die königlich niederländische Nationalmannschaft Partei. Nun zischten die anwesenden Blutsverwandten und -bekannten noch heftiger zurück und die Frau Wöhrmüller senior versetzte ihrem Mann einen kleinen Fußtritt.

Aber schon Petrus hat seinen Herrn dreimal verleugnet. So ritt denn auch den Wöhrmüller Toni in dieser schlachtfestlichen Stunde der Teufel und er rief ein drittes Mal aus: „Holland, Holland! I huilf zu die Holländer!"

Da schüttete der Drogist Stürzer, der langjährige Freund und Kegelbruder, dem Buchdrucker ein Glas Bier ins Gesicht. Und die Angehörigen seiner Familie freuten sich darüber auch noch. Der mißhandelte Herr Wöhrmüller verließ daraufhin sofort das Wohnzimmer, um in den menschenleeren Straßen der Stadt einen Spaziergang zu machen.

Ausgerechnet ihn, den leidenschaftlichen Fußballfreund, wagten sie tätlich zu beleidigen. Niemals mehr würde er den Drogisten, diesen preußischen Fanatiker, zu einem gemeinsamen Fußballerlebnis ins Haus bitten. In der

Bahnhofsrestauration kehrte er ein und sah sich die zweite Halbzeit an. Er trank etliche Glas Bier und ließ sich von der allgemeinen Freude doch etwas anstecken. Als er endlich spätabends heimkam, war auch der Sohn Peter wieder da und erzählte von seinem unerhörten Abenteuer im Olympiastadion zu München. Dank des brillanten Einfalles seines Vaters hat er noch in letzter Minute eine Eintrittskarte bekommen. Das Erholungsheim des Verbandes der Körperbehinderten in Kirchenzell durfte einen Schwerbehinderten samt Begleitperson ins Olympiastadion einladen. Und das würden obendrein hervorragende Plätze sein. — Unter den Schwerbehinderten des Marktes Kirchenzell fand sich aber kein einziger Fußballfreund. Auch wäre den meisten von ihnen die Reise nach München zu beschwerlich gewesen. So wollten sie die begehrten Karten einfach verfallen lassen.

Davon erfuhr der Buchdrucker Wöhrmüller, als er gerade hundert frisch gedruckte Sterbebilder in das Heim der Schwerbeschädigten lieferte. Der Heimleiter erwähnte es nebenbei, als das Gespräch auf das Weltmeisterschafts-Finalspiel kam. Da gab es dem Wöhrmüller gleich einen Stich.

„Was, verfallen wollen Sie die Karten lasssen? Das ist eine Sünde. Ich, meine Söhne, Schwiegersöhne und noch tausend andere Kirchenzeller Bürger würden sich die Finger abschlecken bis zum Ellenbogen, wenn sie so eine Karte erwerben könnten."

Da stutzten die Körperbehinderten Kirchenzells und waren einem Verkauf der Freikarten nicht mehr abgeneigt. Die Heimleitung spare ohnehin für die Anschaffung eines Farbfernsehers. Wöhrmüller kaufte sofort und zahlte zweimal vierhundert Mark.

„Aber, Herr Wöhrmüller, ich muß Sie darauf aufmerksam machen, daß mit diesen Karten nur ein Schwerbehinderter Einlaß finden wird, also praktisch nur ein total Gehbehinderter in einem Rollstuhl sitzend."

Das leuchtete dem Buchdrucker sehr wohl ein und seinem Sohn Peter auch. Die Begleitperson wollte Vater Wöhrmüller selber sein. Doch Peters Freund, der Autohändler Ludwig Feichtmeier, zahlte eine so hohe Summe, daß Peters teures Billet sich wieder in eine Freikarte verwandelte. Sogar den im Rollstuhl sitzenden Schwerbeschädigten wollte er spielen. Und auch den zusammenklappbaren Krankenstuhl, der sich während der Anreise im Kofferraum verstauen ließ, wollte er beschaffen.

Die Geschichte nahm einen raschen Fortgang, denn die beiden hatten nicht mehr viel Zeit. Auf dem Parkplatz vor dem Olympiastadion stieg der Autohändler von seinem schweren Wagen gleich in den Rollstuhl um und legte sich eine Wolldecke über die gesunden Beine. Der Peter schob dann geduldig den Rollstuhl vor sich her, wie ein alter Krankenpfleger und lieber Freund zugleich. Anstandslos kamen die beiden ins Stadion und wurden auf ihre ausgezeichneten Plätze dirigiert, wo schon zahlreiche Behinderte in ihren Rollstühlen saßen.

Da passierte es, daß der Peter in der freudigen Aufregung, nun doch noch mitten in dem überfüllten Olympiastadion sein zu dürfen, an der vorletzten Biegung über eine winzige Stufe stolperte und seinen Schwerbehinderten aus dem umgefallenen Rollstuhl schleuderte. Gleich stürzten Sanitäter, Rotkreuzhelferinnen und sogar ein Notarzt herbei.

„Um Gottes willen, ist Ihnen was passiert?"

„Nein, danke, es geht schon wieder", wehrte der Kirchenzeller Autohändler die eifrigen Helfer freundlich ab. Nein, er habe auch keine Schmerzen.

Das rasche Zugreifen des Freundes und die eigene Geistesgegenwart verhinderten gerade noch die peinliche Entdeckung. Aber das herumspazierende Sanitätspersonal ließ den armen Invaliden aus Kirchenzell nicht mehr aus den Augen.

„Paß auf, Peter, wir können gar nicht vorsichtig genug sein!"

Und dann begann das große Fußballspiel. Die Erregung von Zigtausenden übertrug sich natürlich sofort auf den kraftstrotzenden und kerngesunden Autohändler in seinem Rollstuhl. Beim ersten Tor der deutschen Mannschaft hielt es ihn nicht mehr im Stuhl. Er rumpelte begeistert in die Höhe, schrie, klatschte und feuerte die deutsche Mannschaft an. So sehr hat er seine Rolle vergesssen, daß er sogar die Wolldecke über seinen Beinen wegwarf.

Nur eine vorübergehende Rotkreuzhelferin brachte ihn wieder zur Vernunft. Sie hob ihm die Decke auf.

Aber die Hitze der Fußballschlacht ließ ihn immer wieder alles vergessen. Peter mußte fortwährend mahnen: „Bleib sitzen, Ludwig, um Gottes willen bleib sitzen! Wenn wir noch einmal auffallen, geht es uns schlecht."

In der Turbulenz der zweiten Halbzeit ist der lebhafte Körperbehinderte niemandem mehr aufgefallen. Achtzigtausend äußerten siegreich und spontan ihre Weltmeisterschaftsfreuden und auch die beiden Kirchenzeller umarmten sich und tanzten um ihren Krankenstuhl. In diesen Minuten fiel es niemandem auf.

Nur in den ältesten Mirakelbüchern werden ähnliche Vorkommnisse beschrieben, wie sich da in der Reihe der Schwerbeschädigten gerade eines ereignete; ein Wunder, eine wahrhaftige Heilung. Im Rollstuhl hereingefahren, als munterer Fußgänger, den zusammengeklappten Krankenstuhl unter dem Arm, das Stadion verlassend, so hätten es die Zeitungen in großen Überschriften formulieren können, wenn irgend jemand davon Notiz genommen hätte.

Wo kein Kläger, kein Richter, wo kein Sieger, kein Dichter. Net alles is erlaubt, was oan taugt! Aber wer einen Kirchenzeller für dumm verkauft, der gibt sein Geld umsonst aus.

In der Komödie muß der Zuschauer hinter die Kulissen schauen dürfen. In den letzten Tagen des Wahlkampfes werden die Kandidaten besorgniserregend nervös. Ihre eisernen Charaktere, ihre dicke Haut und erprobte Gemütskälte schlagen plötzlich in eine übersensible Empfindlichkeit um. Herz- und Magenbeschwerden stellen sich ein, Herzklopfen, Schweißausbrüche und andere Symptome.

„Wer Bürgermeister wird, interessiert Euch überhaupt nicht!“ wettert der Kandidaten-Papa vor Frau und Kindern. Sohn Thomas hat ihm gerade die, mit roter Tinte übersäte, Schulaufgabe aus dem Lateinischen überreicht.

„So wenig habt ihr für euren Vater übrig! Dieser Sechser kostet mich mindestens zweihundert Stimmen. Ich kenne die Herren Studienräte und deren Anhang. — Und die Tochter meines gefährlichsten Rivalen schrieb natürlich wieder einen glatten Einser! — Ich bin erschüttert.“

Die Mama, die angehende Frau Bürgermeister, war es auch. Sie schlüpfte gerade in ihren Pelzmantel und wollte zum Einkaufen in die lebendige kleine Stadt, wo überall von den Plakatwänden sie selber mit Gemahl und Kindern glücklich herunterlächelte. „Ihr Kandidat ist ein glücklicher Familienvater“, stand in großen Buchstaben darunter. Er ließ sie nicht aus dem Haus.

„Mama, was fällt dir ein! Drei Tage vor der Wahl gehst du mit deinem Persianerpelz zum Einkaufen? Bist du total übergeschnappt? Hast du überhaupt keinen politischen Instinkt? — Das kostet mich mindestens dreihundert Stimmen! — Zieh sofort deinen alten Wintermantel an, den grünen! Repräsentieren können wir nach dem Wahlsieg genug. Jetzt wird gekämpft. Für das Wohl unserer Stadt soll euch keine Entbehrung zu viel sein!"

Ohne Qual keine Wahl, ohne Tür keine Flötz — dös ist letz. Was man ererbt von seinen Tanten, braucht man sich nicht ersparen.

Die alleinstehende Frau Seemüller besitzt drei Hausstöcke und hat so gut wie keine Erben, will man von den Töchtern der Cousine ihres Schwagers absehen. Berechtigte Hoffnungen hegt auch der langjährige Hausfreund und Vermögensberater, der verwitwete Rechtsanwalt Erbermeier. Wo einmal eine so ansehnliche Wärme ausgestrahlt werden würde, fehlte es auch nicht an öffentlichen Erbanwärtern. Der Herr Bürgermeister empfiehlt sich mit einer Straßenbenennung für den vor 25 Jahren schon verstorbenen Gatten Seemüller. Und der Herr Pfarrer öffnet der angesehenen Dame das — im Gefolge der aktiven neuen Liturgie — abgesperrte Privatoratorium über der Sakristei. Tierschutz- und Gesangsverein, Waisenhaus und Spitalstiftung machen ihre Honneurs und überbieten sich in Aufmerksamkeiten. Die alte Seemüllerin genießt die dargebotenen Freuden ohne ein öffentliches Testament zu machen. Ja, an föhnigen Tagen ladet sie die interessierten Erben alle zu einem Abendessen ins Haus, gibt sich nach dem zweiten Gang dann sehr ungnädig und hält nicht zurück mit spöttischen Reden, ja steigert ihren Zorn allmählich so sehr, daß sie, im Lehnstuhl sitzend, die Damen und Herren reihum der Erbschleicherei und Habgier bezichtigt. Mit dem Pathos fast einer verrückten alten Hexe deutet sie auf jeden einzelnen und zischelt dazu jähzornig die Worte: „Du erbst nix! Und du erbst nix! — Und du erbst nix und du erbst auch nix! Alle miteinander erbt ihr nix! Erbschleicher erbärmliche, schleichts euch heim! Habenichtse haben Kinder, anständige Geschlechter sterben aus.“

An ihrem 85. Geburtstag meldete sich bei ihr, die angeblich niemals geboren hatte, ein Enkel, der sogar den Nachweis ihrer Großmutterschaft erbringen konnte, den glaubwürdigen Beweis einer Geburtsurkunde. Sie hatte als Mädchen von neunzehn Jahren in Augsburg heimlich einen Sohn geboren und diesen gleich einer gutsituierten aber kinderlosen Bekannten ihrer Tante zum Geschenk gemacht. Zehn Jahre später erheiratete sie sich an der Person des Herrn Privatiers Seemüller die drei Hausstöcke, gebar aber keine Kinder. Kaum fünfzigjährig machte sie Herr Seemüller zur Witwe. Sie suchte in aller Heimlichkeit erfolglos nach dem Verbleib ihres Sohnes und erwehrte sich nebenbei, mit Genuß und ewiger Unentschlossenheit, der zahlreichen Werber und Erben. Der Enkelsohn fand den Mädchennamen der wohlhabenden Frau Seemüller aus dem Gratulationsartikel der Lokalzeitung, stellte Nachforschungen an und meldete sich. So sehr sie sich darüber freute, war es der 85jährigen Greisin selbst jetzt noch peinlich, ihren jungfräulichen Fehltritt eingestehen zu müssen — und das sogar amtlich.

Es tragt halt ein jeder Mensch sein Packl, den oan druckt der Wind, den andern der Schnackl.

Unsere technischen Jahrgänge, heißt es, seien nur noch mit einer geringen komödiantischen Fruchtbarkeit gesegnet. Nicht in Bayern, wo die Bonitäten manchenorts bis zu dreißig Prozent der lebenswichtigen Mimus- und Comossalze bergen, das heißt jede Geschichte die passiert, kann einen abendfüllenden Komödienstoff liefern.

Welches Gelächter hat zum Beispiel jener bekannte

Kronzeuge eines bayerischen Spielbankenprozesses nach seiner erfolgten Selbstanzeige angestimmt! Wegen übergroßer und jahrelang mit Geduld ertragener Gewissensbisse, hatte er sich selbst endlich eines Verbrechens des Meineids beschuldigt. Von der Staatsanwaltschaft wurde er daraufhin, um seine Glaubwürdigkeit zu prüfen, drei Monate lang einer psychiatrischen Klinik überstellt. Sooft er nun dort untersucht, beobachtet und befragt worden ist, weinte er bittere Tränen und rief fortwährend aus: „Oh nein, Herr Professor, mein Gewissen! Wie mich das wieder druckt und quält heut! Ich kann meiner Frau nimmermehr in die Augen schauen. Und meiner unschuldigen Tochter erst recht nicht. Ja, nicht einmal mehr dem Schwiegersohn! Man möcht nicht glauben, wie einem so ein meineidiges Gewissen beißen und zwicken kann! Herr Professor, ich halte das nimmermehr aus, ich möcht endlich vor Gericht stehen und auspacken können!“

Und nach der erfolgreich durchgeführten Prozeßkampagne, während der zwei unschuldige bayerische Minister einen besonders strengen Richter fanden und mit Hilfe drakonischer Strafen erledigt werden konnten, scherzt der Kronzeuge vor Freunden über seine Gewissensbisse:

„Oh nein, Herr Weihdorfer, die Welt will betrogen werden. Das erfordert schon der Lauf der Gerechtigkeit. Schauns', ich war glaubwürdig, die Herren Minister waren es nicht. — Die Geschichte ist ja für mich fast beleidigend. Oder nicht? — Dürfen mich denn die Richter für so blöd halten, daß ich einen lächerlichen Meineid, über den schon längst Gras gewachsen ist, wieder aufrühr und mich dazu auch noch selber anzeig? Und das wegen nichts einbringender Gewissensbisse? Da lachen ja die ältesten Brautküh im Schlachthof.“

Das wäre einer der großartigsten bayerischen Komödienstoffe, dieser Spielbankprozeß! Und je historisch getreuer, je dokumentarischer die Trilogie erfaßt werden könnte, von desto unheimlich komischerer Wirkung würde sie sein. Der amerikanische Watergate-Skandal wäre eine lächerliche Tragödie dagegen, denn im demokratischen, christlichen Bayern haben die ehrenwerten Hauptakteure keine Konsequenzen ziehen brauchen. Es lebe die Justiz, es lebe das Parlament, es leben die Spitzen der Gesellschaft!

Na ja, der Teufel hilft seinen Leuten! Aber holen will er sie auch. Einen nach dem andern, denn in der Hölle haben sie nicht jeden Tag einen Festtag.

Manche Komödie hat eine Lustigkeit zum Weinen, wie wieder ein alter Spruch sagt: Diam is' besser man lacht, daß' oanm 's Woana net auskimmt.

Bayerische Komödien-Sprüch

Was ist die höchste Gaudi ohne Weisheit, ohne witzige Vortrefflichkeit? Ein Braten ohne Soße, a Weißwurst ohne Senf, a Dampfnudel ohne Dauch, a Kraut ohne Schweiners. Zu einer feuchten Komödie gehören nasse Sprüch.

„Vor meiner brauchst kein Respekt haben“, sagte der betrunkene Mann zu seinem Weib, „aber vor meiner Gurgl, bittschön! Weil: meine Gurgl is zwar a kloane Lucka, aber kann Haus und Hof verschlucka.“

„Es is a Kreuz auf der Welt, die oan habn an Beutel und die andern habn ’s Geld“, jammert der so sehr verliebte, stämmige Jungknecht dem kränkelnden, reichen Bauern vor, der eine junge Bäuerin hat.

„Ein ehrlicher Viehhandler und ein dummer Bauer kemman selten zsamm“, seufzt die Stalldirn, weil aus der Handelschaft nichts geworden ist und sie kein Stallgeld bekommen hat.

„Ja no, gschenkt werd oanm nix auf der Welt, man muaß sich alls derraufen — sogar die ewige Ruah!“ witzelt der Herr Sanitätsrat und präsentiert dem Patienten die Rechnung.

„Sei z’frieden mit deinm Kreuzerl, andere müassn Holzbaam tragen“, tröstet der Ammerer, der gerade eine kranke Stute im Stall hat, den Maierbauern, dessen Bäuerin sich das Bein gebrochen hat.

„Wann die Füaß nimmer tragen, die Zähn nimmer nagen, die Äugerl verlieren ihren Glanz, a sonst glangt’s nimmer ganz, dazua dös Gfrett mit'm Soacha, dös san die letztn fünf Zoacha." Der approbierte Badermeister Ludwig Habermeier pflegte fast alle seine Diagnosen in diese derben Reime zu kleiden.

„Brat nur a Fleisch, Muatter, warum hat uns der Vater koan Kalender kauft", rät der Sohn an einem Freitag seiner Mutter.

„An gsunden Leib und a freundlichs Weib — und a bißerl a Geld, dös is der Himmel auf dera Welt!" freut sich der Häuslmann, weil ihn seine Annamirl am Ostermontag mit einer Mark Biergeld ins Wirtshaus schickt.

„Vuil gessen und trunka, weng bet' und weng g'sunga und an Teifi zuagwunga", dieser Spruch passe gut auf den Grabstein eines Bierdimpfls und Drei-Quartl-Privatiers, rief in der Predigt der Pater Kapuziner aus, und fügte hinzu: „A Müader mag rasten, a Foaster lobt 's Fasten!"

„Kinder und Facken haben allweil leere Sacken", meint der junge Drittelknecht und fischt den achten Knödel aus der Suppenschüssel. „Liaba fünf Gulden weniger Lohn wia beim Essen koan Platz."

„Wer 's Tringa vergißt, is net wert, daß er ißt", ruft der Geißbub aus und dreht den leeren Maßkrug um.

„Na, Bäuerin, nix mehr geht, i bin auf und auf zeckerlfett wiar a Mettensau", wehrt der interessierte Hochzeiter ab und wendet sich der heiratsfähigen Tochter zu.

„Wer nia gscheit jung war, der werd nia gscheit alt", ereifert sich der Großvater und verteidigt seinen erst in der Früh heimgekommenen Enkel. „Mir warn erst Leit, dös war a Freud!" Bei mir hat der Spruch jeden Tag paßt: „Frisch aufi auf d'Alm, gschwind eini as Gwänd, und daß mi mein Dirnei am Juchzen kennt."

Und dann fügte er noch schwermütig hinzu: „Jung sein und dumm sein und no oanmal gsund sein!"

„Laßt's es jung sein, d'Leut, alt werdns von selm."

„Lieber dahungert wia derfreart", hat der söll Handwerksbursch gsagt und is in Backofa einigschloffa.

„Die Kirschen san süaß, aber 's Brocka hat an Teifi, wenn man koa Loata net hat", schimpft der Hans, weil er auf dem ganzen Bauernhof keine Leiter findet.

„Beim Essen soll man alls vergessen", sagt der hungrige Gast und nimmt sich zu viel Kraut heraus.

„Laß renna, unsere Rösser san net dabei", meint der Simmerl auf dem Tanzboden, während die meisten Tänzerinnen sich von ihren Burschen heimbegleiten lasssen.

„Die schön Roß' und die schön Weiber haben schlagerte Tugenden", beteuert der Wastl, wie ihn seine Frau nach Mitternacht mit dem Besen in der Hand empfängt.

„Was woaß der Ochs vom Sonntag, wenn man 'hn einspannt, dann ziahgt er", tröstet die Frau ihren Mann und drückte ihm den Schrubber in die Hand.

„Kümmer di, aber kümmer di net z'vuil — denk dir diam aa: wia Gott wuil!" sprach der Häuslmann, legte sich auf das Kanapee und überließ den Gerichtsvollzieher seiner Frau.

„Wer a Geld hat, derf dumm sein, wer koans hat, is a Narr", seufzt in einer Komödie der Knecht und treibt es mit der Frau seines reichen Herrn.

Gscheite, kräftige Sprüch dürfen in der bayerischen Komödie in keiner Szene fehlen, denn die Philosophie unserer Sprichwörter bietet nicht weniger Weisheit als die großen Gedanken der unsterblichen Philosophen. Etwas praktischer, kompakter und humorig kurzweiliger wollen sie freilich sein, denn ihre Wahrheit ist nicht immer ewig, in der komödiantischen Alltagswelt ändert sie ihren Sinn manchmal siebenmal am Tag.

„Dös is a böse Sau, die ihre eigenen Fackl frißt!"

„Bauer nimm mi, i bin a geldige und hab a Gwand, und hab aa brav Holz bei der Wand!"

„Was feiht dir denn, Vetter, bist im Gsicht ganz dabloachn?" „Ja mein, i moan, mi hat da Herzwurm angsoacht!"

„Muaßt no amal heiraten — du derfst mir dös glauben! Du muaßt dir gschwind nomal um a Bettwürm umschaugn!"

„Zwoa Messer passen net in oan Schoad."

„Und dös is erst a Hetz, zwoa Türn und koan Flötz!"

„'S Probiern geht übers Studiern — 's Verderben übers Sterben."

„Beten muaß man, als helfet koan Arbeit — und arbeiten als helfet koan Beten."

„Ah was, seid's lustig, Leut, die Traurigen müassn aa sterbn!"

Drum: Auf zu Gott, nachand geht's an Teifi an Dreck an!

Typen, Charaktere, Originale

Was wäre die lustigste Komödie ohne runde, volle, saftige, eckige, dürre, geizige, verschwenderische, einfältige, schlitzohrige, rollentragende Personen? Ohne die chargierten Typen, die bei jeder Gelegenheit und zu jedermann ihren Spruch anbringen, der da zum Beispiel heißen kann: „So, die Gruabhofer Nannerl bist du? — Sag amal, san mir zwoa net aa verwandt?“

Der Totengräber der kleinen Landgemeinde jammert fortwährend über den schlechten Geschäftsgang: „Seit einem halben Jahr ist bereits niemand mehr gestorben! Da kann i net fett werden. Wir haben eben eine viel zu gesunde Luft in Dürling!“

Der arme Spitaler Greitlhofer offeriert im Unterbräukeller den wohlhabenderen Bürgern sein Gebet für nur eine Maß Bier oder eine Schachtel Zigaretten: „I bet Ihnen einen ganzen Rosenkranz übers offene Grab! Und dös sogar a ganze Woch! Herr Ziegler, so billig kriegen ’S es nirgends.“

Die starken Charaktere, die jeweils eine Welt zugrunde gehen lassen, ehe sie auch nur ein Jota von ihrer Überzeugung aufgeben wollen, aber führen kernige und steinharte Reden:

„Und wenn die Kampenwand umfallt, willige i net in diese Heirat! I bin von Oberseidling und seit 86 Jahren hat von unseren Burschen koaner a Niederseidlingerin zum Weib gnommen.“

Der konservative Bürgermeister einer Zwergengemeinde lehnt den Schulverband ab und schwört auf seine Zwergschule, die seit ihrem 150jährigen Bestehen 16 Geistliche, davon zwei Äbte und einen Weihbischof, 34 Klosterfrauen, darunter eine Äbtissin, 7 Lehrer, 1 Professor, 3 Doktoren, 1 Bildhauer und 1 Opernsänger hervorgebracht habe. Für ihn, so sagt er stolz, gäbe es nur noch einen Fortschritt und das sei der Rückschritt, besonders im Schulwesen.

Und dann erst die Originale, die lieben Rundlinge der menschlichen Gesellschaft, die so oft anecken und dennoch die ursprüngliche Neugierde eines kindlichen Verstandes offenbaren! Sie bringen einen Tropfen Poesie in das schlichte Milieu materieller Diesseitigkeit.

„Meine lieben Pfarrkinder, wissen Sie, warum unser Herr nicht hat als Mädchen, sondern als Knäblein auf die Welt kommen wollen? — Gelt, Sie wissen es nicht! — Darum laßt uns heute, am hochheiligen Weihnachtstag, einmal darüber gründlich nachdenken, in einer Zeit, wo die Damen ohnehin alle Hosen tragen!“

Der alte Bauernpfarrer von Oberzwicklbach erweist sich als versponnener, bayerischer Barockprediger.

Originelle Mädchen- und Frauengestalten gibt es nur wenige. Die Wollmoser Zilli vielleicht, denn sie wünscht sich einmal einen bösen, versoffenen, faulen Mann, sagt sie — damit sie eine Liebes-Arbeit hätte im Ehestand und lehnt tatsächlich alle anständigen Burschen ab.

Typen, Charaktere, und Originale liefern das Fleisch des Komödienbratens, oder, handelt es sich mehr um eine Mehlspeise, — den Teig? Und auf den Teig kommt's drauf an bei den Strudeln und Nudeln, bei den Beinzerln, und Maultaschen, bei den Zöpfen und Küacherln, bei den Schuchsen und Hasenöhrln, ja sogar beim Schmarrn.

Oft liefert der Charakter schon die ganze Komödie mit. Ich darf Ihnen nun ein Dutzend dieser originellen Rundlinge vorstellen!

Nur wer selber ein Original ist, weiß, um wieviel zünftiger man dann die Leut ärgern kann.

Der Atompfarrer

Unbedingt müßte in einer modernen Bauernkomödie auch einmal ein Kernphysiker auftreten. Warum nicht? — Sonderlinge gibt es nicht nur unter den Schneidern, Schustern, Totengräbern oder unter den alten dicken Bräumeistern. Nein, unser Herrgott, sagt ein alter Spruch, hat einen großen Tiergarten. Also kennt man auch viele typische Gestalten und Originale unter den Geistlichen. Früher waren die Pfarrer-Originale sehr zahlreich. Man erinnere sich nur an den einst in Bayern weit verbreiteten Typ des Ökonomiepfarrers, der da manchmal eigenhändig mit seinem Ochsengespann Mist oder Odel gefahren hat. Oder an jenen niederbayerischen Historiker, der ein so leidenschaftlicher Grabsteinforscher gewesen war, daß er, als er beim Dominus vobiscum einen alten Stein in der hinteren Kirche erblickte, der ihn sehr interessierte, daß er da sofort den Altar verließ, um die Inschrift des Epitaphs abzulesen. Auch der berühmte schwäbische Bauernpfarrer sei nicht vergessen, der seinen Verstorbenen zur Grabrede Schnaderhüpfl gesungen haben soll.

Wenn auch diese originellen Menschen immer seltener werden, ganz ausgestorben sind sie noch nicht. — Im Chiemgau hat bis vor kurzem ein Bauernpfarrer gewirkt, der nebenbei ein großer Gelehrter war — aber nicht nur der Theologie, sondern zusätzlich der Atomphysik. Seine Bauern nannten ihn nur den Atompfarrer. Wenn Sie nun meinen, daß er es in dieser Wissenschaft zu keinen nennenswerten Kenntnissen gebracht hätte, dann täuschen Sie sich. Er ist mit mehreren Nobelpreisträgern im Briefwechsel gestanden und hat auch etliche kleinere Spezialitäten entdeckt, hier und da gewisse Probleme neu interpretiert und auch etliche Aufsätze und ein paar Bücher über seine geliebte Atomphysik geschrieben. Eingeweihte hatten vor dem unscheinbaren Bauernpfarrer einigen Respekt. Seine Pfarrkinder weniger. Sie nannten ihn nur ihren Atompfarrer und lächelten.

Sie kannten ihn zu gut und schätzen heute noch seine Originalität. Aber mit dem Predigen habe er sich schon recht hart getan, meinen sie. Allweil hätte er über seine Atome geredet. Und das war oft recht langweilig. — „Mit der Zeit haben wir uns an ihn gewöhnt und haben halt unter der Predigt geschlafen!" — Aber sonst sei er der beste Mann gewesen, ein kleines Männchen eher und ein wenig einen Schneiderbuckl habe er auch gehabt und einen großen Kopf. „Aber wia gsagt, der beste Herr: Die Messe andächtig und schnell lesen und gut singen, dös hat er könna!"

Ins Wirtshaus ist er selten gegangen. Hier und da auf eine Hochzeit oder schnell auf einen Leichentrunk; er hat keine Zeit gehabt zum Schafkopfn und Politisieren. Er ist allerweil im Pfarrhof gehockt und hat studiert und gerechnet und atomgeforscht, daß sein Buckl immer größer gwordn ist von der vielen Atomphysik.

In seinen Predigten kamen die schwierigsten atomphysikalischen Fachausdrücke vor. Da war von Cyclotronen und Beschleunigung der Elementarteilchen die Rede, von Masse mal Lichtgeschwindigkeit im Quadrat oder von der Veränderung der Atomkerne. Die Kornstädter Bauern und Bäuerinnen schüttelten ihre müden Köpfe, denn die Worte ihres Seelenhirten kamen ihnen spanisch vor. Er aber meinte einmal vor dem kritischen Ruralkapitel, auch Jesus habe in Gleichnissen gesprochen. Und der Postwirt erinnert sich an eine Kirchweihpredigt des gleichen Herrn:

„Ich will es euch deutlich machen, dieses Wirken der göttlichen Tugenden im Menschen" — der Wirt ahmt die Stimme des Pfarrers trefflich nach — „... deutlich machen an einem Beispiel aus der Atomphysik: Diese drei Tugenden, Glaube, Hoffnung, Liebe, das sind göttliche Strahlen gleich den Strahlen der Atomenergie. Man nennt sie die harten Strahlen dieser Energie, die Alpha-, Beta- und Gammastrahlen. Genauso ist es mit Glaube, Hoffnung, Liebe. Auch das sind harte, aber wirkungsvolle und segenspendende Strahlen. Amen."

So hat er seine Gleichnisse erzählt. — Manchmal hat man direkt lachen müssen, auch wenn man es nicht kapiert hat, weil er das Schwierige mit dem noch Schwierigeren erklärt hat.

Ein andermal, in einer Buß- und Fastenpredigt, hat er über die Sünde gesprochen. „Die Sünde", hat er ausgerufen, „erzeuget immer wieder eine neue Sünde und das immer wieder schneller. Da geht es zu wie im Cyclotron, wie bei der Beschleunigung der Elementarteilchen. Eine Materie, welche die Neigung hat, ein Elektron abzugeben, nicht wahr, schicke ich ins Cyclotron und zur Beschleunigung geb ich weitere negative Ladung hinzu. Das ist ganz einfach, meine lieben Pfarrkinder, dadurch wird nämlich die Geschwindigkeit immer mehr beschleunigt.

Wie beim Sünder ist das. Das liederliche Leben wenn einmal eingerissen hat, nachand gehts allerweil geschwinder. Bis die Katastrophe kommt. Ich lasse das Elektron auf ein Material platzen und Energie wird frei, wodurch sich der Atomkern verändert. — Gerade so ists mit der Sünde und mit dem Sünder. Amen."

Die Kornstädter Bäuerinnen hatten Mitleid mit ihrem Herrn, weil er oft gar so schlecht ausgesehen hat. Aber das viele Studieren und Bücherschreiben konnten sie ihm nicht ausreden. Öfters angesprochen, gab er einmal zur Auskunft:

„Meine liebe Griesbäuerin, i bin halt ein alter Quantenmechaniker. Ist die Theologie schon interessant genug, aber die Quantenmechanik, die hat mich gleich noch gewaltiger am Zipfel."

Da glaubte die Griesbäuerin, daß ihr Herr auch noch ein Mechaniker sei, das möchte man schon gleich gar nicht glauben. Und fleißig, als einmal der Traktor kaputt gewesen, fragte sie den Herrn Hochwürden, ob er nicht helfen könne. Da mußte der Atompfarrer gewaltig lachen.

Als er plötzlich verstorben war und beerdigt wurde, staunten die Kornstädter Bauern gar nicht darüber, daß an seinem Grabe ein echter Atomphysiker und Nobelpreisträger ihm die letzte Ehre erwies, denn so ein Atomphysiker sieht auch nicht anders aus wie ein anderer gstudierter Herr aus der Stadt.

Aber der Mühlbauern-Sepperl läßt einem jetzt aufhorchen. Der Bub ist bereits Physikprofessor an der Universität und soll bald den Nobelpreis bekommen, erzählt voll Respekt der Postwirt. Wo der Sepperl das nur her hätte, er hätte doch ursprünglich auf Pfarrer studieren sollen!

„Ja no, von wem werd er's denn habn?" seufzt der Mühlbauern-Vater, „von unserm Atompfarrer selig hat er's halt! Der hat ihn seinerzeit auf die Aufnahmeprüfung ins Gymnasium vorbereit' und damals schon hat der Bua mehrer Atomphysik glernt wia Latein." Und setzt hinzu:

„Na, na, wegen dem Zölibat wär der Sepperl schon ein Pfarrer geworden. — Eahm hat nur die Atomphysik verführt."

Der Vorsichtige

Unter der weißblauen Sonne gedeihen die Früchte des Feldes, es wachsen aber auch besonders runde Menschen heran. Und so ein Rundling ist zur Garnierung einer Komödie so wichtig wie das Benzin zum Autofahren. Noch vor etlichen Jahren hat es in jedem Dorf mehrere Originale gegeben. Sogar in der Millionenstadt München. Der Herr Justizinspektor Bartholomäus Ingerl war so ein orgineller Mensch, ohne daß er es selber gewußt hat. Er glänzte weder durch Kraft noch durch Sport, weder durch die Kunst des Witzeerzählens noch durch die im Norden allzeit mißdeutete Trinkfreudigkeit eines Bayern. Im Gegenteil, der Herr Inspektor der Justiz war über die Maßen auf seine Gesundheit bedacht. Er rauchte nicht, denn das Rauchen könnte seine Gefäße verengen. Er trank auch fast nichts, denn das Trinken würde seine Gefäße beschweren. Er aß kein Schweinernes und mied auch die feinen Mehlspeisen, denn dergleichen Genüsse richteten nur seine Gefäße zugrunde. Er glänzte mit der Tugend der Vorsicht. Aber er tat das umständlich und auffallend, ertrug den Spott der Mitmenschen und fiel nie auf einen Verführer herein. Er zelebrierte die Vorsichtigkeit, diese mäßige Tugend der übertriebenen Mäßigkeit.

„Na, na, dankschön, dös iß i net, dös tät nur meine Gefäße verstopfen! Und die Gefäße sind das Wichtigste im menschlichen Körper. Auch das Herz ist ein Gefäß. — Also dankschön, ich muß auf meine Gefäße achten!"

Das waren seine Reden. Ganz gleich, ob man ihm eine Wurstsemmel angeboten hat oder einen Krapfen, eine Zigarette oder ein Zigarrl, eine Pris Schmai oder eine frische Laugnbretzn. Der Bartl hat vorsichtig glebt. Seine Frau hat nur im Reformhaus einkaufen dürfen. Gehabt haben sie ja zeitlebens nicht viel, indem das vorsichtige Leben mehr Geld kostet wie ein schönes Leben. — Wie oft hab ich zu ihm gesagt: „Geh weiter, Bartl, kommen's, heut leisten wir uns einen Dämmerschoppen mit einem warmen Leberkaas mit Spiegelei und Kartoffelsalat!"

„Weiche von mir, Satan", hat er erwidert. Und dann hat er mit dem Finger an seine Stirn gedeutet und hat gemeint: „Denkst denn du gar nie an deine Gefäße?"

„Na", hab i da meistens drauf gsagt, „i kenn als gestandenes Mannsbild nur ein Gefäß und das ist der Maßkrug. Und der muß voll sein, nachand stimmt 's Lebn! — A so hab i gsagt und das ist auch noch heute meine Meinung, obwohl meine Tochter Medizin studiert."

Niemals setzte sich der Herr Inspektor unter die Raucher. Und am liebsten ging er im Wald spazieren. Aber um die gesunde Luft des Waldes schneller erreichen zu können, sparte er — soviel der gesunde Küchenzettel es zugelassen hat — sparte er auf ein Automobil. Er riskierte die Führerscheinprüfung, obschon diese Aufregung, wie er selber seufzte, seinen Gefäßen gar nicht gefallen hätte. Er schluckte gegen die Aufregung des Autofahrens sogar Beruhigungstabletten, damit ja seinen Gefäßen kein Schlaganfall gefährlich werden konnte.

Und dann? Er hatte auf seinem Kleinwagen noch keine 5000 km gefahren, geriet er unter die Räder eines Lastwagens und starb an den Folgen dieses Unfalls in wenigen Stunden.

Was haben ihm jetzt seine Gefäße genützt? — Gewiß,

der Schlag hat ihn nicht getroffen — und hätte ihn vielleicht auch nie getroffen, wenn er nicht erdrückt worden wäre. — Und was hat ihm seine ganze Vorsicht genützt? — Nix. — Und seine Dokta haben ihm auch nix geholfen! Aber der Spruch muß wahr bleiben: „Wennst zum Dersaufen gehörst, brauchst vom Derstechen keine Angst haben. Also, Prosit meine Herrschaften, dieses Gefäß ist mir lieber!“

Der Geißhüter

Fröhlichsein ist auch eine Art zu lieben. Wer immer nur den Ernst des Lebens kennt, hat kein Glück in der Liebe. Die jungen Dirndln wollen unterhalten werden! — Wahrscheinlich hat das dem Radlinger Sepp seine gute Mutter schon ins Ohr geflüstert, wie er noch ein kleiner Bub gewesen ist. Zeitlebens war er nämlich ein lustiger Loder geblieben. Auch wie die Zeiten schlechter geworden sind. Er hat mit zwanzig Jahren bereits den stattlichen Radlinger-Hof übernommen. Mit siebzig Tagwerk Feld und zwanzig Tagwerk Wald. Und Geld ist auch noch ein ganzes Sparbuch voll dagewesen. Das Leben hat ihm nicht lustig genug sein können. Das erste Automobil hat er gehabt in der Pfarrei und eine jede hat sich was eingebildet, wenn sie mit dem Sepperl hat einen Ausflug machen dürfen. Aber ganz ernst ist dem Sepp nie geworden. Dazu war er ein zu lustiger Bursch. Ernst genommen hat er nur die Lustbarkeit. So was bleibt auf die Dauer nicht ohne Folgen.

Sein Lieblingslied hat geheißen: „Drei Tag gehn ma nimmer hoam!“ Er hat es vier Tage lang in allen Wirtshäusern gesungen. Nach zwei Jahren war auf dem Sparbuch seines Vaters keine Mark mehr. Jetzt hat er langsam ein anderes Lied angestimmt. „Der Mensch lebt nur einmal!“ Und er hat seinen Wald verkauft.

Um diese Zeit hat der Sepp auch seinen dritten Wagen an einen Baum gefahren und man hat ihm den Führerschein genommen. Daraufhin hat er sich mit dem Taxi spazierenfahren lassen. Zwei junge Mütter haben ihm den Gerichtsvollzieher ins Haus schicken müssen, damit der die Alimente bezahlt hat. Danach hat er sein Vieh verkauft, seine Kühe und Kalbinnen, die Stiere und die Schweine. „Mit der Landwirtschaft ist nichts mehr zu verdienen!" hat er am Biertisch politisiert. „Ich bin gern ein Bauer, aber heutzutage müßte man halt eine höhere Bonität haben auf dem Acker und mehr Fruchtbarkeit. Felder, wo nicht nur Weizen und Gerste wachsen, sondern achtstöckige Häuser. Das wäre die richtige Art von Fruchtbarkeit. Da würde einem das Bauerntum gefallen."

Aber sein Hof war ein Einödhof in der Provinz. Selber hielt er sich jetzt häufiger in der Stadt auf. Die Mädchen seiner näheren Heimat wollten von ihm nichts mehr wissen, trotz seiner Lustigkeit. Da war er seines Hofes ganz überdrüssig und er verkaufte ihn an die Landessiedlung. Es blieb ihm so viel übrig, daß er sich im nahen Marktflecken ein neues Haus kaufen konnte.

Und weil er wieder einen Führerschein bekam, ein neues Auto dazu. Er machte jetzt einen Handlungsreisenden, hatte aber dabei so wenig Erfolg, daß ihm nach fünf Jahren das Haus ebenfalls nicht mehr gehörte. Da trieb es ihn wieder in sein Dorf. Er war jetzt 38 Jahre alt und besaß noch zwölf Tagwerk kahl geschlagenen Waldboden. Er verkaufte davon die Hälfte und baute sich am Waldrand, wo ein alter Stadel stand, ein winzig kleines Häuschen, legte sich fünf Geißen zu und führte dieselben auf Ackerrainen und Waldwiesen auf die Weide. Man schrieb die Jahre 67/68. Der Radlinger Sepp hatte sich zu einem Geißhüter und Philosophen bekehrt. War er vorher mit Ernst ein Luftikus gewesen, jetzt war er mit Lust ein ernsthafter Mensch geworden.

Zuerst haben ihm fünfzig Stück Vieh nicht gereicht und jetzt kann er mit fünf Geißen leben. So ist der Mensch, immer wieder ein anderer. Der Sepp ist in sich gegangen. Er hat sich eine Mundharmonika gekauft, hat seine Geißen grasen lassen und sich auf einen Holzstock gesetzt. Der Kragen seines langen Lodenmantels war hochgestellt und einen breiten schwarzen Hut mit einer langen Hahnenfeder hat er so weit ins Gesicht gezogen, daß man die Augen fast nicht mehr sah. Aber wenn er aufgeschaut hat, haben sie gefunkelt wie die Augen eines Einsiedlers.

Bald haben ihn die Leut auch nicht mehr den Radlinger Sepp, sondern nur noch den Geißhüter genannt. Er ist nicht mehr ins Wirtshaus gegangen und hat auch nur noch das Nötigste gesprochen — und das mit seinen Geißen. Die Leut wurden neugierig, sind zu ihm hinausgegangen und haben mit ihm einen Diskurs angefangen. Die einen spöttisch, die anderen interessiert. Der Geißhüter ist keinem die Antwort schuldig geblieben. — Wer ihn ausgelacht, dem hat er auf der Harmonika das Lied von der schönen Jugendzeit vorgesummt: „... sie kommt, sie kommt nicht mehr ...“ Und wenn ihm manchmal jemand etwas anvertraut hat, hat er einen Rat gewußt.

Einmal ist die Barzinger Vroni gekommen und sie war ganz traurig, weil sie den Herrn nicht mehr finden konnte, der sie vom Volksfest heimgefahren hatte. Die Autonummer wußte sie auch nicht mehr. Nur noch das Kennzeichen des Landkreises und den Buchstaben E.

Und weil sie dem Sepp leidgetan hat, hat er das ganze Nummernschild genannt. Auf einmal! Zuerst hat er seinen Hut zurückgeschoben und dann die Augen aufgerissen und es aus der Luft vorgelesen: E-S-570. — Und es hat gestimmt! Die Vroni hat den Vater des Kindes sogar geheiratet.

Die Geschichte ist unter die Leut gekommen und der Radlinger Sepp, der Goaßhüter, hat auf einmal einen Ruf als Hellseher gehabt. Besonders unbekannte Autonummern hat er geheimnisvoll lesen können. Manchen Dieb und manchen Fahrerflüchtigen hat er aufgebracht. Auch verlorene Wertsachen hat er gewußt. Und ganz besonders hat er einmalige Begegnungen von Liebsleuten nennen können. Der Zoch-Wastl ist einmal gekommen und hat ihm vorgejammert: „Sepp, hilf mir! Ich bin in Landshut gewesen und hab in der Konditorei ein ganz liebes Dirndl gesehen — am Nachbartisch ist sie gesessen mit ihrem Vater. Ich hab sie nicht ansprechen können. Ich muß sie wiedersehn. Sie geht mir nicht mehr aus dem Kopf. Wer ist sie, wo ist sie? Wie find ich sie?“ —

Da hat der Goaßhüter wieder seinen Hut zurückgeschoben und hat die Augen aufgerissen. Und dann hat er gesagt: „Ich seh sie. Sie ist schwarzhaarig mit blauen Augen. Der Vater heißt Hintermeier und ist der Viehhändler von Bergham. — Und eure Hochzeit findet an einem Samstag statt. — Ich verlange kein Honorar, nur einen Unkostenbeitrag von fünfzig Mark.“

Eine echte Begabung setzt sich halt immer durch; wenns sein muß auch als Goaßhüter. Voriges Jahr hat er sein Häusl vergrößert und seit Weihnachten hat er gar eine kommode Haushälterin.

Zu ihr redet er meistens in Sprichworten. „Drein und danebn geht oft a ganz Lebn“, seufzt er da manchmal, fügt aber dann gleich tröstend hinzu: „San ma froh, Nannerl, daß mir nix Schlimmers passiert ist, weil: Einem Einhaxerten schmeckt wohl a Maß Bier, aber ohne Kopf kannst net amal a Wasser trinka.“

Der Pfandlbräu

Der Prozeß der wirtschaftlichen Konsolidierung, besonders auch im Brauereigewerbe, zwingt zahlreiche bayerische Klein- und Mittelbrauereien zur Aufgabe ihrer Bräugerechtigkeit. Bis 1914 hatte Bayern über 6000 Brauereien. Vor dem Ersten Weltkrieg waren es noch gut 2000 gewesen, 1960 noch 1400 und 1974 sind es noch etwas mehr als 1000. Eine immerhin noch imponierende Zahl, die internationale Vergleiche herausfordert. Die USA haben keine 250, die UdSSR keine 160 Brauereien, und das kleine Bayern also immer noch über 1000. — Welch ein Gefühl souveräner wirtschaftlicher Größe, ein Land von über 1000 Brauereien! Wie können Länder mit nur 200 Brauereien sich an Kraft mit einem Land der tausend Bräuhäuser messen?

Der Pfandlbräu hat diesen Ausspruch getan: „Die Amerikaner und die Russen haben vielleicht mehr Panzer und Raketen wie wir Bayern, aber net so viel Brauereien."

Und doch, wer war er schon, dieser selbstbewußte Bauernbräu zum Pfandl in Greimelfing? Nichts weiteres als ein Opfer jenes wirtschaftlichen Konsolidierungsprozesses des heimischen Braugewerbes in den sechziger Jahren dieses Jahrhunderts. — Und vielleicht doch ein bißerl mehr noch, eine runde Persönlichkeit. Er war ein Original mit zu viel Originalität, kein großer Hektoliterbaron, aber immerhin ein gestandener Bauernbräu mit gut zweitausend Hektolitern Ausstoß jährlich. Er hatte seine eigenen

Sprüche, seine eigene Philosophie, seine eigene Partei, seinen eigenen Hopfen und sein eigenes Bier selbstverständlich. Aber beim Bier war er inkonsequent, er trank auch andere Biere, denn am liebsten saß er in fremden Wirtshäusern, wo sie sein Bier nicht ausschenkten. Er nannte das trotzdem „Kundensaufen". Wer weiß, vielleicht würde der Wirt einmal sein Kunde? — Einer seiner Lieblingssprüche war: „Dös waar ja direkt zum Nüachternwerdn!" Er benützte ihn auch für ungefährliche Situationen. „Himmelwahr", wenn er etwas nannte, dann war das so viel wie ein Eid. Und trank sich jemand einen Rausch an, dann pflegte er zu sagen: „Der Mann hat sich einen Vorschuß genommen — einen Vorschuß auf das Paradies." — Das Originellste am Pfandlbräu aber war, daß er zahlreiche Festlichkeiten aufzubringen versuchte.

Zum Beispiel ein Volksfest für die Handwerksburschen, einen Sautreiberball, einen Leichentrunk zu Ehren aller verstorbenen Hungerleider, ein Rehragout-Essen für alle Wildschützen und so weiter. Und für alle diese Feste spendierte er einen Hektoliter Freibier, damit der neue Brauch schneller einheimisch würde. Kurz und gut: Der Pfandlbräu von Greimelfing war ein verrückter Sonderling, was nur den einen Vorteil für die Bräuin hatte, daß es gar keine Bräuin gab, weil er niemals verheiratet war. „I hab meine Büffetdame", pflegte er zu sagen, „und die glangt mir".

Aber das Schönste am Pfandlbräu ist halt doch, daß er seine Brauerei versoffen hat. Er wird der einzige Brauereibesitzer in Bayern gewesen sein, der das fertiggebracht hat: Die eigene Brauerei versaufen, mein Lieber, das ist ein Kunststück! Nein, nicht verweibert, und auch nicht verspielt. Versoffen hat er sie. Und darauf war er am meisten stolz. Natürlich hat er das nicht nur mit seinem eigenen

Bier tun können, obwohl er von den zweitausend Hektolitern, die sein Braumeister eingesotten hat, gut und gern ein Prozent jährlich selbst getrunken hat! Welcher Bräu kann das heute noch von sich behaupten? Ein Prozent des Ausstoßes selbst getrunken? — Ganz allein! — Die Münchner Großbrauer können das nicht. Aber der Pfandlbräu hat es fertiggebracht. Und davor muß man wieder einen Respekt haben. Himmelwahr ist's! Er hat sich jeden Tag einen Vorschuß genommen.

Ab und zu glaubte man, daß die Büffetdame einmal Bräuin in Greimelfing werden würde. Aber dieses Ereignis traf nie ein. Als die Stunde der grausigen Wahrheit geschlagen hatte und die Pfandlbrauerei auf Betreiben der Hausbank versteigert werden mußte, pachtete die langjährige Büffetdame des Herrn Pfandl die Brauereigaststätte und behielt ihren ehemaligen Herrn im Hause. Dadurch hatte sich äußerlich im alltäglichen Leben des Pfandlbräu nichts geändert. Er hatte sein gleiches Bett, seine gleiche Kuchel und Gaststube, seinen Hausgang, seine Haustüre und seine Toiletten. Selbst die Treppe war die alte geblieben. Dem grantigen Bräu von Greimelfing war die Umstellung beinahe nicht zur Kenntnis gekommen. Er trank weiter und wenn es jetzt auch das Bier einer benachbarten Großbrauerei war. Himmelwahr ist's! —

Sie war halt eine gute Haut, die Anna, sein Hausdrachen — oder wie er sie genannt hat — seine Büffetdame Es war wohl auch keine merkwürdige Fügung, daß der Pfandl, mit zunehmendem Alter immer weniger vertragen konnte. — Früher ist er nie zum Doktor gegangen Aber jetzt hat er es mit der Angst zu tun bekommen, als er bereits bei der zweiten Maß ein Räuscherl gehabt hat. „Herr Doktor", hat er gesagt, „dös waar ja direkt zum Nüachternwerdn, i kann nix mehr vertragn!" —

Der Doktor hat ihm das Biertrinken ganz verboten. Auch das hat er hingenommen, und sich damit getröstet, daß ja die Hauptsache schon geschehen wäre, daß er die eigene Brauerei ja schon versoffen hätte. — Er hat noch ein paar Jahre lang Tee getrunken und war trotzdem der beste Unterhalter. Jeden Tag hat er eine andere Festlichkeit angekündigt, auch wenn nur ein Gast gekommen ist.

„Ja dös is gscheit, daß du heut zu uns kommst", hat er da zum Beispiel gesagt. „Bei uns ist heut der Jahrtag von den Fahnenträgern, da wird's aufgehn."

Und die Fräulein Anna, die Büffetdame, hat freundlich gelacht dazu und hat ihm Sacharin in den Tee getan.

Himmelwahr ist's! Weil eines schönen Tages jeder nüchtern wird, auch der Pfandlbräu, der seine eigene Brauerei versoffen hat. Ja freilich, mitnehmen hätte er sie auch nicht können. Und außerdem hat Bayern — auch ohne Pfandlbräu — heute noch mehr Brauereien als die Vereinigten Staaten von Nordamerika und Rußland zusammengenommen.

Der Viehhändler

Ohne Viehhändler kann es eigentlich zu gar keiner dramatischen Handlung kommen in einer zivilen bayerischen Komödie. Er ist ja der Motor eines ländlichen Unternehmens. Und ein Handel und Wandel muß sein auf der Welt. Rümpfe ja keiner die Nase über die angebliche Schlechtigkeit eines hiesigen Schweine- oder Nutz- und Schlachtviehagenten, es gibt bei weitem größere Händler in Wirtschaft und Politik und auch bedeutendere Schlitzohren. Trotzdem ist und bleibt das Urbild der bayerischen Schlitzohrigkeit der Viehhändler. Er ist der Typ des überlauten Ehrenmannes. Dabei sind die Bayern keine großen, begabten Händler wie schon der Historiker Aventin bemerkt hat. Sie sind allenfalls Viehhändler. Aber auch dieser Viehhändler muß an zwei Fronten gleichzeitig kämpfen:

Auf den Bauernhöfen mit den schlitzohrigen Bauern und auf dem Schlachtviehmarkt mit den raffinierten Metzgern und Großviehagenten.

Um diesen Kampf bestehen zu können braucht es übermenschliche Kräfte und eine große Portion an Originalität. Der Brunner Sepperl, der Paulus Dominik, der Peternbartl und der Godl-Pauli, der Sauhandler-Xaverl und der Held Korbinian, der Schweinhuaber Pepe und der Garantie-Beni, ein jeder von ihnen — und noch hundert andere — ist eine exemplarische Figur. Früher kamen sie mit dem Gäuwagerl und einer dünnen Gerte in den Hof gefahren, begrüßten in der Kuchel mit großer Freundlichkeit die

Bäuerin, nachdem sie vorher in der Fletz schon der Stalldirn' einen aufmunternden Blick zugeworfen haben, und konnten dann endlich dem Bauern die Honneurs machen.

„Westermoar, du bist der allerhöchste in der ganzen Pfarrei! Dein Bauernhof steht da herobn wie ein Grafenschloß! Und grad blitzen tut er! Kein Fenster hat an Sprung, nicht einmal 's Menscherkammerfenster. Und da darf einer genau schaun, bis er ein schlechtes Zaunlattl findet bei deinm Saugarten. Ein Hof wie aus dem Bauernkalender! Na gscheit und ohne Sprüch! Und drum möcht i von dir ein Stück Vieh kaufen, ein einzigs grad, wenn i's derzahln kann. Dös wär mein Wunsch. Und wenn mir der heut in Erfüllung gang, dann tät ich dich um deine brave, liebe Bäurin nimmer so stark beneiden, Westermoar!"

„Jawohl Bauer, auf Ehr und Seligkeit, i möcht dir an Ochsen abkaufen, dein' alten feisten Handochs! I zahl guat a quere Hand übern Preis und an Taler Stallgeld no extrig für die fleißige Schweizerin!"

Und weil der Bauer allerweil noch in seiner Zeitung liest, und überhaupt nicht zuhört, patscht der Korbinian mit der flachen Hand auf den Tisch und schreit: „An Höchstpreis zahl' i und wenns dir zu wenig ist, zahl is Doppelte von dem was der Ochs wert ist!"

Die Sprachgewalt der bayerischen Viehhändler war barock und aufwendig. Was haben sie alles reden und deuten, feilschen und loben, heruntersetzen und schwören müssen! Wie oft haben sie eine Garantie gegeben! Wie oft haben sie die Handelschaft jäh unterbrochen und sind zur Tür hinaus, sind gar aufs Gäuwagerl aufgestiegen, haben sich über die geforderten Viehpreise entsetzt gezeigt und sind dennoch wieder abgestiegen. Ihre Handlungen waren so aufwendig, daß sie zum Gewinn in einem unrentablen Verhältnis standen. Und dennoch haben sie ein gemütliches Leben geführt, die Herren Viehhändler, ein wenig feucht und ein wenig fröhlich, ein wenig laut und ein wenig kaufmännisch. Und wenn einer ein Leben lang sein Handelskapital erhalten konnte, dann war er oft schon zufrieden.

Der Wurzer Sigi hat mit viertausend Mark angefangen und hat jede Woche zwei Stück Großvieh in den Schlachthof geschickt. Nach zwei Jahren hat er die Handelskarte wieder zurückgeben müssen, weil er nicht einmal mehr eine einzige Sau hätte auszahlen können. Spesen hat er eben auch gehabt. Ein Viehhändler muß die halbete Zeit in den Wirtshäusern herumsitzen, muß jeden Tag seine sechs Glas Bier trinken; und eine Brotzeit braucht der Mensch auch. Die Fahrkarte nach München hin und zurück kostet sechs Mark, die Weißwürst in der Kantine nicht gerechnet. So etwas greift das höchste Handelskapital an. Händler ist freilich nicht Händler. Die meisten Viehaufkäufer machen aus ihrem Handelskapital jedes Jahr mehr, und wenn es nur ein paar Mark sind. — Einer wie der Korbinian Held von Geisbach hat sich gleich gar ein zweites Haus bauen können. Aber das auch nur, weil er mit jedem Vieh gehandelt hat, mit Ferkeln, Säuen und Kühen und manchmal auch noch mit Hochzeitern und Hochzeiterinnen.

Vielleicht verdankt er sein zweites Häusel dieser Eheagentur? — „Niemals! Mit der Schmuserei geht überhaupt nix mehr, indem die heutigen Dirndln keine Bäuerinnen nimmer werdn mögn“, sagt der Korbinian. „Und warum nimmer? Weil unser Herr Landrat den Infrastruktur z'hoch hinaufgeschraubt hat! Obi mitm Infrastruktur, na kriagn ma wieder Hochzeiterinnen gnug!“

Ja, der Viehhändlerberuf ist mühsam, denn, so weiß ein alter Spruch, wer einen Bauern ausschmieren will, kommt selber auf die Gant. Da konnte man gar nicht scharf genug aufpassen. Oder, wie der Held-Korbinian es ausgedrückt hat: „Grad schaun und über ecks denka. Sonst werd 's Kapital täglich wenga."

Vor seinen Ökonomen zitierte er allerdings andere Sprichworte. „Hofbauer", beteuerte er da, „schmatz' ma über dein' Ochs, i will dran nix verdienen, mir geht's nur um die Unterhaltung, weil mein Spruch hoaßt: Liaber koa Geld wia für an Unterhaltung koa Zeit."

Der Dirigent

Männergesangsvereine stellen unbedingt eine Bereicherung des gesellschaftlichen Lebens in unserer kleinen Stadt dar. Auch heute noch. Und das nicht nur wegen des Liedertafelballs, dem aufregendsten Ereignis der ganzen Saison! Wenn diese Liederkränze ihr Entstehen auch keinem musikalischen Bedürfnis verdanken, sondern aus der deutschen Turnerschaft hervorgegangen sind und mehr von Berlin als von München aus propagiert wurden, so dürfen sie doch nicht als eine Tarnung für durstige Seelen angesehen werden, die im eigenen Hause zu keiner Labung mehr fähig sind. Besonders nicht unser Liederkranz Polyhymnia, den auch zahlreiche Sopranistinnen und tiefe, volle Altstimmen schmücken! Er bringt jährlich zwei konzertreife Leistungen hervor, die das kulturelle Niveau der Stadt beträchtlich anheben. Und wem verdankt man das alles? Dem Herrn Notariatsschreiber Alfons Haberl, der den Dirigentenstab schwingt wie ein Generalmusikdirektor.

Unser Kapellmeister ist ein Genie. Er macht seine Sache noch besser als sein Vorgänger, der Hauptlehrer Wunder. Wenn ihn sein Vater hätte studieren lassen, dann dirigierete der Alfons wahrscheinlich in München und Bayreuth. — Ja, manchmal ist es direkt schad, daß so eine Begabung, wie er es ist, auch unseren Männergesangsverein „Harmonie" leiten muß. Diese Harmonie-Proben sind manchmal schon eine Zumutung für ihn.

Auf halb acht Uhr jeden Donnerstag ist der Beginn der

Probe festgelegt. Der Herr Kapellmeister ist stets schon fünf Minuten vor der Zeit im Nebenzimmer der Postbrauerei anwesend und teilt die Notenblätter aus, rückt sich das Dirigentenpult und das Podium selbst zurecht und sucht sich den geeigneten Taktstock aus. Für all diese Verrichtungen war bis vor etwa sieben Jahren der pensionierte Gemeindesekretär Oberloher zuständig gewesen.

Aber die dienstbaren Geister sind immer seltener geworden. Auch bei den Vereinen. Allmählich kommen die Herren der Harmonie angeschnauft: der Herr Metzgermeister Feckl, der Bäckermeister Praschberger, der Viehagent Korbinian Held, der Apotheker Adlermeier, die Kaufleute Dobler und Zenz, zwei hohe Tenöre, und schließlich auch noch etliche mittlere Beamte von Polizei und Eisenbahn, von Magistrat und Justiz. Sie nehmen Platz an den Tischen und die Kellnerin Rosa hat alle Hände voll zu tun, um die Wünsche der Honoratioren zu erfüllen.

Fast alle trinken Bier, einige Weißbier, ganz wenige nur noch dunkles Bier.

Und ausgerechnet am Donnerstag gibt es immer eine frische Schlachtschüssel in der „Post", feine Leber- und Blutwurst mit gesottenem Schweinernen dabei und mit Kartoffeln und Sauerkraut garniert. Der Herr Konditormeister Schexmeier ist immer der erste, der sich diese Köstlichkeit lauthals schon beim Eintritt in das Probenlokal bestellt. Der ohnehin beleibte Tierarzt wird daraufhin von einem ähnlich gustierten Appetitgefühl überfallen und ruft ebenfalls sein geflügeltes „Rosa, i mag aa so an ordinäre Schüssel!" aus. Dabei steht der Herr Dirigent schon auf seinem Podeste und blättert in der dicken Partitur des „Deutschen Liedes für Männergesangsvereine". Er hält in der einen Hand den Taktstock und in der anderen die

Stimmgabel. Da bestellt sich der Herr Stationsvorstand, Inspektor Schlereth, eine Schweinshaxe. — Alfons Haberl betrachtet diese Bestellung zumindest als eine mittlere Entgleisung. Und er klopft zum ersten Male mit dem Taktstock auf das Pult.

„Meine Herren, es ist bereits dreiviertel vor acht, beginnen wir zur Einstimmung mit unserem geübten „Wer hat dich, du schöner Wald . . . !"

Wie zum Hohne schreit darauf der Viehhändler Held der Rosa nach: „Rosa, was is' denn mit'm Bier? Mit einer Halbe hab i keine Stimm!"

Der Herr Kapellmeister klopft energischer mit seinem Taktstock und intoniert das alte Harmonielied. — Aber niemand stellt sich auf, alle trinken und unterhalten sich, nehmen die Dirigentenpersönlichkeit nicht einmal wahr. Der Metzger Feckl ruft gar aus: „Heut pressiert's net mit'm Singen, heut müssen wir zuerst über die Magistratssitzung diskutieren!"

Da legt der Herr Kapellmeister enttäuscht den Taktstock nieder und setzt sich in eine dunkle Ecke des Nebenzimmers. Er schüttelt den Kopf und ist verärgert, verzweifelt.

Allerweil der Feckl! Er hat den Herrn Dirigenten schon häufig verstimmt. — Wer am Singen keinen Spaß hat, soll nicht in die Harmonie gehn! — Es ist nämlich sehr schwer, so ein Genie, wenn es beleidigt ist, wieder zu versöhnen. Zu dritt müssen wir uns da oft bemühen und müssen auf ihn einreden wie auf ein krankes Roß: „Geh weiter, Herr Kapellmeister, was tät denn die Harmonie ohne Ihnen? Wir könnten ja keinen Ton nicht mehr singen!"

So etwas tut meistens seine Wirkung und er erhebt sich mit einem genialen Ruck. — Da stehen dann auch schon die meisten um sein Pult herum und nehmen den Ton an, den er uns gibt, und auf gehts mit dem herrlichen Preislied auf den deutschen Wald. Wie es der Teufel haben will: in diesem Augenblick kommt das Fräulein Rosa mit der Schweinshaxe des Herrn Bahnbeamten daher.

„Herr Vorstand, Eahna Haxerl is da!“ ruft sie, die unmusikalische Kellnerin. Der Alfons schließt die Augen und preßt seine Lippen zusammen. Und dann kommen auch noch die diversen Schlachtschüsseln und aus ist’s mit dem Gesang. Solchen Strapazen ist auf die Dauer der begabteste Dirigent nicht gewachsen. Und die Versöhnungsversuche werden immer schwieriger. Der Herr Kapellmeister schlägt nun seine Partitur zu, steckt seinen Taktstock ins Etui, räumt sein Podest auf und sein Pult dazu.

Da braucht es jetzt ein Betteln und Bitten, ein Entschuldigen und Versprechen bis er noch einmal mag!

„Herr Kapellmeister“, sag ich schließlich, „bittschön, um der Musik willen, habns noch einmal ein Einsehn! Um der Musik willen müssen Sie das Opfer bringen, sonst ist die Harmonie gestorben.“

Nach etwa einer Viertelstunde, bis dahin haben die meisten ihre Schüssel aufgegessen, und nachdem der Apotheker in eigener Person das Podest und das Pult wieder aufgestellt hat, läßt er sich erweichen, mag er noch einmal unser Herr Dirigent. — Und dann singen wir wirklich, daß es eine Freude ist. Wenn auch draußen in der Schenke gerade ein Faß Bier angezapft wird, wenn wir einsetzen; das hört man kaum noch, so laut erschallen unsere Männerstimmen unter der Stabführung unseres zwar empfindsamen, aber halt doch genialen Herrn Kapellmeisters.

Jawohl, unsere Gesangsvereine sind gesellschaftlich unbedingt bedeutsam und ihre Probeabende können auch heute noch Männer in das Nebenzimmer der Postbrauerei locken — auch wenn ein Krimi läuft.

Der Sprüchmacher

Ohne die heiteren und liebenswürdigen Typen zahlloser wirklich lebender Originale hätten die Komödianten keine Vorbilder und die Stücklschreiber keine Stoffe. Gottlob hat die heimische Gesellschaft — oder sagen wir lieber die heimische Menschheit — die natürliche Unnatur der lebendigen Wirklichkeit im Laufe der Jahrhunderte die unterschiedlichsten Typen hervorgebracht: den unternehmerischen Trunkenbold und den asketischen Heuchler, den lauthals tapferen Feigling und den genügsamen Verschwender. Und natürlich auch den ehrlichen Sprüchmacher, der da alles auf die Spitze treiben kann. Sprüchmacher sind wichtige Leut — auch in der heutigen Gesellschaft sind sie es, denn die statistische Wirklichkeit klingt manchmal ein bißchen zu unglaubwürdig.

Es ist nicht unsere Art, daß wir allzu groß von uns selber denken. Ein braver Mensch ist bescheiden und ein glücklicher, ein verliebter gleich gar. — Aber wenn so ein solider Bauer einmal Sprüch macht, dann gleich tüchtig und außergewöhnlich, beinahe unglaubhaft. Und doch muß es so gekonnt erzählt werden, daß auch dieses Unglaubhafte gerade noch geglaubt werden kann. — Genaue ästhetische Regeln lassen sich beim Sprüchmachen nicht aufstellen. Es ist wie mit dem Gesang und wie in der Liebe: Der eine singt fein, der andere grob.

Ein Grenzfall des glaubwürdigen Sprüchmachens ist der Gänsöder Martin von der Gänsöd, ein Einödbauer mit viel Wald und saueren Wiesen. Er ist ein stiller Charakter und kommt erst nach der zehnten Halbe ins Erzählen. Leider trinkt er nur selten so viel; und noch seltener geht er überhaupt ins Wirtshaus. Man muß also schon ein Glück haben, wenn man den Gänsöder Martl von der Gänsöd einmal beim Sprüchmachen beim Wirt in Hintergiebing erleben kann.

Der Wirt hat diesen geistigen Genuß natürlich schon erleben dürfen: „Ich habe ihn freilich erlebt und glauben möchte ich seine Geschichten heut noch, obwohl ich mir sagen muß, daß sie niemals wahr gewesen sein können, weil es so etwas einfach nicht geben kann."

„Wir in der Gänsöd, wir machen das ganz anders", so hat er angefangen; und so soll auch schon sein Großvater das Sprüchmachen angefangen haben.

„Also, wir in der Gänsöd, wir haben einmal eine Kuh gehabt, die hat sieben Stricherl gehabt an ihrem Euter. Und sie hat siebzig Liter Milch am Tag gegeben, mit jedem Stricherl zehn. — Aber keine gewöhnliche Milch, lauter Rahm. Das Dumme war nur, daß wir von der Milch nichts gehabt haben, weil man sie nicht hat trinken können. Meine Bäurin hat einmal ein Haferl davon versucht. Was passiert? Drillinge bringt sie mir auf die Welt und das innerhalb von drei Wochen! — Sie sind zwar gleich nach der Nottaufe gestorben, aber wir sind doch ganz schön erschrocken. Und wenn eine Katze von der Milch geschleckt hat, dann hat sie Reh und Hasen gefangen wie ein Jagdhund. Mäus' hat sie gar nicht mehr angeschaut. Ein junger Stier hat einmal auf der Weide draußen von der Kuh ein Maulvoll getrunken von dem siebenstrichigen Kuheuter. Und was ist geschehen? Sieben Tage lang hat er eine Stärke gehabt wie eine Eisenstange und hätt' fast alle Küh aufgearbeitet.

Nein, ich erzähls lieber nicht ...“

„Natürlich hat er es erzählt, denn drei Stunden lang hat der Gänsöder mit seinen Geschichten nicht mehr aufgehört. Drei Stunden lang und so glaubwürdig und ernst, daß es auch ein Roßhändler geglaubt hat. Ich schwörs. Sogar ich habe es geglaubt und möchte es heute noch glauben.“

So beteuert es der Wirt von Giebing.

Das Kirchweihessen in der Gänsöd muß sich alljährlich zu einer wahren Freß- und Sauforgie ausgewachsen haben. Auf Kirchweih nämlich hat die Gänsöderin immer mit dem Schmalz gekocht, das von der Gänsmilch ausgebuttert und ausgelassen worden ist. Und das gibt es halt doch nur in der Gänsöd. Solche weizernen Küchel, jedes einen Bauernschuh im Durchmesser und schmalzig roglig und fein wie ein unschuldiger Täufling während des Kindlmahls, solche Küchel hat sogar der Herr Bischof von Regensburg noch nie gegessen. Und dann erst die ganz warmschmalzigen Hauberlinge, die einem eine solche Manneskraft geben, daß man buchstäblich eicherne Stöck in der Mitte auseinanderklieben kann, mit bloßen Händen; solche Hauberlinge hat nicht einmal der Bischof von Salzburg gekriegt. Und das Schöne daran ist noch das, daß man leicht hundert Küchel essen kann und doch noch allerweil danach einen Appetit verspürt.

Die Herren mögen es glauben oder nicht: Schlecht wird keinem Menschen von diesem Kirchweihessen. Im Gegenteil: Die schmalzigen Küchel sind die beste Medizin zum Abnehmen. Wer auf der Gänsöd drei Tage lang ißt und trinkt, schlemmt und demmt, der hat am Kirchweihdienstag mindestens zwanzig Pfund abgenommen. — „Ja, ja“, rief er aus, der Gansöder Martin von der Gansöd, „deshalb brauchen wir Gänsöder niemals einen Doktor!“

„Das mit dem Gesundsein hat seine Bewandtnis", meint der Wirt, „denn so ganz geheuer geht es nicht zu in der Gänsöd. Manchmal eher ein bißerl unheimlich."

Hinter dem Hof stehen etliche Eichen. Und unter diesen Eichen haust eine besondere Art von Feldmäus'. Keine gewöhnlichen Mäus', vielmehr sind das Mäus', die wo ganz spaßig pfeifen können. — Die würden oft vierstimmig den Tölzer Schützenmarsch pfeifen, so daß man in der ganzen Gegend keinen Radio braucht. Und das Allerspaßigste ist das: Die Gänsöder Mäus' können auch morsen. — Früher hat das niemand gewußt, aber er, der Gänsöder, ist im Krieg bei den Funkern gewesen und wie er zum erstenmal auf Urlaub heimkommt, sitzt er mit seiner Braut, der jetzigen Bäurin, unter den Eichen, um dem Pfeifen der Mäus' ein bißerl auflusen zu können. Da denkt er sich plötzlich: Ja — wer morst denn da? — Und er zieht einen Bleistift aus der Tasche und schreibt gleich den Klartext mit. Das war Anno 1942 gewesen, mitten im Krieg. Da haben ihm die Mäus' damals die ganze Geschichte schon vorausgefunkt, daß der Krieg verloren, daß er aber wieder gesund heimkommen werde, obwohl er drei Jahre lang in russischer Gefangenschaft werde zubringen müssen.

Und die Eicheln von diesen Bäumen haben natürlich auch eine außergewöhnliche Kraft. Die Säu, die wo diese Eicheln fressen, liefern ein Gselchtes, wie es der Petrus im Himmel nicht strammer und milder und bissiger von den Engeln zur Brotzeit serviert bekommt am 29. Juni.

Und manchmal erwischt auch eine Henne oder ein Gokkel etwas von diesen Eicheln und sogar Tauben picken manchmal eine auf. Was dabei herauskommt, das glaubt wahrscheinlich doch niemand. Aber es ist wahr.

„Ich glaube es, Gänsöder", sagt der Wirt von Giebing,

„ich glaub dir jedes Wort. Und verzähl nur gschwind weiter!"

„Wir haben schon manchmal Tauberer gehabt, in der Gänsöd, die waren so herausgefressen, daß sie den Firstbaum abgedrückt haben, wenn sie auf das Hausdach geflogen sind. Und neulich hab ich einen Gockel auf den Zuchtviehmarkt nach Pfarrkirchen getrieben. Ah, meine lieben Leut, hat dir der Gockel eine Kraft gehabt! Einbißen hab ich ihn müssen wie einen Hengst, ich hätt ihn nicht mehr derheben können, sonst. Ja, ja; mein Vater hat einmal aus diesen Eicheln einen Kaffee gesotten und danach hat er gleich seine Sense gedengelt. Und wie er mit dieser Sense mäht, mäht er einen Leitungsmast um und merkt es nicht einmal. Beim Heuen ist er dann hergegangen. — Und wie mein Vater dann mit 87 Jahr todkrank im Bett gelegen und der Spitzennikei, der Tod, schon in der Kammer gestanden ist, da hat der alte Gänsöder von der siebenstrichigen Kuh noch ein Haferl Milch getrunken, hat den Spitzennikei davongejagt, ist aufgestanden und in die Stubn heruntergegangen und ist wieder recht fidel gwesn. Net viel hat gfehlt und er hätt mit der rassigen jungen Mitterdirn einen Zwiefachen getanzt. Daraufhin hat sich der ausgeschmierte Armenseelenmacher, der spitznasete Nikei, etwas anderes ausdenken müssen. Er hat den alten Gänsöder hinterlistig und heimlich, schlafenderweise und bei der Nacht, geholt", usw. Der Gänsöder hat vier Stunden lang erzählt. Und glaubwürdig. Und auf die Glaubwürdigkeit kommts an beim Lügen. —

Die Hexe von Kreiting

Die Menschen sind alle gleich, wenn sie verschieden sind. Aber ehe sie es so weit gebracht haben, sind sie alle gleich verschieden. Unter den Originalen, die ich in meinem Leben kennenlernen durfte, bleibt mir die Stroacher-Franz von Kreiting in fast unheimlicher Erinnerung. Sie konnte einem treulosen Geliebten zum Beispiel die Schwindsucht oder einen gebrochenen Haxen anwünschen, konnte einem neidigen Bauern seinem glücklichen Nachbarn im Roßstall eine Stute verenden lassen — oder im Saustall den Rotlauf ausbrechen lassen. Beim Mayer von Kreiting soll sie noch 1938 im Hühnerstall die Hühnerpest hineingewünscht haben, daß alle neunzig Hühner samt den sechs Gockeln den Zipf gekriegt haben. Des Aufzählens wäre kein Ende. Man mußte sich mit der Franz gut stellen, obschon sie ohne Honorar niemandem etwas Böses angewünscht haben soll. Sie war eine Art praktizierende Hex — gerade so wie ein approbierter Bader oder ein Viehdoktor — arbeitete sie gegen Honorar für jedermann.

Und sie hat einen Ruf gehabt. Man hat sie drei Pfarreien weit gekannt und aufgesucht. Und gnannt haben sie die Leut nur „'s Hexei von Kreiting", weil sie eher von kleiner und zarter Statur war. Und auch ein sauberes, feines G'sichtl hat sie gehabt. Kein Mensch hätte es ihr angesehn, daß sie dem Teufel seine Großmutter als Firmpatin gehabt hat. Ihr Vater, der Stroacher Hausl oder Balthasar, ist ein berühmter Hellseher gewesen. Wenn du zum Beispiel eine Uhr verloren hast beim Ackern, dann hat es dir der Hausl genau gesagt, wo du die Uhr wieder finden kannst:

„Beim Ackern in deiner Hinterleiten, die siebnte Furch' von unten rauf, etliche hundert Schritt' vom Holz weg, da liegt sie unter der Furch' die wo sich bergwärts gelegt hat. Brauchst grad mit'm Stiefel a wenig hinstößn . . ."

Und genau hat es gestimmt. Die Uhr hast du todsicher gefunden. — Der Hausl hat auch An- und Abwünschen können. Hat dir zum Beispiel einmal das Kreuz wehgetan, ohne daß du dich verletzt hast, ohne daß du dir was ausgekegelt hättest, — und es war auch kein Rheuma — dann hat dir gewiß ein Feind, den du gar nicht kennst, dieses Leiden angewünscht — oder anwünschen lassen. Jetzt bist du zum Hausl gegangen und der hat dir dann einen Rat gebn, wie du die Schmerzen wieder losbringst:

Mit dem Heiligdreikönigswasser zum Beispiel das Grab von dem ältesten Mann aufsuchen, drei Pfarreien im Umkreis, bei Vollmond, das Wasser hinspritzen und einen Feiertagshut voll Erde von dem Grab heimtragen, in ein Säckchen umfüllen und da drauf dann drei Nächte lang schlafen. Sofort kriegt das Kreuzweh dein Feind, der es dir hat anwünschen lassen und du bist davon erlöst. — Ja, nicht nur erlöst, du lernst deinen Feind auch noch kennen — am nächsten Sonntag nach der Kirche. Er geht vor dir aus der Kirchentür und greift sich wehleidig auf den Rücken.

Alle Wünsch- und Abwünschpraktiken darf man auch nicht erzählen, sonst könnt' leicht sein, daß sich hier und da noch eine Hex' wegen Geschäftsschädigung beschwert. — Die Kunst des Abwünschens jedoch hat dem Stroacher-Hausl seine einzige Tochter, die Fanny, nicht so gut beherrscht wie das Anwünschen. Vielleicht sind die schlechten Wünsche auch leichter zu verwirklichen wie die guten? — Ist eine Jungfer in Kreiting vorzeitig guter Hoffnung geworden, so haben die Mütter und Väter nicht selten den Verdacht einer boshaften Verwünschung ausgesprochen.

„'S Dirndl selber ist unschuldig — der böse, eifersüchtige Nachbar hat ihr dös Unglück anwünschen lassn!"

Bei so einer Misere wußte das Kreitinger Hexei fast nie einen wirksamen Gegenwunsch, obschon es viele Sympathiemittel gibt, die eher helfen wie so eine sündteure Kur.

Einen Fall weiß ich, da hat das Gegenmittel sehr gut gewirkt.

Die Gaugiglin hat eine Brautkuh mitgebracht auf den Hof, die ganz viel Milch gegeben hat. Und sogar eine sehr fettreiche, was auch der Milchkontrolleur bestätigen mußte. Und weil die junge Gaugiglin eine schöne und geführige Bäuerin war, mit der auch der Huberbauer manchmal einen Diskurs angefangen, hat die Huberin auf sie einen Mordszorn gekriegt. Und sie ist auf Kreiting hinüber und hat das Hexei aufgesucht. — Für einen Taler hat ihr das Hexei den Rat gegeben:

„Am meisten kannst sie ärgern, wennst ihr die Brautkuh trockenstellst, daß die Kuh keinen Tropfen Milch mehr gibt. — Paß auf, das machst a so: Du nimmst den Strick da mit — der ist drei Tag lang in drei verschiedene Särg gelegn — und hängst den Strick in deinem Kuhstall vor der ältesten Kuh auf und melkst zu jeder Stallzeit den Strick wie eine Kuh.

Dazu mußt dir fest wünschen, daß der Gaugiglin ihre Brautkuh krank wird und keine Milch mehr gibt." —

Da können Sie jetzt lachen, aber Anno 1938 ist die Geschicht in Kreiting passiert und tatsächlich hat der Gaugiglin ihre Brautkuh keine Milch mehr gegeben. — Sie ist in der Früh und am Abend jedesmal schon ausgemolken gewesen. — Natürlich hat sich die Gaugiglin auch helfen können.

Die junge Bäuerin ist auch zum Hexei gegangen und hat sich ein Gegenmittel bestellt, auf daß ihre geschätzte und geliebte Brautkuh wieder auf die volle alte Milchleistung kommt.

„Ja“, sagts Hexei von Kreiting, „nix einfacher wie das: Du wirfst in den Milchkübel einen Batzen Kuhdreck“. —

Und ebenso hatte auch die Huberin einen Kuhdreck in ihrem Milchkübel drin. — Soweit hat das Sympathiemittel geholfen, aber die Brautkuh hat der Gaugigl dem Metzger geben müssen. — Das Anwünschen geht halt doch viel leichter wie das Abwünschen.

Die Abergläubische

Daß der Aberglaube allerweil noch besser sei als überhaupt kein Glaube, ist ganz gewiß falsch, denn sonst wäre es der Viehböck Mirzl seinerzeit in der Thomasnacht anders ergangen. Sie wollte in der unheimlich-hellsichtigen Nacht ihren Bräutigam, den sie ja noch gar nicht kannte, leibhaftig sehen. In ganz Bayern hat man das früher können, wenn man ein heiratsfähiges Dirndl war und auch noch in Ehren hat den Jungfernkranz auf dem Haupte tragen dürfen an Antlaßtagen. — Beide Voraussetzungen brachte die Mirzl mit, die eine sogar in sehr reifem Maße, daß sie nicht erschreckt wär, wenn ihr der Hl. Thomas einen Witwer mit drei Kindern gezeigt hätte. — Das Thomasnacht-Zeremoniell war der Mirzl natürlich bis ins letzte hinein wohl bekannt. Sie wußte den Spruch: „Bettstatt i tritt di, Sankt Thomas i bitt di, zeig mir in deinem Heiligenschein — heut nacht den Herzallerliebsten mein! Amen." — Vor zwei Jahren hat sie nichts gesehen, weder wachend noch im Traum, weil sie, wie ihr die Altdirn eingeredet hat, kein geweihtes Wachsstöckl unters Kopfkissen gelegt hatte.

Und voriges Jahr ist sie, trotz des geweihten Wachsstöckls unterm Kopfkissen, in der ganzen Thomasnacht nicht einmal eingeschlafen und hat nicht den geringsten Traum von einem Hochzeiter gehabt — also weder wachend noch schlafend. Und warum? Weil das Wachsstöckl zwar eine Weih gehabt hätte, wie die Altdirn ihr wieder genau auseinanderzusetzen wußte, aber keine so hohe, daß es den Hl. Thomasschein hätte anziehen können. Man müßt dazu schon ein zwei-, drei- oder gar viermal geweihtes Wachsstöckl unter sein Kopfkissen legen, wenn man was Gescheites sehen wolle, meinte die erfahrene Großdirn des Viehböck von Unterrossing zur Mirzl. Am besten wär natürlich ein Wachsstöckl, das nur die Sonntagsweihen gekriegt hätte und keine Werktagsweih.

Jawohl, indem ja das Fest Mariä Lichtmeß jedes Jahr auf einen anderen Tag falle und alle sieben Jahr einmal auf einen Sonntag. Und wenn man also so ein altes Wachsstöckl hätte, das zum Beispiel drei oder gar sieben Sonntagsweihen in sich angehäuft trüge, dann könne der Hl. ungläubige Thomas nicht mehr anders, dann müsse er in seinem Heiligenschein den zukünftigen Bräutigam dem Dirndl vorstellen, und zwar wachend — oder im Traum — das sei fast gleich, obschon ein wach hergezeigter Bräutigam im Ehestand mehr Buben zuwege brächte. —

Aber das könne einem ja wurscht sein als Weiberts, die Hauptsache ist, daß man den Zukünftigen überhaupt zu sehen kriegt! —

Die Mirzl, das dumme Ding, hat alles geglaubt. Einen Siebensonntagsstock hat sie natürlich noch nicht gehabt, denn dazu braucht der Mensch 49 Jahre. Und so alt wird selten eine heiratslustige Jungfer. Heuer hat sie also drei Wachsstöck unter das Kopfkissen gesteckt und hat zum Einschlafen noch dreizehn Vaterunser gebetet. Und tatsächlich, plötzlich klopft es an der Kammertür und sie schreit auf: „Wer ist draußen? Etwa der Hochzeiter mein?“ — „Jawohl“ ruft eine Männerstimme, „der Heilige Thomas mit seinem Schein!“ — Da sperrt sie die Tür auf und sieht vor ihrer Kammertür einen Kürbis, den man auf einen Besenstiel gesteckt hat. Er ist ausgehöhlt und hat

Augenlöcher im Gesicht und drinnen brennt eine Kerze. An so einen Hochzeiter hat sie nicht gedacht. Da ist sie fuchsteufelswild geworden, hat den Kürbis umgestoßen und die Kammertür wieder zugesperrt. — Aber es ist dann doch was von der Thomasnacht an ihr hängengeblieben.

Da war es schon wieder Sommer, als der Bauer die junge Mirzl, die Mitterdirn, einmal zu den Kürbissen hinausgeschickt hat. „Schau halt amal nach, ob die heuer große Köpf kriegen oder bloß kleine, damit man's weiß", meinte der Bauer. Der Mirzl aber kam der Auftrag schon sehr seltsam vor, weil ihr der Viehböck schon öfter so merkwürdige Aufträge gegeben hat. Sie ist also hinausgegangen zu den Kürbissen, die an dem hinteren Acker, ganz nah beim Wald, angepflanzt gewesen sind und hat geschaut. — Am End, hat sie wieder gedacht, erfüllt sich auf diese seltsame Weise die vergangene Thomasnacht doch noch? — Und wirklich, als sie sich im Kürbisbüffang bückt, kommt der Viehböck aus dem Holz heraus und redet sie abermalen sehr merkwürdig an. — „Weißt Mirzl", sagt er, „ich kann mir das schon denken, warum dir der Heilige Thomas, trotz des Dreisonntagsstöckls unterm Kopfkissen, nicht direkt hat erscheinen mögen, sondern dir einen Kürbis aufgesteckt hat. Das bedeutet, daß du auf dem Kürbisacker heuer von deiner Druderei bekehrt und geheilt werden wirst. Jawohl, du bist eine kleine junge Drud und diesen Fehler kann dir nur ich nehmen." — Da ist sie ganz rot geworden, die Mirzl, und hat dem Bauern geglaubt, daß sie eine Drud ist und hat sich auf der Stelle von diesem Übel von ihm heilen lassen.

Sie war halt doch eine abergläubische Person.

Neun Monate später hat sie dann einen kleinen Thomas auf die Welt gebracht. — Und weil der Bauer bald darauf Witwer geworden ist, hat sie gemeint, sie könnte Viehböckin werden. Aber da hat sie sich gewaltig getäuscht. „Ja glaubt sie denn, der Viehböck von Unterrossing, ein Bauer mit 160 Tagwerk Grund, würde so eine abergläubische Magd heiraten?" — Jetzt ist es zu spät, jetzt mit dem Kind, zeigt ihr der Thomas keinen Hochzeiter mehr. Jetzt muß sie in der Heiligen Thomasnacht in die Räucherkammer schaun, dort sieht sie ihn vielleicht. Aber nicht mehr im Heiligenschein.

Der Herr Vorstand

Die Pünktlichkeit ist nicht nur eine Tugend der Könige, sondern auch der Eisenbahner. Der Herr Vorstand der Eisenbahnhaltestelle von Greimelfing war sogar die Pünktlichkeit in Person. Besonders eifrig oblag er seinen Pflichten, seit man den Haltepunkt Greimelfing zu einem kleinen Bahnhof befördert hat. Jetzt hieß es in der ganzen Pfarrei Greimelfing nur noch: Herr Vorstand hin und Herr Vorstand her. Ältere Herrschaften grüßten den Chef der Station auch noch mit der Königlich Bayerischen Titulatur „Expeditor"!

„I hab zu ihm allerweil nur Valentin gesagt, und manchmal sogar nur ‚Vale', indem wir miteinander in die Volksschule gegangen sind. Aber a so gehts: Der eine bringts zu was und wird Bahnhofsvorstand und der andere bleibt seiner Lebtag auf der Streck. — Es hat freilich auch Leut gegeben, die haben ihn den spinnerten Eisenbahner Vale geheißen. Und weil wir auf der Station Greimelfing zwei Schranken haben und der Valentin allerweil schon eine halbe Stunde, bevor der Zug gekommen ist, seine Schranken zugedreht hat, haben die Bauern mit ihren Mistwägen oder Heufudern eine Ewigkeit davor warten müssen. O mei, da hat es erst Auseinandersetzungen gegeben mit dem Herrn Eisenbahnminister von Greimelfing! Grad daß er halt keine Schläg gekriegt hat!"

So erzählt der Streckengeher Dominik über den Kollegen vom Bahnhof Greimelfing.

Einmal hat der Furtnerbauer seine Pferde mitten auf dem Geleise stehen lassen, justament wie der Herr Vorstand die Schranken zumachen will. Er hat den Furtner ohnehin nur noch aus Gefälligkeit das Geleise passieren lassen. Und jetzt also läßt der Bauer das Fuder Mist direkt auf den Geleisen stehen!

„Wenn ein Zug kommt, passiert ein Unglück", rief der Bahnvorstand. Der Furtner entgegnete: „Wenn einer kommt, Herr Vorstand, wenn!"

Die Auseinandersetzungen zogen sich eine Weile hin. Der nervöse Eisenbahner fluchte und drohte mit einer Anzeige, was den Bauern aber alles eiskalt ließ. Schließlich mußte der Valentin das Signal auf Halt stellen. Der Furtner aber zog seine Sackuhr heraus und sagte, er würde die Geleise schon pünktlich räumen, indem der Zug erst um fünf Uhr ginge und es jetzt noch nicht einmal dreiviertel fünfe wäre!

Der Vorstand aber hatte sich mittlerweilen in einen solchen Zorn hineinmanövriert, er hat telefoniert und telegraphiert, er hat geschrien und geschimpft, daß er sich in die Nähe eines Schlaganfalls hinaufgeärgert hatte. Das hat den Furtner gefreut, denn in der Person dieses Bahnbeamten wollte er alle Beamten zu Tode ärgern. „Man kann sölla spinnerte Beamte gar net gnuag tratzn", zahnte der Ökonom. „Die Herren lebn ja von uns Bauern."

Oft haben die bösen Greimelfinger ihrem Herrn Vorstand einen Schabernack gespielt. — Vor dem Herrn Pfarrer sind sie sehr brav gewesen und vor dem Herrn Lehrer haben sie auch noch ein wenig Respekt gehabt, aber am nervösen Herrn Expeditor haben sie ihren ganzen Gift ausgelassen.

So oft der Valentin um eine Versetzung eingegebn hat, ist er nicht durchgedrungen. Er hat seiner Lebtag in Greimelfing bleiben müssen. In diesem Nest, wo tagtäglich nur vier Züge hinauf- und fünf heruntergefahren sind.

Da blieb dem Greimelfinger Bahnhofsvorstand nichts anderes mehr übrig, als sich mit den Herren Ökonomen gut zu stehen. Aber wenn er seine Herren Widersacher im Wirtshaus auch noch so oft gebeten hat, sie möchten zu ihm mehr Vertrauen fassen und sollten ihn nicht gar so ärgern, haben sie ihn erst recht kritisiert und der Furtner hat geplärrt: „Du werst es dermacha könna, Vale! Du hast ja dös höchste Lebn von uns allesamt! Du kriagst amal a Pension!"

Die Pension mußte er sich immer und immer wieder vorhalten lassen. Dabei war er noch nicht einmal fünfzig! — Die Bäuerinnen rieben es der Frau Vorstand hin: „Sie habns schön, Frau Vorstand, Ihnen Ihr Mann wenn amal stirbt, habn Sie die Pension!" Und die Tochter hatte wieder einen Beamten geheiratet, einen Herrn Gendarm!

Der Greimelfinger Vorstand hatte jede Lust an der Pension verloren. Ein Leben lang mußte er sie sich vorhalten lassen! Und mit den Schranken hörte der Ärger nicht auf.

Einmal hatten die Burschen des Dorfes in jugendlich-nächtlichem Übermut dieselben sogar abmontiert und an die Friedhofsmauer gelehnt. Ein anderes Mal sägten sie dieselben an, so daß sie bald abbrachen. Wenn auch die Polizei gekommen ist, die Täter konnten nicht gefaßt werden.

Alle diese Unannehmlichkeiten blieben wie ein schwerer Schreinerleim auf der Seele des Herrn Vorstands haften. Als er sechzig wurde und nun doch schon die Dienstjahre zählte und die Tage der Pension herbeisehnte, da wurde er plötzlich immer magerer und elender. Die Greimelfinger hatten den gewissenhaften Herrn Vorstand zu Tode geärgert.

„Ja no, was heißt zu Tode geärgert? Der Mann war für Greimelfing zu gewissenhaft! — Dreimal hat er sein Geld nachgezählt am Schalter, eine halbe Stunde zu früh hat er die Schranken zugedreht, jeden Frachtbrief hat er dreimal ausfüllen lassen! Die Billettl hat er gezwickt, daß man meinen hätt' mögen, er ist beim Ferkelzwicken! Der Mann war für Greimelfing viel zu gewissenhaft! — Und dann hat er auch noch das Pech gehabt, daß er zwei Jahre zu früh stirbt! — Was hat er jetzt von seiner Pension ghabt? — An Dreck!"

Seine Beerdigung allerdings war erstklassig. Alle Vereine, die Musikkapelle und sämtliche Einwohner Greimelfings haben ihm die letzte Ehre erwiesen. — Die Witwe hat halt jetzt die Pension. Aber diese will sie nicht in Greimelfing verzehren. —

Der Hoflieferant

Alles was menschlich ist, ist gerade noch erträglich und darf auch in Bayern immer wieder passieren. Nur das Unmenschliche bleibe uns fern! So ähnlich schreibt Dr. Liebhart, der bayerische Leibarzt Albrecht des III. um 1450. Sehr menschlich ist natürlich bei uns auch der „Kren“ oder die Eitelkeit. — Ein Mensch ohne Stolz ist noch nicht demütig. Der gesunde Stolz ist kein Laster. Die Eitelkeit fängt erst mit den Mitteln und Titeln an. Über die Mittel kann man denken wie man will. Über die Titel ohne Mittel aber darf man schon wieder lachen.

Am Münchner Hof hat es früher viele mittellose Titulaturen gegeben: Zeremonienmeister und Generalkapitäne, Obristhoffuriere und Schlüsseldamen, Obersilberkämmerer und Leinwanderinnen. Ja im ganzen Land titulierten sich zahllose Männer Kgl. Bay. Räte, Hof-, Sanitäts-, Ökonomie- und Kommerzienräte. Und auch die Titulatur eines Hoflieferanten hat es gegeben. Kgl. Bay. Hoflieferant wenn einmal einer über seine Ladentüre hat schreiben dürfen, dann hatte er es geschafft, dann gehörte er zu den besseren Handwerkern und Händlern. Franz Xaver Zitzelsperger, Sattlermeister, Kgl. Bay. Hoflieferant!

O mei, der Sattler Zitzelsperger! An dieses Schild hab ich mich noch gut erinnern können. Er hat es ja über seiner Ladenwerkstatt bis Anno 1926 hängen lassen, indem es der Sohn erst nach seinem Tod hat abnehmen dürfen.

„Nix werd geändert“, hat er Anno 1918/19 während

der Räterepublik ausgerufen, „kein I-Tüpferl! Wir Zitzelsperger bleiben Königlich Bayerische Hoflieferanten und wenn nochmal zwanzig preißische Schlawiner eine Schwabinger Revolution machen. Ich bleibe Kgl. Hoflieferant und wenn es 50 Jahr keinen Hof nimmer geben sollt!"

So hat er gesagt und herunter genommen hat er sein Schild nicht. Die Buchstaben dieses Schildes waren mit Goldbronze geschrieben und an beiden Seiten war ein schwungvoller Schnörkel aufgemalt, der schließlich in eine Art Krone überging.

„Ja meinen die Deppn, ich hab mich umeinsonst geplagt? — Dreißig Jahr lang hab ich gearbeitet bis ich Hoflieferant geworden bin und jetzt soll ich's nimmer sein dürfen? Natürlich brauchen sie net sagen, meine Herrn republikanischen Lehrbuabn: Gutn Morgen, Herr Hoflieferant, wenn ich in der Früh in die Werkstatt komm. Das verlange ich nicht. Aber dieses Schild muß drobn bleiben über der Tür oder ich schließe den Betrieb. Dann können sich die Herrn Fiaker ihre Geschirre selber flicken." —

So bös hat er werden können, der Franz Xaver. In seinem Stammlokal, beim „Weißbräu", hätten sie ihn bald einmal hinausgeworfen, wenn die Bedienung und der Schenkkellner sich nicht schützend vor den Sattlermeister gestellt hätten.

Mit der Sattlerei ist es in München ohnehin rasch bergab gegangen. Aufs Tapezieren wollte sich der Zitzelsperger aber nicht umstellen. Solange er lebte, durfte in seiner Werkstatt keine Matratze angerührt werden. Und immer wieder gab es Ärger mit dem Hoflieferantenschild. Einmal war es in der Früh nicht mehr an seinem Platze über der Ladenwerkstatt, die ohnehin in einem Altmünchner Nebengasserl gelegen war. Den Meister hätte an diesem

Tag beinahe der Schlag getroffen. Gottseidank hat es die Frau Meisterin als erste bemerkt und gleich den Herrn Benefiziaten bei Sankt Peter sowohl als auch den alten Herrn Sanitätsrat holen lassen, ehe sie den Verlust des Kgl. Bay. Schildes ihrem Ehegemahl angezeigt hatte. Nach ungeheuerem Fluchen und Schreien auf alle Republikaner der Welt und Schwabings insbesondere, nach ärztlicher Beruhigung und geistlichen Tröstungen, lief der Sattlermeister zu seinem Freund, dem Kunstschreiner Greck, in die Augustenstraße, einem Manne, der auch die Titulatur eines Kgl. Bay. Hoflieferanten besaß, und ließ sich von diesem augenblicklich ein neues Kgl. Bay. Sattlermeisterhoflieferantenschild anfertigen und zwar eines mit noch mehr Schnörkeln drauf und mit noch größeren Goldbuchstaben, samt Königskrone am Anfang und am Ende.

Im Triumph kehrte man abends, nach einer längeren Brotzeit im Gasthof zur Bayerischen Krone, in die Sattlerei zurück und brachte das neue Prunkschild über der Ladentüre an. Zwei Schmiede und drei Maurer mußten es fest verankern, auf daß sich künftige Diebe härter täten, wenn sie es auf die Titulatur eines Kgl. Bay. Hoflieferanten vielleicht abermals abgesehen hätten.

Eine Weile hat sich nichts gerührt. Es wäre auch einem ganzen SA-Trupp oder einer versprengten Patrouille der Roten Armee schlecht ergangen, wenn sie das neue Kgl. Prunkschild über der Sattlerei Zitzelsperger angerührt hätten. Indem nämlich jetzt der Xaverl direkt über dem Schild sein Schlafzimmer hat aufschlagen lassen und neben der Bettstatt sowohl ein Gewehr, einen Revolver und einen Kübel Wasser ständig griffbereit hatte. Von den beiden Potschamberln gar nicht zu reden. — Aber nichts mehr hat sich gerührt.

Ja, eines Tages hat sogar ein ungenannt bleiben wollender älterer Mann der Weißbräukellnerin Maria ausrichten lassen, daß das gestohlene Hoflieferantenschild des Sattlers Zitzelsperger, eingewickelt und verschnürt, in der Handgepäckaufbewahrung des Hauptbahnhofes gegen diesen Zettel da zu haben wäre. — Sie, die Maria, hätte dem Herrn natürlich seine drei Halbe Weißbier nicht bezahlen lassen und auch sein Tellerfleisch mit samt den drei Brezn nicht, obwohl daß der Herr diskret unbekannt hat bleiben wollen. Das war aber schon in den letzten Apriltagen Anno 1919 gewesen, als die Münchner Stadt ihre 2. Räterepublik verbraucht hat und von dem Heer der Weißen-Garden eingeschlossen war.

Der Kgl. Bay. Hoflieferant Franz Xaver Zitzelsperger reißt der Kellnerin den Gepäckschein aus der Hand und rennt schnurstracks über den Marienplatz, durch die Kaufinger- und Neuhauserstraße, über den Stachus und die Prielmayerstraße in den Hauptbahnhof und kriegt dort auch, nach etlichen Formalitäten wegen der übergroßen Länge des aufzubewahrenden Gegenstandes, der streng genommen gar nicht hätte angenommen werden dürfen, weil er um sieben Zentimeter zu lang sei, das gestohlene Schild endlich ausgehändigt. Nach einer Brotzeit in der Bayerischen Krone, wo er einen Dienstmann zum Tragen des Schildes engagiert und mit diesem Dienstmann fünf Maß Bier trinkt, kehrt er glücklich über die altbayerische Ehrlichkeit und doch noch vorhandene Königstreue und Loyalität etc. in sein Sattlermeistergäßchen zurück. Obschon der Dienstmann ein alter Revoluzzer ist und zahlreiche Schüsse fallen.

„Iatz kann nix mehr passiern, iatz hab i mein Hoflieferanten zweimal! Iatz könnans ihn mir ruhig einmal stehln, Alte, mir habn die Tafel zweimal. — Ah was, werst sehn, mir kriegn wieder an Kini in Bayern!“ —

Der Erfinder

Eine neue Idee muß originell sein. Und Menschen, die fortwährend neue Ideen haben, müssen demnach Originale sein. Der Rabeiner Schorsch, ein quicklebendiger Kleinbauer, hatte jede Woche mindestens eine neue Idee und nicht selten war er von diesem Einfall so sehr begeistert, daß er ihn auch verwirklichen wollte. Dann hatten Frau und Kinder anstrengende Tage, denn sie mußten mit dem Schorsch begeistert sein, von der neuen Erfindung überzeugt und dieselbe auch gleich ausprobieren. Der Schorsch war nämlich ein Erfinder.

Ein Erfinder hat es nicht leicht! Da ist man immer ein Pionier und muß mit einer Neuheit aufwarten. Sonst bräuchte man ihn ja nicht erfinden, wenn es den Apparat schon gäb. Aber zum Beispiel gibt es noch keinen befriedigenden Melkstuhl, wo einem die Kuh mit dem Schwanz nicht mehr ins Gesicht schlagen kann. Der Schorsch baut diesen Melkstuhl und seine Bäuerin, die Annamirl, muß ihn gleich ausprobieren. Aber weil bei dieser Erfindung der Kuhschweif zu hoch aufgedreht hat werden müssen, ist die gute Kuh nervös geworden und hat die Annamirl mitsamt ihrem Milcheimer umgestoßen. Um alles in der Welt hätte sie sich kein zweites Mal mehr auf den neuen Stuhl gesetzt. Sie hat wieder den alten Stuhl benützt.

Ihren Mann haben die Rückschläge nie ganz einschüchtern können. Etliche Wochen ließ er räsonierend und selbstkritisch verstreichen wie ein normaler Mensch, obzwar er seine Gedanken immer bei den Erfindungen hatte. Auf einmal ärgerten ihn die vielen Fliegen in der Stube. Und schon fing er wieder zu zeichnen an und zu berechnen. Da wollte er schon was Besseres konstruieren als so unwirksame Fliegenfänger, wo man sich grad die Hände pappig macht und wo einen Geruch hermachen und hernach kaputt sind. Seine Bäuerin atmete vernehmlicher und schüttelte den Kopf. Das Ermahnen und Reinreden hatte sie längst aufgegeben. Weil: Erfinder werden durch Widerspruch nur bestärkt.

Die Fliegen sind auf dem Lande immer noch eine große Plage. Und warum sollte man diese Luderviecher nur chemisch einfangen können? Mechanisch ging's viellcicht besser. Und der Schorsch werkte wie ein Schreiner. Nach etlichen Monaten war der ansehnliche mechanische Fliegenfänger-Apparat fertig.

„Wissen's Herr Pfarrer, mein Fliegenfänger-Apparat hat den Vorteil, daß er überhaupt nicht stinkt und niemals kaputt geht! Und Wartung braucht er auch keine. Man muß nur am Tag ein paar Mal den Hebel da drükken, fünf- oder sechsmal höchstens täglich. Der Hebel murkst die gefangenen Fliegen ab und nach einer Zeit braucht man das Kästchen mit den maustoten Fliegen einfach ausleeren. Das ist alles!"

Dieses Fliegenfängergerät hat er sogar in mehreren Wirtshäusern vorgeführt. Aber daheim sind die Fliegen allerweil zahlreicher geworden. Töten ließ sich mit dem Instrument keine. Die Annamirl hat es ihm nach zwei Jahren endlich beweisen können. — Und der Spitzname „Fliegenfänger" ist ihm lange geblieben.

Aber was der Rabeiner alles erfunden hat, das läßt sich kaum beschreiben. Er konstruierte zum Beispiel einmal auch einen neuen Kreissägesicherheitstisch und schnitt sich prompt den rechten Daumen weg. Er bastelte einen großen Heuaufzug für seine Bergwiese. Die Masten stehen heute noch, aber funktioniert hat der Aufzug nie. Einmal sah ich ihn mit einem mächtigen, schweren Spazierstock leicht durchs Dorf schlendern. Der Stock hatte die Dicke eines Maßkrugs und wog einen halben Zentner. Es war ein Spazierstock für einen Riesen. Aber immerhin, machen konnte man mit diesem Stock alles. Man konnte ihn aufklappen zu einem Stuhl, konnte ihm drei Trinkgefäße entnehmen und sogar eine Art Thermosflasche. Im Stock waren eine Pistole und ein langes Messer eingebaut, ein Regenschirm und ein Regenmantel, eine Schnupftabakdose und ein Fernglas. Nur spazierengehen wollte mit dem Stock kein Mensch, nicht einmal er selber.

„Das macht gar nix, eine Neuheit ist mein Allzweck-Schirm-Waffen-Brotzeitstuhlstock trotzdem!" — Der Schorsch hat weiter erfunden: einen neuen Pflug, mit dem man zugleich ackern und mähen hat können, ein neues Roßgeschirr, bei dem man die Pferde hinter dem Wagen hat anspannen müssen usw. Wenn er nicht die Erbschaft von seinem Basl gemacht hätte, wäre er von Haus und Hof gekommen. Mit der Erbschaft aber hat er immer wieder etwas erfinden können. Seine letzte Erfindung war — man möchte es nicht für möglich halten — tatsächlich ein neuer Sarg gewesen. Eine wirkliche Neuheit! Seinem Weib ist es durch und durch gegangen, wie sie sich hat probeweise hineinlegen müssen, um den eingebauten Riegel aufzumachen. In dem Sarg nämlich hat der Schorsch einen Hebel montiert, bei dessen Betätigung sofort der Sargdeckel aufgesprungen ist.

Bald darauf ist der Rabeiner an einer simplen Grippe gestorben. Er ist tatsächlich in seinem Patentsarg beerdigt worden. Aber den Hebel hat er nicht betätigt. Oder, meint seine Witwe, hat er am End auch nicht funktioniert wie die meisten seiner Erfindungen nicht?

Die Rabeinerin hat noch lange gelebt. Und sooft sie mit einem Mädchen über das Heiraten gesprochen hat, hat sie den Rat gegeben: „Dirndl, heirat einmal lieber einen Trinker wie einen Erfinder! Weil ein Rausch vergeht, aber der Erfinderwahn bleibt!“

Der Name im Grundbuch

Die Sparsamkeit ist eine Tugend fürs Alter, aber nicht für die Jugend. Und immer auf eine Seiten hängt es nicht, es kommt von den Reichen schon auch einmal einer in den Himmel. Und was will einer, der spart, schon anderes werden als reich?

Dieses Leben gibt einem allerhand zum Nachdenken auf. — Der Dorfinger Wastl, heute ein pensionierter Oberinspektor, hat allerweil mehr gelebt wie nachgedacht. Und recht hat er gehabt, denn heute ist er weiter wie sein Kollege, der gewesene Oberinspektor Hauser Michael, der schon seit zwei Jahren in einer Villa wohnt, wo ihm die Nase am Firstbaum anstößt, drüben im Ostfriedhof auf Sektion Siebenundzwanzig.

Der Wastl kann sich immerhin noch eine Zigarette anzünden und sein Hausarzt erlaubt ihm auch das Pettenkofersche Quantum, also täglich zwei Liter oder vier Halbe.

Das war noch ein Hygieniker gewesen, der Professor Pettenkofer, trotz seines Kampfes gegen den Alkoholmißbrauch! Oberinspektor Dorfinger weiß alles über den Pettenkofer und dessen Sammlung kurios erweiterter Herzen starker und frühverstorbener Biertrinker in der Kgl. Bay. Anatomie zu München.

Aber wenn er auf den Hauser Miche zu reden kommt, dann wird er nachträglich noch grantig. „O mein, der Miche! Was hat er denn von seinem Leben gehabt? Nix.

Grad sparn und sich nichts vergönnen, zwanzig Jahre lang kein Bier trinken, nie in ein Wirtshaus gehn, keinem Verein angehören, nicht einmal dem Sparverein, also ich sag's aufrichtig, i hätt das nicht fertig bracht."

Der graumelierte und äußerlich sehr seriös wirkende Herr Sebastian Dorfinger wirft der Bedienung einen unternehmenslustigen Blick nach und erzählt seinen neuen Freunden das erschütternde Schicksal seines Kollegen.

„Ich nicht, meine Herren, aber der Miche war eisern. Er hat ein Ziel gehabt. Und ein Mensch mit einem Ziel im Kopf, ein solcher Mensch, nicht wahr, hebt sich von unsereinem deutlich ab. Der Miche nämlich wollte sich ein Haus bauen. Damals schon!" Der Herr Oberinspektor schüttelte den Kopf. „Damals schon! Dabei hat er um keine Mark mehr gehabt wie ich, wir warn ja dreißig Jahre lang bei der nämlichen Behörde tätig gewesen, net wahr, Beamte im mittleren Dienst. Ich war froh, wenn ich am Ersten allerweil meine Miete hab zahlen können. Ach was! Und was hat er heut?" Herr Dorfinger hatte den Helden seiner Geschichte schon leidlich dick bekommen. Er nahm einen Schluck von der frischen Halbe und zündete sich eine Zigarette an. Und weil alle immer noch zuhörten, mußte er weiter berichten.

„Wie oft hab ich ihm zugeredet? Miche, hab ich gsagt zu ihm, geh mal mit in die Kantine und kauf dir eine Maß bei dem Sauwetter! Schaug mich an, hab ich gsagt, ich leb und ich pfeif auf ein Haus. Mir gfalls in der Wohnung grad auch so. Da laß ich schon lieber die Hausherrn für die Bausparkassen sparn und verschenk die Prämien, indem ich nicht ewig leben will, aber schön. Und was hast schon von den Kindern? Eine Dankbarkeit? Na. Ich nicht von meinem Sohn und du erst recht nicht von deiner Tochter. Und jetzt gehst weiter, jetzt kauf ma uns eine Maß."

Und was hat er gesagt drauf?

„Na, Herr Kollege", hat er gesagt, „mir taugt das kalte Bier nicht, ich hab einen gesunden Apfel dabei." Wastl Dorfinger konnte die vor Sparsamkeit und Zielstrebigkeit beinahe schon heiser klingende Stimme des verstorbenen Kollegen hervorragend nachmachen. Durch das Interesse seiner neuen Stammtischfreunde angestachelt, schmückte der Wastl die Tugend der Sparsamkeit des ehemaligen Amtskollegen noch mit Details aus. Wie er nicht einmal auf den Hausball gekommen sei, wie er auf keinen Stammtisch gegangen, wie er nicht einmal auf der Geburtstagsfeier des Herrn Oberamtmannes zu sehen gewesen wäre. „Wie oft hab ich zu ihm gesagt: Miche, hab ich gesagt, tu net so grob, wir sind nur Gäste auf dieser Welt, Stammgäste wenn's einer versteht, meistens aber nur Straßenkundschaft. Aber es war alles umsonst bei ihm. Der Mann ist keiner höheren Regung nicht mehr fähig gewesen, der hat nur noch sein Häusl im Sinn gehabt. — Vom Sparen ist noch keiner gestorben, umgekehrt eher! — Das war seine Meinung. Und dann haben seine Äugerln geglänzt: Ich bekomm mein Häusl, da drauf kannst Gift nehmen, hat er gesagt, und dann — und jetzt leuchteten seine Augen wie die eines Propheten — und dann steht mein Name im Grundbuch. Und da drauf kommts an im Leben, Wastl! Im Grundbuch muß ein Name stehen! Ein Mensch aber, der seinen Namen nicht in das Grundbuch hineinbringt, das ist ein Mensch ohne Hinterlassenschaft und wenn ein solchener stirbt, ist's grad a so, als wie wenn der Betreffende nie gelebt hätte.

O mei, Miche! Es tröste dich der liebe Gott! Ich bin froh, daß ich auf deine Philosophie nix gebn hab. I pfeif aufs Grundbuch. I habs net mit den Büchern und mit dem Grundbuch schon gleich gar nicht. Ich brauche keine Eintragung in dasselbe, wenn ich dafür zeitlebens Hunger und Durst leiden muß."

Wenn der Kollege Hauser einmal den Lobgesang angestimmt gehabt hat, dann hat er nicht mehr aufhören können damit: „Ein Name", hat er gesagt, „der wo im Grundbuch steht, ist hoch herausgehoben unter allen anderen Namen. Das ist überhaupt erst ein Name, Namen im Grundbuch sind kreditwürdig und überhaupt fangt mit dem Grundbuch der Besitz erst an. Lebend und tot Inventar, Fährnis und Notdurft, das ist kein Besitz, aber was im Grundbuch aufgeschrieben steht, das ist ein Besitz. Ein Automobil ist kein Immobil!"

Die neuen Stammtischfreunde lächelten. Die meisten von ihnen hatten auch keine Immobilien. Und Menschen mit abgebrochenen Bausparverträgen haben meistens eine besondere Freude an der Biographie eines Geizigen. Der pensionierte Sebastian Dorfinger konnte die brüchige Stimme seines sparsamen Kollegen auch zu trefflich nachahmen. Man sah geradezu den Adamsapfel am langen, schmalen Hals auf- und abgehen vor lauter Hinunterschlucken und Verzichten. Man hätte mitleiden können mit dem Grundbuchfanatiker, aber keiner der Überlebenden am Stammtisch konnte für den Dummkopf anderes empfinden als die große Schadenfreude des menschlichen Daseins, die Lust am Überleben seines Nächsten. Ein dummer Teufel ist er gewesen, der Hauser Michel! Und recht ist ihm geschehen! Lebend und tot Inventar — überall ein bisserl davon — eine Katz und ein Hund, ein Stuhl, ein Tisch, ein Bett, Fährnis und Notdurft, das braucht ein Mensch für ein paar Jahr, aber ein Grundbuchamt braucht er nicht.

Der Dorfinger Wastl hatte seinen Kollegen nicht umstimmen können, weder mit Bier noch mit einem Auto, weder mit dem Genuß des Rauchens noch mit dem des feineren Alkohols, weder mit Urlaubsfreuden noch gar mit den himmlischeren Wonnen der Liebe. Der Hauser Michel ließ sich nicht beirren: „Im Grundbuchamt, da fangt das Leben erst richtig an."

Und rief der Wastl: „Miche, geh weiter, kauf ma uns eine Maß!" antwortete der sparsame Kollege: „Dankeschön, ich hab einen Apfel dabei."

„Und wenn ich zu ihm gsagt hab: Ich kauf mir heut auf d'Nacht nochmal a Maß, hat er sein' Kopf geschüttelt und hat gemeint: Von mir aus, ich kann dich nicht abhaltn davon, daß dein Name nie in ein Grundbuch kommt.

In der Hitze solcher Gespräche bin ich hie und da saugrob und deutlich geworden und hab den Kollegen Hauser dies zu bedenken gegeben: Miche, hab ich gesagt, warum sparst du denn? Und für wen denn? Für deine Tochter? Daß die einmal was zum Verblitzen hat mit fremde Mannsbilder! Depp! Denk doch ein bisserl!

O mei! Es hat alles nichts geholfen. Ganz ruhig und gescheit hat er mich nach solchen offenen Manneswort angeschaut und hat gesagt: Ein Vater muß für ein Kind sorgen, net wahr. Ich hinterlasse meinem Kind eine Eintragung im Grundbuch. Und du? Was kann dein Sohn einmal von dir erwarten? Nix. Er wird sagen: mein Vada hat jeden Tag zwei Maß Bier trinken müssen und zwanzig Zigaretten dazu rauchen, weshalb er seinen Namen nicht in ein Grundbuch hineingebracht hat. Das wird er sagen, dein Sohn, und er wird traurige Augen machen.

Ja von mir aus, hab ich drauf gsagt, von mir aus weint er deswegen! Er soll sich auch a Maß oder zwei kaufen! Und überhaupt hab i mein Sohn net so saudumm erzogen, daß er sein Namen im Grundbuch drin haben möcht. Mein Sohn hat so einen guten Namen, daß er nicht einmal in ein Grundbuch hinein will. Weil er weiß, daß im Grundbuch auch Schlawiner drin stehn. So. Und jetzt kauf ich mir nochmal eine Maß!

Ist ja auch wahr! Meine Herren, ich kann Ihnen sagen, der Umgang mit so einem Grundbuchstreber öffnet einem die Augen, und man sieht, worauf es ankommt im Leben. Nicht auf die Grundbuchämter, nicht auf die Bausparkassen und auch nicht auf die Banken und Finanzämter ...“

Der Pensionist nahm einen tiefen Schluck aus dem Pettenkoferschen Quantum. Und dann erzählte er, wie dem Michael Hauser nichts Billiges gefährlich werden konnte. Und das Teuere erst recht nicht. Und wie er, während alle in der Kantine das billige Essen verzehrten, an seinem Schreibtisch sitzen blieb und aus dem Papier speiste. Und er nannte auch das Getränk des Sparsamen, kühles Leitungswasser; und als Nachtisch habe der Hauser sich mit der Philosophie der dicken Grundbücher getröstet. Und er habe ihn einmal während eines Selbstgespräches belauscht und beobachtet. Er sei dagesessen und habe gepredigt wie ein zufriedener Dorfheiliger: „Was hat der Mensch vom Bier und all den anderen Lastern? Einen schlechten Magen. Und in ein Grundbuch kommt so ein Name doch nie hinein. Aber der meinige schon. Und bald auch noch. Ja, ja, so ist das Leben: Ich und mein Kollege Dorfinger, nicht wahr, wir haben immer den gleichen Gehalt gehabt, immer. Wir sind gleich alt und haben die gleiche Karriere gemacht. Aber tauschen möcht ich fei nicht mit dem. Jeden Ultimo kommt er daher um zehn Mark. Jeden. Seit fünfzehn Jahren schon. Gewiß, er zahlt's mir allerweil wieder zurück, aber ist sowas net eine Schlamperei? Dabei könnt er bereits grad so viel gespart haben wie ich. Er hat's aber nicht. Und sein Name kommt niemals in ein Grundbuch. Niemals ...“

Wastl Dorfinger hüstelte leicht, denn das Nachäffen einer geizigen Stimme erweckt Heiserkeit. Nach einem Schluck Gurgelöl konnte er gelöster weiter erzählen. „A so hat er oft und oft geredet, der dumm Deifi, der dumm. Der wenn gewußt hätte, für wen er gespart hat! Der hätt alles versoffen. Aber das ist die Gerechtigkeit im Leben: Es ist a Kreuz auf der Welt, die ein habn an Beitl und die andern habn's Geld!

Eines Tages hat der Hauser Miche sein Häusl tatsächlich gebaut und sein Name ist wirklich nach einiger Zeit im Grundbuch drinnen gestanden. Er hat ihn mir gezeigt. Jetzt hätt er doch frohlocken können! Jetzt hätt er doch glücklich sein müssen! Einen Dreck! Jetzt hat er noch zufrieden und geduldig sein Magenkrebserl ertragen — drei Jahre lang — und dann ist er — trotz der Eintragung im Grundbuch — nach Empfang der hl. Sterbesakramente selig im Herrn verschieden.

Hinterlassen hat er: einmal sein Häuserl und dann seine Tochter und die Witwe. Aber die Witwe tut uns nichts, denn Haupterbin ist die Tochter, und diese hat meinen Sohn geheiratet — respektive umgekehrt natürlich, mein Sohn hat sie geheiratet, und sie hat sich darauf auch noch etwas eingebildet, indem nämlich mein Sohn ein außergewöhnlich schneidiger Bursch ist und ein Lebemann wie sein Vater. So. Und jetzt steht mein Name im Grundbuch, indem daß mein Sohn sich auch Sebastian Dorfinger schreibt. Mein Name steht im Grundbuch, obwohl ich niemals einen Wert darauf gelegt habe. Nie! A bisserl a lebends, a bisserl a tots Inventar, Fährnis und Notdurft, mehrer brauch ich net. Zum Wohlsein, meine Herrn!"

Und weil er nach dieser merkwürdigen Geschichte immer besonders aufgeräumt war, sang der Pensionär Dorfinger auch noch ein selbstgezimmertes Schnaderhüpfl:

A so is an Menschn aufgsetzt:
Zwei Quadratmeter glangen auf d'Letzt.
Drum weiß ich nix Bessers, nix Feiners
Wiar a frische Maß Bier und a Schweiners.

Die Royalisten

Es ist Dezember 1918. In der bayerischen Kleinstadt Scharding spürt man von der Revolution noch wenig, obschon vier oder fünf Kleinbürger und Arbeiter verdächtigt werden, einen Arbeiter- und Soldatenrat gebildet zu haben. Zahlreich sieht man die schwarzgekleideten Kriegerwitwen in die Kirche gehen. Mütter trauern um ihre gefallenen Söhne. Vor dem Forstamt im nahen Wald werden einige Festmeter Brennholz an die frierenden kleinen Leute ausgegeben. Der Forstmeister Hunzinger zeigt sich derb und großzügig. Er trägt einen weißen Rauschebart, sieht aus wie der alte Prinzregent und verkörpert das alte Königreich.

Gegen Abend stapft er mit seinem Dackel in die Stadt — zur „Post", wo einige honorige Bürger schon um den Stammtisch sitzen. Der Kaufmann Ludwig Fembacher und der Herr Stadtpfarrer Max Riepl rauchen dicke Zigarren, sogenannte Prinzregentenzigarren. Fembacher hat einen unerschöpflichen Vorrat von der Sorte und teilt sie vorsichtig und sparsam aus. — Man politisiert und spricht von der unerhört harten Flucht des Königs und der Kgl. Familie. Der Herr Pfarrer hat geheime Informationen. Seine Majestät sei von einer roten bayerischen Armee bei Wildenwart beinahe verhaftet und hingerichtet worden, weiß er. Tagelang sei die Kgl. Familie in den verschneiten Bergen von Hütte zu Hütte herumgeirrt, bis sie ein treuer Bergbauer dann endlich aufgenommen hätte!

Der Förster will es wieder besser wissen: Mit dem Automobil sei die Kgl. Familie nach Schloß Wildenwart und von dort über die Schlösser Berchtesgaden nach Schloß Anif in Salzburg gereist. Und überhaupt nichts sei passiert, im Gegenteil, eine Prinzessin hat in Wildenwart sogar Hochzeit gefeiert!

Der Förster wird böse angeschaut. Ausgerechnet ein Förster redet so despektierlich daher! Wo doch die Förster die treuesten der Getreuen sein sollten! — Einstweilen sind sie Republikaner und Sozialisten! — Der Kaufmann Fembacher, der vermögendste Mann in der Stadt, regt sich am meisten auf. Er möchte die Roten in Bayern am liebsten abwürgen. Er möchte die Revolution nicht nur aufhalten, sondern sie mit Stumpf und Stil ausrotten. „Ach was sind wir doch für erbärmlich feige Kreaturen", ruft er aus: „Wir sitzen da gemütlich an unserem Stammtisch, trinken das besser eingesottene Honoratiorenbier, essen Schweinshaxen und Weißbrot, während unser lieber guter alter König, seine Majestät Ludwig III. mit der alten, kranken Königin Marie Therese in der eisigen Kälte im Hochgebirge herumirren muß! Ich schlage darum vor: Wir gründen einen Verein zur Rettung der Monarchie in Bayern." — Er ist vor lauter Begeisterung beinahe betrunken geworden und läßt ein donnerndes Vivat auf das Königshaus erschallen, daß der Postbräu ein Kreuzzeichen schlägt und seine Gäste auffordert doch leiser zu sprechen, da man nie wisse, ob nicht gerade ein Spitzel der Arbeiter-, Bauern- und Soldatenräte herumschleiche. Gerade vorhin hätte er den Schuster Simon Meyer in der Gassenschänke gesehen, obendrein in Begleitung des Matrosen Meisinger. — Dieser Matrose ist aber kein anderer als der Bräubursche Georg Meisinger, der — wie viele Gebirgler — bei der Kaiserlichen Marine war. In aller Heimlichkeit liebt der Meisinger Schorschl die Postbräutochter Leni, obwohl er ein Revolutionär ist und in Scharding einen Soldatenrat organisieren will, was ihm natürlich nicht gelingt.

Der Forstmeister Hunzinger stapft heim und redet mit seinem Dackel Bürschi. „Diese Idioten! Im Krieg warns Drückeberger und jetzt wärns Royalisten! Pfui Deifi! — Gell, Bürschi, dir is' jetzt aa sauwurscht, ob wir in einem Königreich leben oder in einer Republik!" — Daheim hängt er seinen Lodenmantel an den Haken und zündet sich nochmal eine Pfeife an, da fällt sein Blick auf das Telefon, einen alten hölzernen Amtsapparat. Er lächelt und hat einen Einfall. Er telefoniert. Mit verstellter Stimme meldet er sich: „Hier Generalleutnant von Stetten, Adjutant Seiner Majestät des Königs. — Bin ich richtig verbunden mit dem Herrn Kaufmann Kommerzienrat Ludwig Fembacher zu Scharding?" — Fembacher, schon halb ausgezogen, eilt im Schlafrock vom Schlafzimmer in sein oberes Büro, wo er auch einen Telefonapparat hat. Wer spricht? Der Generaladjutant Seiner Majestät? Er nimmt geradezu militärische Haltung an. „General von Stetten?" Welch eine Fügung! „Nein, Majestät — nein, Herr General, ich bin kein Kommerzienrat, ich bin nur der Herr Kaufmann Fembacher, Inhaber der Bürgermedaille und der Feuerwehr-Ehrenmedaille." —

„Womit kann ich dienen, Herr Generaladjutant?" — Förster Hunzinger läßt nun die Katze aus dem Sack: „Sie sind uns als besonders zuverlässig und königstreu bekannt gemacht worden, Herr Fembacher. Majestät sind, wie Sie vielleicht wissen werden, auf der Flucht in einem Forsthause im Gebirge. Saukalt und unangenehm ist's hier. Auch unsicher, da viele Förster Revolutionäre geworden sind. Der Hof braucht dringend einen bürgerlichen, sicheren Unterschlupf für mindestens acht bis vierzehn Tage. Da dachten wir an Sie. In strengster Diskretion selbstredend. Streng geheim, Herr Fembacher!" In der Leitung blieb es stumm. Fembacher hat es die Sprache verschlagen. „Äußern Sie sich bitte", drängte der Forstmeister. Welch eine merkwürdige Fügung, dachte der Kaufmann. Eben hatte er für den fliehenden König etwas tun wollen und jetzt gleich diese Möglichkeit! — „Jawohl, Herr Generaladjutant! Es ist mir eine allerhöchste Ehre und Auszeichnung." „Majestät wird sich allergnädigst erzeigen, Fembacher. Erwarten Sie unsere Ankunft morgen nach Einbruch der Dämmerung. Die Majestäten, zwei Prinzessinnen, die Schlüsseldame, die Obersthofmeisterin, ein Kammerdiener und ich, nebst zwei Chauffeuren ... aus mehr Personen besteht derzeit der Hof nicht. Nehmen Sie den Dank der Majestäten heute schon entgegen! — Auf Wiedersehen bis morgen dann!"

„Ja da verreck! Der König kommt! — Zu uns kommt der König, der ganze Hof! Marianne, wach auf! Ich hab eine schrecklich herrliche Neuigkeit: Der König will auf der Flucht bei uns einkehren! — In aller Heimlichkeit! Ich bin außer mir ..."

Er stürmte ins Schlafzimmer, riß der Frau Gemahlin das Plumeau weg. „Dös geht net, im Gästezimmer san die Betten nicht überzogen!" — Die Frau ist noch schlaftrunken. — Aber Fembacher wächst nun mit seiner Aufgabe. Er kommandiert wie ein Feldmarschall und stellt sein ganzes Haus auf den Kopf: Die zwei Dienstmädchen, die Köchin, den Hausmeister, die Ladnerinnen und den Buchhalter, seine beiden Töchter und die Ehefrau, seinen kleinen Sohn und die Schwiegermutter; alle müssen sie strengstes Stillschweigen geloben mit einem heiligen Eid.

Er vereidigt sie. Alsdann müssen sie putzen und schrubben und nähen und umstellen. Da ist das Kgl. Schlafzimmer, dort das Wohnzimmer, dort das Arbeitszimmer. Eine Leibwache wäre unbedingt notwendig. Er rennt zum Pfarrer, zum Postbräu, zum Förster. Dieser erwartet ihn schon. „Trotz der gestrigen Vorkommnisse, Herr Oberforstmeister. Sie sind der einzige, der sich bei Hofe auskennt, Sie waren vierzehn Jahre lang bei der Kgl. Hofjagdintendanz. Bittschön, helfen Sie mir! Jetzt sind wir alle aufgerufen, wir, die Royalisten, die letzten Getreuen . . ."

Der Hunzinger sagt seine Hilfe zu. Er besichtigt mit dem Kaufmann das Haus, in dem es drunter und drüber geht, in dem es von eilends eingerufenen Putzfrauen nur so wimmelt. Er läßt sich die Zimmer zeigen und spart schließlich nicht mit der Kritik. Das Schlafzimmer sei undiskutabel. Vor allem die roten Vorhänge seien ein Ärgernis. Man muß sie unbedingt mit blauen ersetzen. — Sofort werden Weißnäherinnen herbeigerufen und die Frau Hunzinger persönlich durchstöbert das Lager und den Laden nach einem blauen Vorhangstoff. — Auch bräuchte Seine Majestät dringend ein Audienzzimmer. Das Kinderzimmer wird ausgeräumt. Der ganze erste Stock gehört nun dem flüchtigen bayerischen Hof. Ob das noch alles bis heute abend fertig wird? Mein Gott! — Der Forstmeister Hunzinger geht auf die Jagd und hält mit seinem Bürschi Zwiesprache. — Abends ruft er dann nochmal mit verstellter Generalstimme den erregten Kaufmann an. Die Abreise habe sich verschoben. Rotes Gesindel sei unterwegs. Man werde morgen, nach Einbruch der Dunkelheit, sich auf den Weg machen. Kann Mitternacht werden.

Fembachers atmen auf. Jetzt kann alles noch viel gründlicher hergerichtet werden. Man putzt und stellt wieder um, näht abermals Vorhänge, entfernt die roten Teppiche,

Hunzinger inspiziert aufs neue. Da fällt ihm jetzt erst ein, daß ein König ja eigentlich auch einen Thronsaal brauche. Angenommen, es kommt hier zu einer größeren Audienz königstreuer Patrioten? — Dann muß er diese als König unbedingt auf dem Thron empfangen. Dafür wäre nur der Laden geeignet, denn das große Wohnzimmer im Zwischenstock, mit dem anschließenden Wintergarten, ist schon als Salon der Königin vorgesehen. Selbstverständlich stürzt sich der Fembacher noch einmal in die Arbeit. Am Abend klingelt wieder der Telefon-Apparat. Der General von Stetten verschiebt die Ankunft abermals um 24 Stunden. Die Spannung ist zum Zerreißen. Mittlerweile wissen es alle Einwohner Schardings. Der Förster hat es brühwarm herumerzählt. — Der Schuster und der Bräubursche gehen am Hause Fembacher vorbei und ballen ihre Fäuste. Sie haben drei Freunde dabei und eine rote Fahne. Sie demonstrieren gegen die Einquartierung des alten preußenhörigen Despoten aus der Dynastie Wittelsbach. Die Bürger erschrecken. Der Kaufmann Fembacher kriegt einen Herzanfall und muß ins Bett. Der Doktor wird geholt. —

Da endlich klingelt gegen Abend das Telefon. Obschon der Doktor es streng verboten, verläßt Fembacher das Bett und rennt an den Apparat. Schweißgebadet nimmt der den Hörer ab. Der Herr Pfarrer und der Postbräu stehen dicht bei ihm. Sie sind schon von einer weit weniger royalistischen Stimmung als noch gestern und sie flüstern ihm ihre Direktiven zu. Er möge doch dem Generaladjutanten seiner Majestät mitteilen, daß Königsbesuch in Scharding unmöglich geworden, da Rotarmisten schon unterwegs seien etc. Sie gestikulieren und schütteln heftig ihre schweren bürgerlichen Köpfe. Am anderen Ende der Leitung schmunzelt der Forstmeister und meint: Jetzt muß ich es ihm doch sagen, daß aus dem Königsbesuch nichts mehr werden kann, sonst stirbt mir der weißblaue Patriot noch an einem Herzschlag! Und dann hätte die Welt einen lieben Spießbürger weniger. — Er räuspert sich und verstellt wieder die Stimme: „Hier General von Stetten. Herr Fembacher? — Das ist gut. Herr Fembacher, ich muß Sie enttäuschen. Seine Majestät werden sich in die Schweiz begeben. — Ich danke jedenfalls für die freundliche Bereitschaft und die loyale Gesinnung! — Äh! — Was ich noch ausrichten soll: Wenn Revolution zu Ende, können Sie mit dem Kommerzienratstitel allergnädigst rechnen." Er hängt den Apparat ein, lächelt zufrieden und redet mit seinem Dackel: „Gell, Bürschi, dös habn ma wieder guat gmacht! — Niemand weiß was und niemals kommt was auf. Ja, ja, ein Jäger muß schweigen können — schweigen wie der Bergwald, und du sagst ja eh nix!" — Schweißgebadet hängt der Kaufmann Fembacher den Hörer in den Haken. Er hat nur immer „Jawohl, Herr Generaladjutant" gesagt. Den anderen Honoratioren war es zu wenig, denn draußen demonstrieren nun schon zwölf Revolutionäre gegen den Königsbesuch im Hause Fembacher, auch die revolutionäre Postbräutochter ist darunter. Sie stehen am Marienbrunnen und singen die Internationale. Hochwürden der Herr Stadtpfarrer bekreuzt sich und der designierte Kommerzienrat Fembacher telefoniert mit der Polizei.

Die Sexhumierte

Das lustigste Publikum will nicht immer nur lachen. Es will auch manchmal erschüttert werden. Darum passieren bei uns auch ernste, ja manchmal sogar erschütternde Geschichten, wie zum Beispiel die merkwürdigen Umstände und makabren Ereignisse dies beweisen, die sich bei der Beerdigung der jungen Elfriede Zwettl, der Friseurstochter von Geißbach, abgespielt haben. Diese Elfriede, eine kleinstädtische Schönheit, die in der Münchner Weltstadt von einer gewissen schicksalsbestimmten Karriere ergriffen worden war, ist im Blütenalter von 24 Jahren in eben dieser herzlichen Weltstadt ermordet worden. Einer ihrer Freunde, ein bekannter Modellphotograph, der zu ihrem Schwabinger Luxusappartement einen Schlüssel besaß, fand den Leichnam in der Badewanne. Er alarmierte sofort die Polizei. Die Mordkommission kam und auch ein Polizeireporter. Es war gerade Montag. Der Friseursalon Zwettl in Geißbach, 134 km von München entfernt, hatte geschlossen. Die Zwettls waren in den Bayerischen Wald gefahren und kamen erst gegen Mitternacht zurück. Sie legten sich zu Bett und hörten kein Telefon. Am Dienstagmorgen unterrichtete die Landpolizei den Geißbacher Bürgermeister und das Katholische Pfarramt von dem Münchner Mord.

Beschützend wie eine Gluckhenne breitet sich inmitten des geräumigen Stadtplatzes die zwiebelturmgeschmückte Pfarrkirche aus, umgeben von einer weitläufigen Friedhofsmauer. In weiter Runde stehen reihum die behäbigen alten Geschäftshäuser der Bürger und prunken in ihren barocken Fassaden. Die Postbrauerei und das Rathaus, der Knödlwirt und die Lebzelterei, die Marien-Apotheke und das Kaufhaus Ebertseder beherrschen das Straßenbild des oberen Marktes. Hinter der Friedhofsmauer, am unteren Markt, sind die Gebäude schon etwas bescheidener. Zwischen der Bäckerei Killmannsberger und dem Haushaltswarenhändler Streibl steht das schmalbrüstige alte Baderhaus Zwettl, heute mit einem hochmodernen Damen- und Herrensalon ausgestattet. Es ist kurz nach neun Uhr. Maria Wandinger, die Zeitungsfrau, trägt den Rottaler Boten und das Münchner Boulevardblatt in den Friseurladen und legt die Blätter, nach alter Gewohnheit, auf das kleine Tischchen neben der Kasse. Im Salon duftet es bereits nach feinem Shampoon und Haarwasser. Wegen mancherlei Mißgeschick scheint nun eine sanfte, rücksichtsvolle, und doch auch wieder amtliche Mitteilung des fürchterlichen Familienereignisses der Zufall zu übernehmen.

Im Herrenfriseur-Abteil arbeitet der Sohn. Er schneidet dem Bahnhofsvorstand die Haare. Gleich ist er fertig. Neugierig richtet er seinen Blick auf die Zeitungen. Hinten im Damensalon werkt Meister Josef Zwettl persönlich. Er schneidet gerade einer jungen Frau die Haare!

„Wissen's, gnädige Frau Oberndorfer, heute machen wir jetzt dann bei Ihnen — sie haben ja so ein schönes, volles Haar — da machen wir nicht nur eine leichte Wasserwelle, da machen wir gleich eine wunderbar zarte Nerzwelle!" Der Zwettl Peppi ist ein rüstiger Fünfziger, der Typ des aufgeschlossenen, fortschrittlichen Kleinstadt-Friseurs, der sich aber dennoch konservativ an sein Geißbach gebunden fühlt. Seit zehn Jahren wirkt er im Stadtrat und der Herr

Bürgermeister ist sein Freund. Frau Anni wäscht der Frau Habersetzer gerade den Kopf. Sie gilt in ganz Geißbach heute noch als eine sehr adrette Dame und begehrte Tänzerin auf den diversen Faschingsbällen und Sommrenachtsfestlichkeiten.

„Die Frau Oberndorfer kriegt heute eine Nerzwelle. Gell, Anni, tuts mir schön aufpassen!" — Da bimmelt die Glocke an der Ladentüre. Herein tritt der Bürgermeister Ludwig Seidinger, die Münchner Zeitung in der Hand. Auf der letzten Seite dieser Zeitung prangt das Bild der Elfriede Zwettl unter der Balken-Überschrift: „Luxusgirl in Badewanne erwürgt!" und etwas kleiner unter dem Bild ist zu lesen: „Elfriede Zwettl kam aus Niederbayern in die Großstadt." Bereits auf dem Herweg hat er die Hiobsbotschaft herumgezeigt, als er vor dem Bäckerladen auf den Gärtner Frühauf traf, der sich gerade mit der Frau Derschl über den sündhaften Aufwand an teueren Kranzspenden für den eben verstorbenen Brauereibesitzer unterhielt.

„Die Zwettl Elfriede!" platzte er in die Unterhaltung und hielt den Leuten erregt das Blatt unter die Nase.

„Und die Zeitungsschmierer habn natürlich auch gschrieb'n, daß sie aus unserer Stadt kommt, aus Geißbach. Da steht's: aus der behäbigen, niederbayerischen Kleinstadt Geißbach, wo es noch vier Brauereien gibt und eine Privatbank, kam die Friseuse mit 18 Jahren in die große Stadt, die ihr zum Verhängnis wurde ..."

Er stieß einen Fluch aus. „A solchener Schmarrn! Ist das Unglück net groß g'nug, muß man auch noch die Stadt ins Gerede bringen?" Grußlos eilt er weiter und steht nun wie ein Hiobsbote im Friseursalon. Die Zeitung hält er einstweilen noch gesenkt. Er sieht sehr ernst drein. Papa Zwettl klopft gerade Kamm und Schere aus und tritt dem Unglücksbringer freundlich entgegen. „Guten Morgen, Herr Bürgermeister!" Das Stadtoberhaupt schweigt, bringt kein Wort heraus. Humorig, nach alter Baderart, versucht Josef Zwettl, den traurigen Freund etwas aufzuheitern.

„Ja, Ludwig, was ist denn mit dir passiert, habns dich aus der Partei nausgschmissen? — oder steht in der Zeitung, daß dich dein Fannerl in den Finger gebissen hat?"

Der Freund schüttelt stumm den Kopf und hält dem Bader die Zeitung hin. Auf den ersten Blick erkennt der seine große Tochter, ahnt noch kein Unglück, tut erfreut, ruft seiner Frau zu, ergreift das Blatt und wird stockstumm. Er zittert nicht und seine Augen lesen zwei-, dreimal den ganzen Bericht. Vom Herrensalon tritt Florian zu seinem Vater hin, blickt ihm über die Schulter und erfährt von der Ermordung seiner Schwester. „Nein", schreit er, „Mama, die Elfriede!" Frau Anni läßt ihre Kundin mit einshampooniertem Haar am Becken und stürzt sich auf die Zeitung. Der Bürgermeister ergreift teilnahmsvoll ihre Hand, stützt sie. Monika, die jüngere Tochter, und das Lehrmädchen Michaela sind nun auch neugierig geworden und lassen ihre Arbeit liegen. Bald ist der ganze Laden durcheinander. „Es ist furchtbar" sagt der Bürgermeister, „aber ich hab mir denkt, bevor ihr dös Unglück aus der Zeitung liest, bevor sag's euch i." Frau Anni überläßt die Zeitung der Michaela und der Monika und setzt sich, in Tränen aufgelöst, auf einen Stuhl. Sie weint heftig und stößt immer wieder den Namen ihres unglücklichen Kindes hervor. Mittlerweilen haben sich auch die Kundschaften informiert und sind entsetzt. Nur der Herr Bürgermeister hat seine Stimme nicht verloren. Auch er ist vom Blitz gerührt, redet mehr aus Mitleid denn aus ungeziemender Tölpelhaftigkeit, aber er redet, er will trösten. „Ja no, iatz is gschehgn! — Mein aufrichtiges Beileid,

Frau Anni! Wie Gott will, muß man sich halt denken. Wie Gott will, Seppi! — Der eine hat ein Glück mit seinen Kindern und der andere hat halt keins."

Und da er keine Antwort bekommt, tröstet er weiter: „Ja no, Seppi, ein Kind wird nichts und wenn man es neunmal im Schmalz herumdreht und noch so gut herausbackt."

So schwer es fiel, die Kundschaften mußten weiter bedient werden. Die Ladentüre bimmelte jetzt obendrein sehr fleißig, immer mehr Damen und Herren wollten sich an diesem Werktagvormittag plötzlich die Haare schneiden lassen. Bald sind die Wartebänke gefüllt. Alle grüßen sie scheinheilig unwissend, manche auch schon teilnahmsvoll und sagen etwa: „Mein aufrichtiges Beileid, Herr Zwettl, aber könnte ich noch Waschen und Legen kriegen?"

In so einer kleinen Stadt kann man die Neugierde nicht ganz von der Anteilnahme unterscheiden. Sogar der Herr Tierarzt wollte jetzt seine Haare geschnitten haben. Der Badermeister fängt langsam das Schimpfen an. Er schimpft auf gewisse Eitelkeiten und Nachlässigkeiten in der Erziehungsmethode seiner Frau Anni und auf andere schlechte Einflüsse. „Meine Tochter ein Luxusgirl! — Deine Tochter! Du hast es erlaubt, daß sie in die Stadt gezogen ist. I war von Anfang an dagegen. Die Ausbildung, die sie von mir kriegt hat, die hätt vollkommen g'langt. Himmelherrgott, warum hast du aus dem Madl a Schlampn werden lassen?"

Aber Frau Anni nimmt die Vorwürfe ihres Mannes gar nicht wahr. Sie heult weiter und will sich von niemanden trösten lassen. Der immer noch anwesende Bürgermeister widerspricht, er möge sich nicht versündigen, denn der Herrgott habe ihm auch anständige Kinder geschenkt, die Monika und den Florian. Und überhaupt wisse man gar nicht, ob die Elfriede so ein Luxusgirl gewesen sei, wie es die Zeitung schreibt. Vater Zettl wurde aber immer heftiger: „Diese übertriebene Sauerei mit dem Sex! Und überall dabeisein wollen! Dem Vater sowas antun können, Himmelherrgott, das habe ich nicht verdient! — I hab mir nix vorz'werfn als Vater.“

„Dran schuld sind ja grad diese verdammten Zeitungsschmierer“, sekundierte der Bürgermeister.

„Die war doch ein braves, anständiges Dirndl, solang sie noch daheim war. Oder kann einer gegen mein mißratenes Kind was sagen? — Niemand kann was sagen. In der Katholischen Pfarrjugend war sie vorn dran. Sie ist für die Caritas zum Sammeln g'rennt, hat im Krankenhaus eine Sonntagshelferin gemacht, sie habn fürs Rote Kreuz g'sammelt, etc. etc. Und trotzdem is sie a Hur' word'n!“

Allmählich dreht er durch. In seiner Aufregung schlägt er Schaum und seift den Tierarzt ein. Er merkt es und wirft alles weg. Dann deutet er auf sein weinendes Weib hin und rumort weiter: „Und sie da hat g'meint, sie ist ein Photomodell und ein Star, die wo ein jedesmal mit einem anderen neuen Wagen heimg'fahrn ist. Pfui Teifi! I bin aar amal in so einem Hurenkarrn g'sessen! Entschuldign's, Herr Doktor, aber i kann heut nicht mehr arbeiten. Ich kann überhaupt nicht mehr. Auf Wiedersehn, meine Herrschaften! Wir machen Betriebsruhe, wegen Todesfall. Betriebsruhe, verehrte Herrschaften, wegen Ermordung meiner Tochter Elfriede. Auf Wiedersehn, auf Wiedersehn, habe die Ehre, beehren Sie mich wieder!“ Er wird immer heftiger und komplimentiert die Leute aus dem Laden hinaus. Erschreckt, auch wieder verstehend, verlassen die Kundschaften den Friseurladen. An seiner Stelle würden sie heute auch keine Haare mehr schneiden wollen.

Nachdem der Laden zugesperrt ist, wirft Freund Ludwig, der Bürgermeister, die Zeitung mit großer Wut ins Waschbecken. „Diese Scheiß-Zeitungsschmierer haben eine Freud', wenn sie einer ehrlichen, braven Kleinstadt was anhängen können! Wenn sie eine von unseren Madln zur Schnalln machen! Dabei haben sie selber Schnalln g'nug in ihre Weltstädt'!" Da klopft es an der eben erst abgeschlossenen Ladentüre. Der Herr Pfarrer begehrt Einlaß. Polizeimeister Mellek begleitet ihn. Die beiden ernsten Herren schütteln allen Angehörigen der Familie Zwettl lang und stumm die Hand. Endlich findet Hochwürden Herr Pfarrer die passenden Worte: „Mein Beileid und mein Mitleiden, liebe Frau Zwettl! Der Herr schickt uns Prüfungen ... Besonders gern den Vätern und Müttern! Aber, Frau Anni, er gibt uns auch die Kraft, diese Prüfungen zu überstehen."

Jammernd und mit nassen Augen erwidert Frau Anni: „Na, dös übersteh i net, Hochwürdn! Jetzt ist's der Elfriede so guat ganga und nachand dös Unglück!" Der Herr Stadtpfarrer ist ein milder, feiner Herr. Er versteht sich auf den Trost. Ein uralter lateinischer Spruch fällt ihm ein: „Media vita in morte sumus, mitten im Leben sind wir im Tode. Der Tod selbst ist kein Mörder, Frau Anni, die Sünde ist es, die uns das Unglück bringt." Und weil die Baderin darauf nur schluchzen kann, weist er sie auf das Gebet hin, daß es besser sei für die verstorbene Elfriede zu beten als um sie zu weinen. Dann breitet er die Arme aus und faltet die Hände: „Herr, erbarme dich dieses, deines heimgesuchten Hauses und stärke die Eltern und Geschwister der Unglücklichen, Amen!"

„Jetzt habn ma das Malheur, Herr Pfarrer", seufzte der Bader und bekreuzte sich. „Jede Watschn, de wo ich ihr net geben hab', kann i ma jetzt selber gebn."

Der Polizeikommissar Mellek, der dem Herrn Pfarrer den Vortritt gelassen, wendet sich nun sachlich und doch auch rücksichtsvoll an den Friseur. Er habe die unangenehme Pflicht und Schuldigkeit, die Mitteilung machen zu müssen, daß die Staatsanwaltschaft in München die Leiche der Tochter zur Beerdigung bereits freigegeben habe. Der Bader ist für einen Augenblick fassungslos. Auch der Herr Bürgermeister horcht auf. Polizeimeister Mellek glaubt, sich unklar ausgedrückt zu haben und fügt erklärend hinzu: „Praktisch heißt das, Herr Zwettl, Sie können Ihnen die Leiche von ihrer Elfriede in München abholen." Bei dem Wort Leiche heult Frau Anni auf. Sie wirft sich in einen Stuhl und weint fürchterlich. „Oh, meine Elfriede, oh, mein Kind!"

Der Herr Stadtpfarrer kümmert sich um sie. Er tritt an den Friseurstuhl, in dem sie sitzt, heran und tröstet sie durch den großen Spiegel: „Lassen Sie Ihren Tränen freien Lauf, Frau Anni, die Tränen einer Mutter sind wie ein Gebet." Dann betete er noch einmal: „Der Herr sei ihr ein gnädiger Richter über ihr Tun und Lassen!" Der Bader denkt bereits verzweifelt an die Beerdigungszeremonien in der lieben kleinen Vaterstadt. Er verfällt beinahe in ein Schluchzen und kaschiert es durch einen Fluch. „Des werd a so eine Beerdigung werdn! — Mit Musikkapelln und Leichentrunk beim Unterbräu! Pfui Teifi!"

„Und die Presse dazua", befürchtet ahnungsvoll Freund Ludwig, der Bürgermeister, „die wo uns dann nochmal durch den Dreck zieht, mit unseren vier Brauereien etc.! Na, na, na, na!"

Der Polizeimeister bricht auf, überreicht das Telegramm mit der genauen Anschrift der zuständigen Staatsanwaltschaft und empfiehlt sich.

Bürgermeister Seidinger schlägt nun einen sehr freundschaftlichen Ton an, sehr kollegial, sehr mitfühlend, steigert sich aber dann doch ins Prinzipielle: „Woaßt was, Peppi, des Gscheita is', du beerdigst die Elfriede gleich drin in der Großstadt. Das ist für euch und für ganz Geißbach besser. I mag die Herrn Journalisten net so saudumm daherschreibn laß'n über unsere brave, alte Stadt. Als ob wir sonst nichts hervorgebracht hätten als wie Brauereien und gefallene Mädchen? Wir sind eine anständige, ordnungsliebende, durch und durch gesunde niederbayerische Kleinstadt."

Der Bader wird hellhörig und reagiert gleich beleidigt: „Ja, ja, ja, ich hab dich schon verstanden!"

„Na, na, na, Peppi, i wuil dir net weh toan. I hob ja grad gmoant, daß es für dich und deine Familie, daß es für uns alle, net wahr, daß es für die ganze Stadt . . ."

„Koan Wort weiter, i woaß Bescheid! — I hab dich guat verstandn!" Eine ungeheure Bitterkeit stieg in ihm auf, er fühlte sich von seiner Vaterstadt verlassen. Und es schmerzte ihn noch mehr, als ihn auch der Herr Pfarrer noch um Einsicht bat. Der Herr Bürgermeister hätte da gar nicht so Unrecht, unter den besonderen Umständen einer zu erwartenden regen Berichterstattung gewisser Boulevardzeitungen, würde auch er zu einer Beerdigung in München raten.

Und da Frau Annis Schmerzensseufzer sich abermals vernehmen lassen, nimmt der Bader seine Frau in die Arma und tröstet die Verzweifelte mit den makabren Worten: „Woan net, Mam, i werd die Elfriede schon unter die Erden bringa."

„Nicht so, Herr Zwettl! Der Herr Bürgermeister meint es ja nur gut mit Ihnen."

„Irgendein Platzerl wird sich schon finden für unser mißratenes Hurenkind!"

Jetzt muß der Pfarrer mit der christlichen Ermahnung einschreiten, daß man über die Toten nichts Schlechtes sagen dürfe und schon gar nicht über ein totes Kind. — Bader und Baderin halten sich immer noch umschlungen wie ein arg leidendes Paar und sie antworten nicht. Mit der Gemütsruhe eines erfahrenen Verwaltungsmannes gibt der Bürgermeister, der Freund von jung auf, detaillierte Ratschläge: „Peppi, hör mir amal zua! Du fahrst jetzt auf Minga nauf, laßt dir die Leich von deinm Dirndl freigebn, samt Hinterlassenschaft, net wahr, und nachand kaufst ihra im Waldfriedhof ein ordentliches Grab und laßt sie in aller Stille beerdigen. In aller Stille, aber mit Würde! Eine andere Möglichkeit gibt es nicht. —"

„I kann sie ja aa verbrenna lassn, dös Luada! Jawohl, verbrennen laß ich sie, damit sie unseren ehrengeachteten Friedhof nicht verunreinigt."

„Davon kann keine Rede sein, Herr Zwettl", beschwichtigte Hochwürden der Herr Pfarrer. „Ich werde für sie eine Messe lesen und wir werden für sie beten."

„Nix da! Verbrenna laß is'. — Sie gspürts nimma und euch tuats wohl!" Das wunde Herz des Friseurmeisters war vor Verzweiflung übergeschnappt. „Tua dich net so stark aufregn, Peppi", tröstete der Freund und Gemeindechef. „Wennst es haben willst, dann fahr ich mit und bin dir in allem a bißl behilflich in München."

„Danke, darauf kann ich verzichten." Zwettl ergreift noch einmal die Zeitung und betrachtet das Photo seiner Tochter. „Dieses Mistvieh! Jetzt muaß verbrenna!"

Da zuckte das weltliche Gemeindeoberhaupt die Schultern, das geistige schüttelte den Kopf. Dann verließen die Herren schweigend den Laden. Auf der Straße trafen sie auf zahlreiche Neugierige, besonders zahlreiche reifere Damen steckten ihre Köpfe zusammen. Es hätte alles so kommen müssen, meinten sie. Dieser Hochmut! Jede Woche eine andere Frisur und rote Fingernägel bereits mit vierzehn Jahren. Erst vorgestern hätte die Zwettlin noch der Frau Lehrer erzählt, daß die Elfriede jetzt bald in einem Fernsehfilm auftreten würde. Und die Gattin eines Magistratsbeamten wußte, unter dem Siegel der Verschwiegenheit, die Elfriede hätte einen Verehrer gehabt, „der wo zwölf Hausstöck hat und keinen darunter unter acht Stockwerk hoch".

„Es ist doch gescheiter, man ist nicht so schön, lebt dafür aber etwas länger", meint die Metzgerin Praxenthaler. Und ein Pfund Schweinernes sei Luxus genug."

Die kleinsten Vorkommnisse in der Familie des Friseurmeisters Zwettl bekamen nun eine große Bedeutung. Die Großmutter der Elfriede sei seinerzeit schon immer gern nach München gefahren. Und das bestimmt nicht nur zu ihrer Schwester. Ja, überhaupt wisse man nicht, welches Geschäft diese Schwester in München betrieben hätte. Überhaupt brauche man gar nicht so weit zurückgehen in der Verwandschaft, man möge sich nur einmal den Herrn Vater ansehen, die Räusche, die dieser jede Woche heimtrage, und dann die frivolen Witze, die er manchmal reiße, die freien Ansichten, die er verbreite und dann sein auffälliges Benehmen auf den Faschingsbällen. So ein Vater sei eben für eine heranwachsende Tochter kein Vorbild. Die Pfarrhaushälterin aber traf mit ihrer Meinung den Nagel wieder einmal auf den Kopf. „Da haben sie jetzt ihren Sex! Er hat ja früher schon allweil so gewisse Artikel verkauft und sogar ins Schaufenster gelegt, der Saubär, der! — Da hat er jetzt den Lohn dafür!"

Den anderen Tag fuhr Joseph Zwettl schon um fünf Uhr in der Früh nach München. Mutterseelenallein wollte er die Vorbereitungen für die Beerdigung seiner Tochter

Elfriede treffen. Einem Kind ins Grab schauen müssen ist so schmerzlich wie es zu gebären. Während der Fahrt fallen ihm die zärtlichsten Begebenheiten ein. Wie sie als ganz kleines Mädchen ihm die Haare frisiert, wie sie fiebernd im Bett liegt und zu ihrem Schutzengel betet, wie sie als reine, weiße Erstkommunikantin aufgeregt an seiner Hand zur Kirche trippelt. Er bekommt Weinkrämpfe je mehr er sich München nähert, er ruft seine tote Tochter beim Namen, er betet, er flucht.

Um halb neun Uhr sitzt er im Büro des Oberstaatsanwaltes. In seinem dunklen Anzug mit der schwarzen Krawatte, den Hut in der Hand, den er manchmal nervös oder verlegen, in den Händen dreht, wirkt er diesem Staatsanwalt gegenüber durchaus klein und anonym. Er ist sich seiner Rolle bewußt, er ist der Vater des ermordeten Luxusgirls Elfriede, gebürtig aus Geißbach, er ist der Kleinstädter in einer großen Stadt und dieser Staatsanwalt ist mehr der Typ eines komplizierten Professors, denn eines Juristen. Während er spricht, schlichtet er fortwährend Akten, liest Zettel und blättert bald da und bald dort. Aber all dieses tut er ohne Hast, eher mit liturgischer Routine. Auch er ist ein Original. Besonders deutlich betont er immer wieder: „Die Leiche ist freigegeben zur Bestattung, das heißt, ich habe die Leiche zwecks Beerdigung freigegeben . . .“

Der Friseurmeister Joseph Zwettl sitzt stumm da und hört aufmerksam zu.

„. . . nicht nur also können Sie die Leiche Ihrer Tochter zur Beerdigung im gerichtsmedizinischen Institut abholen lassen — ich habe diese Leiche nämlich schon gestern nachmittag, vier Uhr dreißig Minuten zur Bestattung freigegeben — Sie können zudem auch die Wohnung der Elfriede Zwettl übernehmen, die Wohnung, eine Eigentumswohnung übrigens, wie sich zu meiner Verblüffung herausgestellt hat, vor drei Monaten erst bar bezahlt, ein Luxusappartement, wie man sagt. Sie können diese Wohnung sofort übernehmen. Sie sind der Vater, Sie sind der vermutliche Erbe. Ihre Personalien haben wir ja schon festgestellt.

Hier sind die Schlüssel. Die Wohnung befindet sich in der ..." Der Staatsanwalt blättert in den Akten, blättert vorwärts, blättert zurück. Außer einem Kuvert nimmt er einen Schlüsselbund und legt ihn auf die Schreibtischkante, die gerade noch frei ist. Zwettl rührt den Schlüssel nicht an. Er sieht ihn nur mit großen Augen an, richtet dann den Blick wieder auf den Staatsanwalt. Dieser findet endlich den gesuchten Zettel. „... die Wohnung befindet sich in der Harmsallee 76, 14. Stock, Appartement 1429. Sie können mit der U-Bahn hinfahren, direkt vor die Haustüre. Ein sehr komfortables Appartement. Sogar geschmackvoll. Die Ermittlungen sind ansonsten in vollem Gange. Die Leiche aber können Sie sofort zur Bestattung überführen lassen, ich habe sie freigegeben. Und hier also noch einmal der Schlüssel zur Wohnung Harmsallee 76. Bitte!"

Joseph Zwettl hat sich das alles ganz anders vorgestellt. Er ist nicht einmal mehr traurig. Der Staatsanwalt erhebt sich. Zwettl bleibt ungerührt sitzen. Da nimmt auch der Herr Staatsanwalt wieder Platz.

„Sie haben recht, das ist noch nicht alles, Herr ... Herr Zwettl! Während der polizeilichen Durchsuchung der Wohnung der Zwettl Elfriede wurde ein Geldbetrag gefunden und zwar hinter einer verschiebbaren Fliese der Badewanne." Der Herr Staatsprokurator wühlt wieder in den Akten seines Schreibtisches und legt dann ein dickes, großes und zusammengelegtes Kuvert vor, desgleichen ein

Postsparbuch. Er legt die beiden Gegenstände neben den Wohnungsschlüssel.

„Der Betrag beläuft sich auf die Höhe von 18 500 Mark in bar und auf dem Postsparbuch ist ein Guthaben von 24 000 Mark vermerkt. Ich darf Ihnen die Fundgegenstände aushändigen. Hier und hier. Den Wagen können wir Ihnen erst morgen, etwa gegen 16 Uhr übergeben." Er nannte die Geldsummen mit der achtlosen Exaktheit eines Beamten, ohne Rücksicht auf die Höhe. Dann legt er dem Vater der Ermordeten eine vorbereitete Quittung zur Unterschrift vor. „Bitte, Herr Zwettl, quittieren Sie den Erhalt dieser Gegenstände!"

Mechanisch setzt Zwettl Joseph seinen Namen unter die Quittung. Er hat Gedanken und begreift doch nichts, er will sich verabschieden und bringt doch keinen Ton heraus.

Der Staatsanwalt sagt ihm noch einmal, daß er die Leiche zur Bestattung bereits freigegeben habe, daß er dieselbe sofort in der Gerichtsmedizin abholen lassen und nach dem Friedhofe der Bestattung überführen lassen könne. In seiner positivistischen Schrullenhaftigkeit betonte der Staatsanwalt noch einmal, daß der Leichnam schon gestern hätte abgeholt werden können, da er ihn nämlich gestern nachmittag schon freigegeben hätte.

Mit den Worten: „Mehr habe ich Ihnen nicht zu sagen, Sie können gehen!" entließ der Herr Staatsanwalt den leidgeprüften Vater. Joseph Zwettl nimmt die Sachen nun doch rasch an sich, verneigt sich, wie ein Friseur sich eben verneigt nach Erhalt eines erträglichen Trinkgeldes, und geht zur Tür hinaus.

Der entsetzliche Gang zur Leichenkammer des Gerichtsmedizinischen Institutes drückt ihm fast das Herz ab. Im Vorzimmer sind ihm freundliche Damen behilflich, telefonieren für ihn mit dem Bestattungsamt. Und weil er in Großhadern eine Kusine weiß, läßt er die Tote vorläufig auf den Waldfriedhof überführen. Es ist ja nur einstweilen, bis man weiß, ob man ihr nicht doch die Ehre des Familiengrabes auf dem Friedhof zu Geißbach gönnen würde. In der nächsten Telefonzelle ruft er bei diesem Gedanken gleich im Rathaus in Geißbach an. Aber der Herr Bürgermeister ist nicht da. Es ist 11 Uhr am Vormittag, er hat Hunger. Im Restaurant „Zum Grünen Baum" verzehrt er ein Rehragout mit Semmelknödel und trinkt eine Halbe Bier. Sein gesprächiger Tischnachbar kritisiert die hohen Benzinpreise und schimpft auf die Ölscheichs, die mit unserem Geld ein ganz unvorstellbares Luxusleben führten. Auf das Wort „Luxus" beginnt sein Herz zu jagen. Er zahlt, eilt nach Schwabing und betritt wie ein gefährdeter Traumwandler das riesige Gebäude der Wohnmaschine. 340 Appartements soll das Haus haben.

In der Halle gibt es ein Restaurant und etliche Geschäfte. Auch ein vornehmer Friseurladen ist dabei. Er kann sich einen Blick ins Geschäft nicht ganz versagen. Dann steigt er in den Lift und fährt in den 14. Stock. Er sucht das Appartement 1429 und findet es. Aus dem Nachbarappartement tritt gerade eine ältere Dame, sieht ihn das Unglücksappartement aufsperren, hält ihn für einen Kriminalbeamten und spricht ihn an:

„Guten Tag, Herr Kommissar! Ich werde ausziehen. Bei der Hausverwaltung habe ich mich bereits beschwert. Der Hausmeister sagt, die Zwettl hier sei nicht die einzige Dame dieser Kategorie in diesem Hause. Ich halte das nicht mehr aus hier."

„I bin net von hier, gute Frau, i bin auch nicht von der Polizei."

„Nicht?“ — „Um Gotteswillen, Sie sind womöglich ein Verwandter der Zwettl?“

„Der Vater, ja! Nur der Vater. Und ich werd da net lang bleiben.“

„Entschuldigen Sie mein Geschwätz, Herr Zwettl! Mein Name ist Mailand, entschuldigen Sie bitte vielmals!“

„Ja, ja, es is scho guat.“

„Mein Beileid, Herr Zwettl, ich hatte ja keine Ahnung!“

Er stößt die Tür auf und knipst im Flur der Wohnung das Licht an. Frau Mailand tritt näher heran und redet weiter. Sie will ihr voriges Gerede wiedergutmachen. Seine Tochter sei eine sehr angenehme Nachbarin gewesen, immer freundlich und behilflich. Von ihrer Profession hätte sie wirklich nicht die geringste Ahnung gehabt. Sie habe sie zwar manchmal mit einem Herrn im Lift gesehen, immer wieder mit einem anderen, aber gedacht habe sie sich dabei garnichts. Sie hätte ja auch sehr vornehme Besuche gehabt, sehr vornehme Herren.

Zwischen Tür und Angel hört er dem Gerede der geschwätzigen Alten zu.

„So? Des Luada!“

„Sie hat es gebüßt, Herr Zwettl! — Außerdem ist sie einmal sehr nett gewesen zu mir. Wie ich krank war, hat sie meine Katze versorgt und hat mir Besorgungen gemacht. Nein, nein, Ihr Fräulein Tochter hatte auch gute Seiten.“

„So? Nachand wolln Sie jetzt gar nicht mehr ausziehn?“

Er betritt die Wohnung und schließt hinter sich die Türe, schreitet in das große Wohnzimmer. Die Einrichtung ist sehr bequem, mädchenhaft und doch typisch. Auf dem Couchtisch liegt ein Photoalbum. Zwettl zündet sich eine Zigarette an — mit dem Feuerzeug, das auf dem Tisch steht. Dann blättert er in dem Album. Entdeckt Jugendbilder, er sieht sich selber, sieht Geißbach und diverse Familienaufnahmen. Joseph Zwettl wird weich und beginnt zu schluchzen und zu weinen ... „Na, na, so schlecht is sie net gwen, gwiß net, mei arms Dirne!“ Da klingelt das Telefon. Der Apparat steht auf dem kleinen Sekretär neben der französischen Liege, ein nostalgischer Traum von einem Telefon, anachronistisches Rokoko.

Er läßt es siebenmal klingeln, dann hebt er ab.

„Hallo! — Die ist tot, umbracht habn sie ’s. Sie? Sind Sie vielleicht der Mörder? Oder lesen Sie keine Zeitung? Alle, alle Zeitungen schreiben über die Elfriede, sogar die norddeutschen Zeitungen!“ Er legt auf und geht nachdenklich durch das Zimmer, sieht den Bauernschrank und den großen Spiegel, die kleine Bar und das breite Bett. Soll er darauf spucken? Hundert Bilder ängstigen seine Seele. Er hat wieder Tränen in den Augen. Dann setzt er sich gelassen auf den Sündenpfuhl.

„I bin der Vater!“

Seine Hand fährt in die Brusttasche, zieht den Umschlag des Staatsanwaltes heraus mit den vielen Banknoten, es sind Fünfhunderter und Tausender. Er beginnt das Geld zu zählen, hört aber dann jäh auf damit, steckt die Scheine rasch wieder in den Umschlag und legt diesen mit dem Postsparbuch auf das breite Bett.

„Na, nix da! I wui mit dem Hurengeld nix z’toa habn!“

Er erhebt sich und greift zum Telefon, wählt eine lange Nummer. „Mama, bist as du? — Bin grad in der Wohnung und da hab i mir denkt, wenn wir die Elfriede vielleicht doch heimbringen könnten? Dir wäre es doch auch lieber! Red halt noch einmal mit dem Ludwig! — Ja, dann gib ihn mir, wenn er grad da ist! — Hallo, Ludwig, ich hab die Elfriede vorsorglich amal in den Waldfriedhof überführen lassen, aber Grab hab i no koans kaaft, beziehungsweise wegen der Einäscherung hab i no nix unternommen."

Er zeigt einen Funken Hoffnung in der Hoffnungslosigkeit.

„Weißt, Ludwig, ich hab mir denkt, mir grabn's vielleicht doch daheim ein, im Familiengrab, net wahr, des arme Luada! — Die Zeitungen schreiben schon nimma so viel jetzt. Meinst nicht auch, daß es möglich wäre?"

Aber seine Illusion wird rasch zunichte gemacht, denn der Jugendfreund will davon nichts wissen und seine Stimme klingt schon etwas ungeduldig:

„Geh Sepp, fang net schon wieder an mit dem! Des hat alles koan Zweck. Sogar deiner Verwandschaft wärs net recht. Und uns aa net. Lassen wir einen Seelengottesdienst halten daheim, aber beerdigen tuast das bittschön in aller Stille in München! Da brauchst dich doch du um nichts kümmern, das macht alles das Bestattungsamt!"

„Danke, na verbrenn i's!"

Er knallt den kostbaren Porzellanhörer auf die zierliche Gabel, stößt einen Fluch aus und geht dann unruhig im Zimmer auf und ab, bald diesen, bald jenen Gegenstand betrachtend, schenkt sich an der Bar einen Whisky ein, stürzt ihn hinunter und steckt dann das Kuvert mit den Geldscheinen auf der französischen Liege wieder sorgfältig in seine Rocktasche.

„Saubande, Verwandtschaft! Da war ja die Elfriede noch besser!" Eine große Sehnsucht nach seiner Tochter überkommt ihn plötzlich und er fährt auf den Waldfriedhof. Dort haben sie die Jungfrau schon eingesargt. Er läßt den Sarg öffnen und bestellt ein großartiges Paradebett für sein Kind, läßt die Vorhänge zurückschlagen auf daß die Besucher des Friedhofes vor soviel Schönheit erschreckt stehenblieben. Crysanthemen, Nelken, was immer die

Friedhofsgärtnerei aufzubieten imstande war, mußte her, war ihm gerade gut genug. Und 24 Kerzen ließ er anzünden. Dann begab er sich zum Herrn Inspektor der Friedhofsverwaltung und bestellte ein Grab, keine gewöhnliche Grabschaft, ein schönes, ein großes, ein reputierliches Grab. Auf dem großen Sektionsplan an der Wandtafel erläuterte ihm der Beamte die verschiedenen Kategorien zu den unterschiedlichsten Preisen.

„Hier mein Herr, die Sektion 97, da sind die Grabschaften schon merklich vornehmer. Hier ruhen kleinere Hausbesitzer und mittlere Beamte, auch etliche Lehrer sind darunter. Sieben Jahre kosten hier bereits 1400 Mark, mein Herr, ohne Grabpflege versteht sich!"

Zwettls Auge schweift prüfend über die abgezirkelte Sektion. Dann schüttelt er den Kopf und meint:

„'S Grab derf größa, derf deira sei!"

„Wählen wir eines auf Sektion 38. Hier kostet ein Grab für zehn Jahre mindestens 3500 Mark und mehr. Hier liegen bereits Geschäftsleute aus der inneren Stadt, Ministerialdirigenten und Generale, sogar zwei Konsuln sind darunter."

Joseph Zwettl schüttelte abermals den Kopf, das Grab für seine Elfriede sollte noch viel teurer sein. Ob er denn nichts ganz Außergewöhnliches, ganz Exquisites anzubieten hätte! —

Der Friedhofsdirektor warf dem Friseurmeister aus Niederbayern einen prüfenden Blick zu. Doch Zwettl versicherte, er zahle sofort in bar. „Bittschön mein Herr, dann kommt nur Sektion 7 in Frage. Das ist unsere exklusivste Sektion. Hier ruhen wirkliche Millionäre, ja sogar Milliardäre und Großunternehmer. Neuerdings seien freilich auch ein Bundesminister und ein höherer Gewerkschaftsfunktionär zugezogen. Eine vornehmere Begräbnisstätte jedenfalls könne derzeit die Weltstadt München niemandem bieten.

Der Geißbacher Bader war einverstanden und die Herren begaben sich auf das Gelände der Sektion 7, um ein passendes Objekt auszusuchen. Ein Hain mit prunkvollen Totengedenkstätten, mit gemauerten Totenkapellen, Grüften und Mausoleen nahm sie auf.

„Ja, ja, da bleibn ma", nickte zufrieden Joseph Zwettl, „was kost's nachand da?"

Sie standen gerade vor einem Jugendstil-Mausoleum, das aber schon einen etwas verwitterten, aufgelassenen Eindruck machte. Die Schrift war bereits entfernt. Das Grab stand zum Verkauf, wartete auf einen neuen Besitzer.

„Ab 10 000 das Jahrsiebt. Das Spinelli-Mausoleum stellt eine einmalige Gelegenheit dar, es ist kaum belegt, die beiden Söhne schlummern in einem Massengrab bei Verdun. In der sehr geräumigen Grabkammer finden sich also nur der Sarkophag des Herrn Baron und jener der Frau Baronin. Durch einen kleinen Umbau lassen sich die beiden Särge aber sehr einfach entfernen. — Werfen Sie ruhig einen Blick auf die vornehme Nachbarschaft! Hier zum Beispiel das Riesen-Mausoleum des Bankhauses Zankl, ein traditionsreiches Familiengrab."

„Jawoihl, a so machma's. — Und bittschön keine Kosten scheuen! 'S Geld ist da. Sie soll eine erstklassige, eine ganz und gar erstklassige Bestattung bekommen. Musik, Chor, Kränze . . . alles!"

Die Beerdigung fand am Freitag vormittag statt. Trotz des Werktages ist von Geißbach ein ganzer Omnibus voller Trauergäste gekommen und noch ein Dutzend vollbesetzter Personenwagen. Auch Münchner Freunde und Freundinnen der Verstorbenen gaben ihr die letzte Ehre.

Die Aussegnungshalle glich einem Blumenmeer. Der Pfarrer fand aufrichtige, schöne Worte und ein Männerchor intonierte das berühmte Grablied „Über den Sternen".

Unter den Klängen eines Trauermarsches bewegte sich der Kondukt mit dem grünen Sarg zur Sektion 7. Das Grab war eingesäumt mit zwei riesigen Wänden von Kränzen. Hinter Büschen und Grabsteinen lauerten Photoreporter von Tageszeitungen und von Illustrierten. Die Bilder wurden in großer Aufmachung publiziert:

„Luxusgirl bekam Luxusgrab". Und die nachbarliche Familiengrabstätte des Bankhauses Zankl war auf all diesen Bildern deutlich zu sehen, ja war geradezu hineinkomponiert.

Der Bankier, Baron Zankl, galt gewissen sozialistischen Kreisen als exzessiver Spätkapitalist und Grundstücksspekulant. Die Gegner, die sich schon mit mehreren Beleidigungsprozessen, einstweiligen Verfügungen und Widerrufen traktiert hatten, hatten endlich einen Modus vivendi gefunden und hielten seit Monaten still, nicht zuletzt deswegen, weil der Bankier der Weltstadt für die Anlage eines Westparkes gerade einige Hektar Waldgründe schenken wollte.

Die Bilder von dem luxuriösen Begräbnis der Elfriede Zwettl, die in allen Zeitungen zu finden waren, verärgerten den Baron so sehr, daß er von der Schenkung des für die Stadt so wichtigen Grundstückes plötzlich nichts mehr wissen wollte. An seinem schlichten Rokokosekretär sitzend, telefonierte er verärgert mit seinem Rechtsberater:

„Nicht genug, daß man unser Haus seit Jahren einem sozialistischen Kesseltreiben aussetzt, man verspottet jetzt auch noch meine verstorbenen Eltern. Meine Mutter! Bestellen Sie dem Herrn Oberbürgermeister, daß ich ihm die Grundstücke nun doch nicht abtreten werde. Enteignen kann er mich nicht. Und bezahlen kann sie mir die Stadt sowieso nicht. Ich werde mich von nun an wehren wie ein wundgeschossenes Tier. Man bestattet nicht eine von ihrem Zuhälter erwürgte Hure neben der Familiengruft des Bankhauses Zankl. Jeden Quadratmeter lasse ich mir von nun an in jahrelangen Prozessen mühsam enteignen. Rufen Sie die Schenkungsurkunde zurück und bestellen Sie den Termin beim Notar ab." Bei aller Erregtheit bleibt der Baron sehr gediegen und gefaßt. Durch eine Tapetentüre tritt die persönliche Sekretärin herein, ihrer Schönheit sieht man zugleich die Tüchtigkeit an. Sie legt dem Baron etliche Zeitungen auf den Tisch, die alle schon gefaltet sind und das anstößige Bild von der Beerdigung der Zwettl Elfriede präsentieren.

Selbst ein rechts stehendes Blatt war in das Fettnäpfchen getreten. Überdeutlich kommentierte es die Nachbarschaft der beiden Gräber mit diesen Worten: „Im Tode fanden sie sich wieder. Der Glanz des großen Geldes und des Luxus: der Bankier und die Prostituierte." Und der Bankier stellte sich die rhetorische Frage, in welch demokratischem Lande man denn eigentlich lebe, wo es erlaubt sei, das Bankhaus Zankl mit den Huren und Zuhältern auf eine Stufe zu stellen? Man möge seine große Verärgerung unverzüglich dem Rathaus wissen lassen. Und dann diktierte er die offizielle Stellungnahme seines Hauses. Noch seien die alten Prozesse nicht erledigt, da griffen linksradikale Journalisten auch rechtsorientierter Gazetten seine verstorbenen Eltern an, hätten nicht einmal mehr vor der Majestät des Todes Respekt. Er könne weder in der Tatsache der Nachbarschaft des Prostituiertengrabes noch an der photographischen Aufmachung der Pressebilder einen Zufall erkennen und er verlange die Exhumierung der Prostituierten.

Dann ließ sich der Herr Baron von seiner hochbegabten Geheimsekretärin eine Zigarette anzünden. Da er Nichtraucher war, erkannte sie sofort den hohen Grad seiner inneren Erregung.

In Geißbach stehen überall die Leut beisammen. Hat man anfangs noch mit einer gewissen Scheu und Rücksicht über den Zwettl-Mord gesprochen, so tut man es mittlerweile ungeniert und mit wachsendem Interesse. Von einem Mörder erfährt man aus den Zeitungen nichts. Zwei heiße Spuren, von denen eine sogar in das Haus eines Generalkonsuls führte, haben sich als Fehlanzeigen herausgestellt. Man vermutet einen exemplarischen Racheakt professioneller Kreise, mit denen die 24jährige Elfriede nichts zu tun haben wollte. Aber in diesem Kriminalfall war der Mörder bereits zur Nebenperson geworden. Die vielen ausführlichen Zeitungsberichte von den solemnen Beisetzungsfeierlichkeiten und dem prunkvollen Mausoleum, das Interview, das der leidgeprüfte Vater noch im Friedhof der hungrigen Journalistenmeute gegeben hat, beteuernd, daß er mit der hinterlassenen Barschaft seiner Elfriede eben nichts anderes anzufangen wußte als ihr damit eine erstklassige Grabschaft zu erwerben, dazu jetzt auch noch der Protest des Bankiers, all diese merkwürdigen Besonderheiten waren für die Leute interessanter als der Mörder.

„Luxusgirl bekommt Luxusgrab“, das sind Schlagzeilen! „Da können wir jetzt stolz sein!“

„Und wie sie, die Frau Badermeister, dasteht, im nagelneuen Kostüm! Das wird auch nicht billig gewesen sein!“

„Direkt neben einem Herrn Minister ist sie eingegraben worden! So ein nobliges Platzerl hätten ja wir in unserem Friedhof gar nicht gehabt.“

„Und zum Leichenschmaus, hat die Monika mir erzählt, waren sie in einem italienischen Restaurant, wo die Halbe Bier gleich drei Mark gekostet hat!"

Das sind nur etliche der typischen Volksstimmen aus Geißbach. Der Gärtner Frühauf schätzt die Kranzspenden allein auf dreitausend Mark. Dieses Geld, so meint er, hätte man in Geißbach auch verdienen können. Wie der Unterbräu verstorben ist, habe er für 640 Mark Kränze verkauft und da seien einem schon gewisse Bürger sehr neidig gewesen. Dieselben Herrschaften übrigens, die auch die Elfriede nicht in den Friedhof gelassen haben.

„Damit wir noch mehr ausgespottet worden wären?"

Die angesehene Frau Habersetzer verteidigte ihre Meinung. „Eine Hure auf unserem Gottesacker? Nein, da liegt sie mir schon lieber in München neben Millionären und Ministern."

Der Gärtner bekam einen roten Kopf.

„Ja meinst denn du, bei uns liegen lauter Heilige im Friedhof? — Auf eine mehr oder weniger wärs da nimma z'samganga."

Während sich so in Geißbach die Stimmung zu ändern begann, zog sich im Münchner Rathaus ein Donnerwetter zusammen. Die Grundstücksschenkung des Barons war mit großer Verwunderung aufgenommen worden. Man hatte den Spätkapitalisten zu so einer sozialen Tat nicht willens, man hatte ihn dazu für nicht fähig gehalten. Die Avantgardisten unter den sozialkritischen jüngeren Stadtvätern dachten schon an einen nicht einkalkulierten Erfolg ihrer konzentrierten Kampagnen und ein Jungidealist empfahl sogar, die Annahme der Zanklischen Waldgrundstücke abzulehnen, aber die Mehrheit freute sich halt doch über die Bekehrung des Bankiers und über sein großzügiges Bekenntnis zum sozialen Grün.

Die zurückgerufene Schenkungsurkunde und der abbestellte Termin beim Notar bestürzten nun alle. Die Fraktionsvorsitzenden stellten Fragen, der Herr Oberbürgermeister tobte, ein Untersuchungsausschuß wurde eingerichtet und der etwas bürgerlich gesinnte Bürgermeister Stempfle sollte sich beim Herrn Baron um eine Audienz bemühen, über den unglücklichen Vorfall sein tiefes Bedauern ausdrücken, die völlige Ahnungslosigkeit und Unschuld des Stadtrates beteuern und eine baldige Exhumierung in Aussicht stellen.

Ungläubig lauscht Baron Zankl den Beteuerungen des Bürgermeisters. Dann drückt er ihm eine Lupe in die Hand und überreicht ihm eine von den aufgeschlagenen Zeitungen.

„Überzeugen Sie sich selbst, Herr Bürgermeister, und studieren Sie die Photographie genau", empfiehlt der Bankier und greift seinerseits zu einer zweiten Lupe, um dasselbe Beerdigungsbild in einer anderen Zeitung zu beobachten.

„Sehen Sie, Herr Bürgermeister, hier liegt mein Vater, hier liegt meine Mutter. Sie war eine angesehene Frau, hat viel Gutes getan, hat ein Entbindungsheim gestiftet und ein Erholungsheim für arme Mütter. Sie verdient es nicht, daß man ihr diesen Schimpf antut. Man kann die Inschrift unserer Grabstätte deutlich lesen — auch ohne Lupe — Baron Maximilian Degenhard von Zankl, Bankier, 1867—1938 und dessen Frau Ottilie von Zankl, geborene Gräfin Hirschfeld. Man kann es nicht nur lesen, der aggressiv-revolutionäre Journalist hat es ja im Textteil ausdrücklich vermerkt. Kommen Sie mir nicht mit dem Zufall! Sie arbeiten seit Jahren zusammen, uns als Großgrundbesitzer und Spekulanten, als Sozialverbrecher und Kapitalistenschweine zu diffamieren. Bauen Sie sich Ihren Erholungspark auf städtischem Grund, Sie haben ja so weitblickend Vorsorge getroffen! Ich ziehe die großzügige Schenkung zurück. Von mir bekommen Sie keinen Quadratmeter mehr. Nicht einmal mehr käuflich."

Bürgermeister Stempfle kam kaum zu Wort. Die Friedhofsdirektion sei bereits angewiesen, die Zwettl wieder zu exhumieren, konnte er endlich einwerfen, und der Baron dürfe versichert sein, daß die Parteien im Stadtrat mit dieser geschmacklosen Berichterstattung nichts zu tun hätten, ja die ganze Geschichte sei überhaupt nur ein dummer Zufall.

Der Bankier widersprach. An solche Zufälle glaube er nicht mehr.

Da versprach der Bürgermeister die Umbettung des unglücklichen Mädchens möglicherweise schon für den kommenden Tag. Er versprach es hoch und heilig im Namen des ganzen Stadtrates, im Namen der Fraktionen und im Namen des Herrn Oberbürgermeisters. Der Bankier wollte darum auch gebeten haben und beendete die Audienz. Resolutionen und demokratische Mehrheiten fällen die Entscheidungen. Und ihnen gehen meistens schon schwere Kämpfe voraus. Aber diese aufreibenden parlamentarischen Auseinandersetzungen sind noch ein Kinderspiel gegenüber der praktischen Ausführung dieser Mehrheitsbeschlüsse. Einstimmig beschloß der Stadtrat die sofortige Exhumierung der Zwettl und der Herr Oberbürgermeister bat den Herrn Bürgermeister Stempfle, sich um eine möglichst unauffällige Durchführung der ganzen Aktion zu bemühen. Und der Herr Bürgermeister bestellt die obersten Herren der Friedhofsdirektion zu einem Lokaltermin sofort in den Waldfriedhof.

Als die Herren, unter Vorantritt des Inspektors, in die Birkenallee der siebten Sektion einbiegen, treiben sich dort schon etliche Presseleute herum und photographieren fleißig die vielen Kränze, die an der Mausoleummauer lehnen. Stempfle ist bestürzt und wendet sich mißmutig an die Herren Journalisten. Die unglückliche Tote habe genug Staub aufgewirbelt, man möge um Himmelswillen jetzt über sie nichts mehr veröffentlichen. Und nicht nur der Bankier sei aufgebracht. Hier liege der verstorbene Bundesminister, dort der Vorsitzende des Gewerkschaftsbundes. Dann wandte er sich an den obersten der städtischen Friedhofsdirektoren:

„Wie kommen Sie dazu, Herr Direktor, einer Prostituierten so ein Prunkgrab zu verkaufen?“

„Wir hatten keine Ahnung, Herr Bürgermeister. Wir haben auch keinerlei gesetzliche Bestimmungen darüber.“

Der Friedhofsdirektor spricht diskret, aber die bürokratische Folgsamkeit ist seinem Ressort nicht mehr ganz geläufig, denn er fügt mit ernster Miene, das aus dem Munde eines Friedhofsdirektors doch etwas makabere Bonmot hinzu:

„Außerdem, Herr Bürgermeister, die Menschen sind alle gleich, wenn sie verschieden sind.“

„Wir sind keine Friedhofsdemokraten, meine Herren, uns geht es hier um praktische Politik, um den Erholungspark West und um drei Bauplätze für Kindergärten, die der alte Zankl eben der Stadt vermachen will, wenn wir ihn nicht mehr als Grundstücksspekulanten anprangern. Das Mädchen muß sofort umgebettet werden!“

Der Friedhofsdirektor verspricht, seine Bemühungen zu beschleunigen, wendet sich an seinen Inspektor und beauftragt diesen mit der Durchführung der Exhumierung. Der Inspektor erkennt sofort die kommenden Schwierigkeiten mit dem Friseurmeister Zwettl.

„Dazu brauchen wir die Einverständniserklärung des Grabeigners, beziehungsweise des Vaters der Toten.“

„Einzelheiten sind Ihre Sache, Herr Inspektor!“

Während die Herren vor dem Mausoleum der Elfriede Zwettl eifrig diskutieren, knipsen die Journalisten ungeniert ihre Bilder, und obwohl der Bürgermeister zu Beginn des Lokaltermins die Presse energisch zur Zurückhaltung aufgerufen, genoß er jetzt die unverhoffte Pressekonferenz in vollen Zügen eines großstädtischen Kommunalpolitikers. Schließlich verneigte er sich auch noch vor der repräsentativen Grabkammer, ganz mechanisch zwar, wie er es von den vielen Beerdigungen, an denen er teilgenommen hatte, gewohnt war, aber immerhin. Und ehe er sich auf den Weg machte, gab er noch folgende Erklärung ab:

„Übermorgen nachmittag, meine Herren, werde ich mich selbst von der erfolgten Umbettung auf eine weniger exponierte Sektion am Rande des neuen Friedhofes überzeugen. Auf Wiedersehen!“

Die Journalisten, Politiker und Beamten eilten die Birkenallee entlang dem nahen Ausgang zu und stiegen in ihre Wagen, gingen ihren Geschäften und Vorhaben nach. Über die Sektion sieben breitete sich wieder ein Hauch von der ewigen Ruhe aus, der in der exquisiten Vornehmheit dieser Friedhofsregion stärker nach Ewigkeit schmeckte als auf den dichtbesetzten Grabfeldern der kleinen Leute.

Ein Eichkätzchen schwang sich von einer Tanne und lief schnurstracks auf das Mausoleum der Elfriede zu, durchstöberte die Kränze, schnupperte an der Schleife mit der Aufschrift: „In der Hoffnung auf ein Wiedersehen — Dein Vater“.

Papa Zwettl stand um diese Zeit gerade vor dem Familiengrab auf dem kleinen städtischen Friedhof in Geißbach. Auch auf diesem Friedhof gibt es höchst unterschiedliche Monumente. Das Badergrab schmückt ein alter, schmalbrüstiger Grabstein aus weißem Kunstmarmor mit eingelassener Schriftplatte. Man kann die Namen seines Vaters und Großvaters noch deutlich lesen, obschon die Vergoldung der Schrift abgebröckelt ist.

Hier ruht der ehrengeachtete Herr Joseph Zwettl, approbierter Badermeister und Friseur dahier, sowie dessen Ehefrau, die ehrengeachtete Annamaria Zwettl usw. Neben dem leidtragenden Vater steht ganz in Schwarz die Frau Anni, stehen die Geschwister der Elfriede. In der Stadtpfarrkirche hat man soeben einen Seelengottesdienst abgehalten. Der kleinstädtische Badermeister und Stadtrat sprengt Weihwasser auf das Grab, in dem er seit über dreihundert Jahren seine Ahnen ruhen weiß. Dann bekreuzigt er sich und wendet sich ab. Schon steht Ludwig Seidinger, der Herr Bürgermeister und Freund von jungauf, an seiner Seite.

„So, Peppi, jetzt nochmal mein aufrichtiges Beileid! — Wir hätten sie ja gern überführen lassen, die Elfriede, aber die Presse halt, nicht wahr. Im Namen unserer Stadt danke ich dir für deine Tapferkeit! Wir alle verstehen dich, mein aufrichtiges Beileid Frau Anni!“

Obwohl der Herr Bürgermeister lange alle Hände schüttelt, erhält er keine Antwort. Da drückt er sich noch deutlicher aus: „Wenn es nach meiner gegangen wäre, nach meiner alleinig, Peppi, dann läg die Elfriede heut im Familiengrab. Aber gewisse Frauenspersonen halt, nicht wahr! — die haben glatt gesagt, dann lassen sie sich nicht mehr eingraben. Jawohl, dös habns gsagt. Und meine eigene Alte hat am lautesten geplärrt, Peppi!“

„Recht hab'ns die Damen. Sagst Ihnen, ich selber mag jetzt auch nicht mehr im Geißbacher Friedhof eingegraben werden.“

Der Bader Peppi legte einen immer größer werdenden Stolz an den Tag. „Gell, Mama, wir haben unsere Grabschaft jetzt in München. Und wir haben sogar ein wunderbares Grab dort. Wir kündigen die Grabschaft hier in Geißbach auf.“

Bürgermeister Ludwig Seidinger ist tief betroffen. Er bleibt stehen und setzt seinen Hut auf.

„Aber Peppi, so etwas darfst du deiner Vaterstadt nicht antun!“

„Jawohl, noch heute kündige ich meine Grabschaft hier. Ihr könnt's mich. — Und über mein totes Kind laß i euresgleichen nicht mehr die Nase rümpfen.“

Da greift der Bürgermeister zu einem erprobten Mittel und läßt ein Tröpfchen Humor in seine Rede fließen:

„Aber Peppi, schütt's Kind net mit der Badwanna aus! I hab mich doch schon so sehr auf deinen Leichentrunk gefreut!“

Die dumme Witzigkeit zeigte in der traurigen Stimmung des Friseurmeisters keine Wirkung.

„Gute Lust hab ich und verkauf mein Haus und zieh lebendig bereits auf München.“

Etliche Stunden später ging das Leben auch im Zwettlschen Damen- und Herrensalon wieder den gewohnten Gang. Nur rührte sich jetzt der Meister nicht mehr von der Stelle, wenn das Telefon klingelte. Aber verlangt wurde an diesem Nachmittag immer wieder der Senior. Der Münchner Friedhofsinspektor ließ sich nicht abschütteln. Da verlor der Barbier die Geduld.

„Wissen Sie was, Herr Inspektor“, rief er in das Telephon, „Sie könna mich gern habn. Mein Kind bleibt, wo sie ist und damit basta. Wir haben bezahlt — und nicht wenig haben wir bezahlt für dieses Grab. — Nein, ich will das Geld nicht mehr zurück. Das kommt gar nicht in

Frage. Ich gebe nie und nimmer meine Einwilligung. Vergönnt doch meiner armen Elfriede die ewige Ruhe. Amen!“

Er wirft den Hörer hin und stößt einen Fluch aus.

„Und wenn mich der Herr Oberbürgermeister persönlich bittet, ich mag nicht.“

Die kommunalpolitische Katastrophe nahm ihren Fortgang. Im Sitzungszimmer des Bürgermeisters, einem düsteren neugotischen Gemach, tagten die Bestattungsexperten der Landeshauptstadt, die einschlägigen Kommunalreferenten und Juristen und die Vertreter aller Fraktionen seit sechs Stunden in Permanenz. Seit dem Mittagessen haben sie gar noch zwei Herren von der Mordkommission hinzugezogen. Trotzdem ließ sich kein juristischer Winkelzug finden, der es ermöglicht hätte, die Leiche des Mädchens ohne die Einwilligung ihres Vaters umzubetten.

Selbst der einfallsreiche Kopf des Polizeipräsidenten konnte keinen Ausweg finden, denn eine vorgetäuschte Entführung des Leichnams würde am Charakter des Mausoleum-Eigentümers nichts ändern und zwingen ließe sich der Bader eben nicht, nicht einmal mit Hilfe eines Generalstreikes. Der Mann könnte die Stadtväter erpressen, aber tut es nicht, er will kein Geld, er will seine Tochter in Frieden ruhen lassen. Die Situation sei ungeheuer lächerlich. Einige der anwesenden Stadträte lächelten jetzt denn auch.

Bürgermeister Stempfle bemerkte dies und redete ihnen ernstlich ins Gewissen.“

„Meine Herren Stadträte, ich werde dem Herrn Oberbürgermeister Mitteilung machen müssen. Es handelt sich durchaus nicht um eine Bagatelle. Strengen Sie sich bitte an, vielleicht fällt wenigstens einem von Ihnen etwas ein, was dem Mann aus der Provinz imponiert. Möglicherweise ist das ein Staatsbegräbnis in aller Stille oder ein städtisches Ehrengrab; irgend etwas muß uns einfallen. — Wir haben diesen Herrn Zwettl jetzt wenigstens nach München bringen können, wir werden mit ihm pausenlos verhandeln. — Die Schenkung der Grundstücke muß übermorgen vollzogen werden, sonst gibt es am Freitag in der Plenarsitzung einen Mordskrach, der auch in der Landespolitik eine Fortsetzung finden dürfte. Sie kennen die Boshaftigkeit der Opposition! — Denken Sie nach und verhandeln Sie weiter. Ich muß um 15 Uhr dem Bankier Baron Zankl Rede und Antwort stehen."

In diesen Minuten durchstreifte der Geißbacher Friseurmeister mit den Herren der Friedhofsdirektion die neu angelegten Sektionen 876 und 877. Man hatte ihn wenigstens so weit bringen können, sich dieses Gelände unverbindlichst einmal anzusehen.

„Wir könnten hier gärtnerisch einen idyllischen Hain für Ihr wertes Fräulein Tochter gestalten, Herr Zwettl", lockte der Herr Friedhofsdirektor.

Der Barbier sieht sich genau um, schüttelt aber immer wieder den Kopf. Nein, er würde nicht nachgeben.

„Ihr Fräulein Tochter würde sich wahrscheinlich hier viel wohler fühlen wie unter den Steinprotzen auf Sektion 7."

„Auf Sektion 7 hat sie viel mehr Platz. Ich gönne ihr das exklusive Grab, sie hat es teuer genug bezahlen müssen, mit ihrem Leben. Und wahrscheinlich wird das jetzt sowieso unser Familiengrab."

Die Herren versuchen, ihn für die nächste Sektion zu begeistern. Dort, in einer noch völlig unberührten Sektion, wären Grabkammern, sogenannte Grüfte, vorgesehen.

„Und dort wäre meine Elfriede nachand die erste? — Ganz allein auf weiter Flur? — Na, na, da brauch ma gar nicht hingehen. Überhaupt brauchen wir nirgends mehr hingehen, weil meine Tochter bleibt, wo sie liegt."

Die Hartnäckigkeit des niederbayerischen Kleinstadtfriseurs zermürbte die hohen Friedhofsbeamten rasch. In einiger Entfernung zog ein Trauerzug vorüber. Zwettl bemerkt die Armseligkeit dieser bescheidenen Beerdigung und drückte sich entsprechend herablassend aus:

„Was, dös soll auch noch eine Beerdigung sein? Hinter dem Sarg gehen ja kaum fünf Angehörige. Da ist kein Vergleich mit dem Leichenzug von meiner Elfriede möglich."

In diesem Augenblick kam ein radelnder Bote in schwarzer Friedhofsmontur und wandte sich dienstlich an den Herrn Direktor. Das Rathaus habe eben angerufen, der Herr Direktor möge bitte mit dem Herrn Zwettl sofort zum Herrn Oberbürgermeister kommen.

Das kleine Sitzungszimmer des Herrn Oberbürgermeisters ist von den hohen und höchsten Würdenträgern der Munizipalverwaltung geradezu überfüllt. In die Mitte des Raumes war ein Schreibpult gerückt worden, auf dem die unterschriftsreife Urkunde lag. Zwei Kugelschreiber lagen griffbereit daneben. Blitzschnell wurden Herr Zwettl und der Friedhofsdirektor in den Raum geführt und an das Pult komplimentiert. Der Herr Oberbürgermeister richtete einige ernste Worte an den Friseur: „Sie bringen uns ganz schön in Verlegenheit, Herr Friseurmeister, alle drei Bürgermeister sind anwesend, alle Fraktionsvorsitzenden und die Herren diverser Ausschüsse dazu, die Herren Stadtkämmerer und der Herr Polizeipräsident etc etc. Angesichts dieser Prominenz und angesichts des erheblichen Gemeinwohls, das auf dem Spiele steht, müssen wir Sie energisch um Ihre Unterschrift bitten!"

Joseph Zwettl will schon unterschreiben, legt aber dann

im letzten Moment doch die Feder noch einmal weg und wagt eine Frage: „Entschuldigen die Herrschaften, ist die Presse auch anwesend?“ In dem kleinen Saal bricht ein allgemeines Gelächter aus. Nein, die Presse sei nicht anwesend, die habe ohnehin schon zu viel Aufhebens gemacht und er möge, um den Erholungspark von Tausenden nicht länger zu gefährden, zu den genannten Bedingungen seine Unterschrift unter die Urkunde setzen. Die gesamten Bestattungs-, Umbettungs- und Grabpflegekosten übernehme die Stadt. Es entstünden ihm also nicht nur keine Unkosten mehr, er bekäme die gesamten Auslagen von der Beerdigung auf Sektion 7 zurückerstattet.

„Ich bitte um die Anwesenheit der Presse“, wiederholte Joseph Zwettl hartnäckig. Nun lachte niemand mehr im Saal. Ja, die Herren wurden geradezu betroffen, als der Barbier hinzufügte:

„Des muaß in d'Zeitung komma, daß man meine Elfriede net amal als a Gstorbene in Ruh laßt, ihr net amal die ewige Ruhe vergönnt! — Ich unterschreibe nicht. Dös muaß zuerst alles in der Zeitung stehen, alles!“

Dann beginnt er zu weinen. Der Friedhofsdirektor bietet ihm einen Stuhl an. Zwettl aber setzt sich nicht. Er ruft in den Saal: „Die Elfriede war zwar ein Luder und ein Mensch, aber a Mensch ist aar a Mensch! Ich unterschreibe nicht.“

Aufrecht und ungebeugt geht er aus dem Saal. Einige der Herren eilen ihm nach, bestürmen ihn. Man möge ihn in Ruhe lassen, er brauche Zeit, um alles noch einmal überdenken zu können. Nein, er fahre nicht gleich heim, er würde sich noch einmal für etliche Stunden im Appartement seiner Tochter aufhalten. — Erschöpft legt er sich in der Wohnung der Elfriede auf die breite Liege und versucht, etwas zu schlafen. Da klingelt das Telefon. Eine

Männerstimme verlangt nach der Elfriede. Unwillig gibt er Auskunft und legt sich dann gleich wieder hin. Bald darauf klingelt es an der Tür. Erschrocken fährt er auf und öffnet, hemdärmelig, die Wohnungstür. Er traut seinen Augen nicht, ein Franziskanerpater und ein sehr hoher Geistlicher stehen draußen. Eine ungeheure Jämmerlichkeit überkommt ihn und für einen Augenblick zweifelt er an der Weltordnung und am Sinn des Zölibats. Der Pater aber redet ihn freundlich und mit großer Ruhe an: „Denken Sie nichts Böses, Vater Zwettl, wir wollen zu Ihnen, ich und Seine Excellenz, der Hochwürdigste Herr Weihbischof persönlich." Die beiden Geistlichen betreten das Luxusappartement und Joseph Zwettl bietet ihnen Plätze an. Sie kämen auf Wunsch des Herrn Oberbürgermeisters, eröffnet seine Excellenz die Unterhaltung und er selbst würde nach der Exhumierung höchstpersönlich die Beisetzung vornehmen. Da klingelt das Telefon schon wieder. Joseph Zwettl hebt ab und ruft in den Hörer:

„Nein, meine Tochter können Sie nicht sprechen. Die liegt auf dem Friedhof, Sektion 7! Ich weiß, Sie waren im Ausland! Aber beten Sie für mein Kind wenigstens ein Vaterunser!"

Er legt den Hörer hin und entschuldigt sich bei seinem hohen Besuch. „Wissen Sie, Excellenz, das sind allerweil noch Bekannte von meiner verkommenen Tochter und jetzt also schicken die Herren vom Rathaus gleich einen Bischof zum Badermeister von Geißbach, weil sonst die Stadt die Grundstücke nicht bekommt. So etwas ist peinlich, ich weiß es, ich bin selber Kommunalpolitiker."

Er ist redselig und genießt die Situation. Die unglücklichen Herren im Stadtrat wüßten sich eben keinen Rat mehr, gibt der Franziskanerpater zu und da habe Bürgermeister Stempfle sich an die ihm nahestehenden kirchlichen

Stellen gewandt. An der Bereitschaft seiner Excellenz, die Exequien anläßlich der Umbettung des Leichnams seiner gefallenen Tochter vornehmen zu wollen, möge er nichts Weiteres erkennen, als einen besonderen Akt christlicher Nächstenliebe und ein Nacheifern des Vorbildes Jesu Christi, der der Maria Magdalena auch verziehen hätte. Jede Kränkung würde dadurch aufgehoben werden und der Stadtverwaltung dürfe der Wunsch einer Grabesversetzung nicht mehr guten Gewissens verweigert werden. Der Bischof nickte beipflichtend.

Joseph Zwettl ist gerührt. Trotzdem will er das ehrenvolle Angebot nicht annehmen. Er sei selber ein Katholik und wisse, was sich gehöre und was nicht.

„Niemals, Excellenz, lieber nehm ich 100 000 Mark von der Stadt München an, als daß mir ein Bischof mit der Leiche einer solchen Weibsperson geht, wie die Elfriede eine gewesen ist. Das wär auch meiner Elfriede nicht recht. Sie war ein so braves und andächtiges Kind, Excellenz, daß ich direkt weinen muß, wenn ich an ihre Firmung denke."

Er greift nach dem Photoalbum und zeigt dem Bischof das Firmungsbild seiner ermordeten Tochter.

„Da sehns', das ist das Bild, wo sie im weißen Kleid vor Ihnen steht, Excellenz, Sie werden Ihnen nicht mehr erinnern, aber Sie haben sie damals gefirmt, bei uns in Geißbach."

Er kann sich nicht mehr beherrschen. Der Pater versucht ihn zu trösten: die bußfertigen Tränen über unsere Sünden seien Gott die am wohlgefälligsten. Auch Maria Magdalena habe nicht aufgehört, die Füße des Herrn mit ihren Tränen zu waschen, mit ihren langen, schönen Haaren zu trocknen, mit dem kostbarsten Öle zu salben. Trotz der Umstände könne er, der brave Vater der unglücklichen

Elfriede, das Gebet eines Bischofs sehr wohl annehmen. „Das Gebet schon, Hochwürden, aber niemals erlaube ich die Umbettung meiner Tochter Elfriede, auch nicht, wenn sie mir den Hochwürdigsten Herrn Kardinal schicken."

Trotz seiner Gemütsbewegung bleibt der Bader von Geißbach hart.

Die beiden Geistlichen erheben sich und verlassen das Luxusappartement. Sie hatten dem Bürgermeister Stempfle ihren guten Willen gezeigt, mußten aber leider den Eindruck gewinnen, als ginge es dem Friseurmeister doch mehr um materielle denn um geistliche Tröstungen.

Bankier Zankl konnte mit dem Hinweis auf einen alten Pietätsparagraphen, nach dem zwischen der Bestattung und der Exhumierung eines Leichnames — zum Zwecke einer Umbettung — mindestens ein Zeitraum von dreißig Tagen verstreichen müsse, glaubhaft hingehalten werden. Er würde ohnehin über den Vorfall mit peinlicher Gewissenhaftigkeit schweigen. Der Bankier versprach daraufhin, nach dem Verschwinden der Prostituierten aus der Sektion 7, die Schenkung der Grundstücke vorzunehmen.

In Geißbach nahm das kleinstädtische Leben seinen Fortgang und der Zwettl-Peppi erzählte in den langen Stadtratssitzungen und Nachtsitzungen nicht selten stundenlang seine Erlebnisse mit den Münchner Kollegen, Direktoren und Bürgermeistern, die ja heute noch bei ihm anriefen, ihm lange Briefe schrieben und in besuchten.

„Sogar der Kardinal hätte sie umgebettet!" rief er in der Postbrauerei gegen Mitternacht aus, „eigenhändig der Kardinal, aber ich war nicht zu erweichen. Ich bin ein echter Geißbacher. Nix da, hab i g'sagt. Die Elfriede bleibt in ihrem Mausoleum, punktum." Trotz seiner Mißerfolge hatte Bürgermeister Stempfle wenigstens Zeit gewonnen. Der Mann aus Niederbayern würde schon noch weich werden und er sei sicher, daß dieser Barbier innerhalb von 14 Tagen den Umbettungsauftrag unterschreiben würde, er denke nämlich jetzt an eine personalpolitische Lösung, zumal der Friseurmeister ja ein eifriger Stadtrat sei; ein Mandat im Bezirkstag hätte da oft schon ein Wunder bewirkt.

Personalpolitische Entscheidungen seien obendrein billig, diskret, korrekt und auch widerrufbar. Menschlich und politisch sei so eine personalpolitische Entschädigung oder Belohnung von einer unglaublichen Kommodität und erwiesenermaßen wirkungsvoller als Bargeld oder ein Orden.

Die immer kleiner werdenden Vorsitzenden in der großen, landweiten Parteihierarchie befaßten sich nun mit der Charakterstärke des Vaters eines ermordeten Luxusgirls und hatten Erfolg.

„Nicht eines finanziellen Vorteils wegen geben wir nach, das soll sich keiner einbilden, gell Mama! Wir geben nach, damit sie endlich ihre ewige Ruhe kriegt, und weil wir sie halt doch lieber im Familiengrab haben, als in dem eiskalten Mausoleum in München. Und obwohl sie eine Sünderin war, ist sie halt doch noch unser Kind, gell Mama!"

So redete der Zwettl Peppi nach vierzehn Tagen bereits in seinem Salon zur Kundschaft, schnitt die Genickhaare heraus oder klopfte den Kamm an der Schere aus und die Frau Anni nickte. Daß die Beisetzung im Familiengrab möglich wurde, ist nicht zuletzt das Verdienst des jungen Kaplans, der mit der reiferen Pfarrjugend eifrig dafür agitiert hat.

„Wer wirft den ersten Stein auf sie?" hieß diese Aktion und der aufgeschlossene Kaplan hat sogar einige Plakate mit dieser bohrenden Frage malen und aushängen lassen.

So wurden denn bald alle die Unterschriften geleistet,

die der Weltstadt das soziale Grün eines Erholungsparkes einbrachten und Joseph Zwettl bekam von der Friedhofsdirektion alle Rechnungen großzügig zurückerstattet, ja das Jugendstilmausoleum von der Sektion 7 wurde gar zu einem höheren Preis zurückerworben. Etliche Tage später brachte ein landeshauptstädtischer Überführungswagen der Paradeklasse die Exhumierte kostenlos heim in die liebe, kleine Vaterstadt. Die Beerdigung wurde ein großes, schwarzes Familienfest mit anschließendem Leichentrunk in drei Gasthäusern. Die Gärtnerei Frühauf verkaufte um fast zweitausend Mark Kränze.

Trotzdem war der Zwettl-Bader — abgesehen von der tiefen Trauer — nicht ganz glücklich, denn die Zeitungen brachten keine Zeile, obwohl zahlreiche Photoreporter anwesend waren.

Außerhalb Geißbachs fiel die Enthaltsamkeit der Boulevardpresse indes niemandem auf und in den modernen Großraumbüros der Redaktionen verlor man darüber kaum ein paar Worte. Publicity ist Routine. Kaum der betroffene Journalist zeigt sich verärgert.

„Die Umbettung dieser Zwettl, von der wir doch acht Tage lang berichtet haben, fand eben statt. Ich komme gerade vom Friedhof aus Geißbach."

„Mordfall Zwettl?" Der Chefredakteur blickt nicht vom Schreibtisch auf. „Darüber berichten wir nicht."

„Aber wieso nicht?"

„Weil das ein alter Hut ist. Wir haben über die Nutte schon genug geschrieben. Die Leute wollen mal wieder etwas anderes hören. Schreiben Sie über den neuen Park! Und was sonst noch geschieht für das Volkswohl!"

„Die Konkurrenz wird es vielleicht groß herausbringen." — „Irrtum, niemand wird irgend etwas davon herausbringen. Gestorben, begraben und umgebettet. Die

Story interessiert keinen Anfänger mehr. Werfen Sie ihr Manuskript in den Papierkorb!"

Im Waldfriedhof zittern die dünnen Blätter der Birken im Winde. Ein Eichkätzchen huscht aus dem ehemaligen Mausoleum der gelernten Friseuse Elfriede, läuft etliche Meter über den Rasen und setzt sich dann auf den trauernden Genius, der bereits zu der sehr gepflegten Grabanlage der Freiherren von Zankl gehört und in dem die Eltern des Bankiers jetzt wieder den ehrlichen Schlaf toter Bankierseheleute schlafen können bis zum Jüngsten Tag.

Ins himmlische Reich

Unser Wirtshaus macht sich breit, denken oft sogar die Einheimischen, wenn sie zur Kirche gehen und die lange Front des Stierstorferschen Gasthauses abschreiten, bis die Friedhofsmauer die Gottesackertreppe freigibt, die zum Portal der Pfarrkirche hinaufführt. Gerade gegenüber dieser Himmelspforte steht fast Tag und Nacht die breite Haustür der feuchtfröhlichen Dorftaverne offen. Zwei Welten und ein ausgewogenes, ein christlich-bayerisches Menschenleben!

An umbautem Raum ist das Elfinger Wirtshaus der Kirche wahrscheinlich überlegen, so großzügig hat der Urgroßvater des verstorbenen alten Wirtes seinerzeit die Gaststube, die Küche, Nebenzimmer und Schlachthaus, Tanzsaal und Hochzeitsstube, Fremdenzimmer und Schlafkammern bemessen! Warum in Elfing die Kirche kleiner ist wie das Wirtshaus, weiß nicht einmal der gegenwärtige Pfarrherr, ein nachkonziliarer, weltoffener Geistlicher, der das Kirchlein vor etlichen Jahren hat purifizieren lassen. Die Seitenaltäre verschwanden, der Hochaltar mit dem „heidnischen" St. Georg wurde expungiert. Das schlichte Barockkirchlein hat sich in einen neogotisierten Mehrzweckraum verwandelt, in dem nur noch die alte Kanzel stört. Sie steht unter Denkmalsschutz und mußte bleiben, wenngleich sie keine Funktion mehr hat. Aber welch eine museale Kostbarkeit stellt sie dar! —

Das kostbarste an diesem reich verzierten Predigtstuhl,

dessen Korb die mit den vier abendländischen Kirchenvätern vergoldeten Reliefs schmücken, sind die beiden Englein auf dem Schalldeckel, von denen ein jeder auf eine der beiden steinernen Gesetzestafeln hinweist. Aber nicht streng und energisch deuten die zwei Elfinger Himmelsboten auf das Gesetz, eher mild gestimmt, nachsichtig und in eleganter Gebärde. Als ob es eine himmlische Leichtigkeit wäre, die Gebote zu halten! Pausbäckige und holdselige Rokokoenglein sind es, von vielen Engelverehrern gekannt und von den Kunsthistorikern der Hauptstadt sogar registriert.

Frühere Pfarrer von Elfing haben über die beiden Schalldeckelengel manchmal gepredigt; denn der eine Engel weist mit seiner Patschhand auf das zweite Gebot hin, und der andere auf das sechste. Und das seien ja ohnehin die beiden Hauptsünden der Elfinger: Das Fluchen und die Sünde der Unkeuschheit. Und dann fehlte auch meist der Vorwurf wegen des großen Wirtshauses nicht.

Einmalig und vielsagend sei diese Diskrepanz im ganzen Land, daß das Wirtshaus größer sei als die Kirche, woraus man ja sehen könne, wie den Elfingern das Diesseits wichtiger ist als das Jenseits.

Voriges Jahr nun hat der Wirt nochmal ein Stockwerk aufsetzen lassen und die Zahl seiner Fremdenzimmer verdreifacht! „Ferienhotel Elfing“ nannte er jetzt sein Haus. Die Kirche gegenüber sah noch kleiner aus. In geheimnisvoller Konsequenz ereignete sich bald aber etwas Merkwürdiges. An einem Sonntag fehlten auf dem Schalldekkel der prunkvollen Kanzel die zwei Engel. Jedem der einheimischen Kirchenbesucher ist gleich die Veränderung aufgefallen, obzwar kaum einer hätte sofort sagen können, daß die Kanzelputten fehlten. Natürlich hat man sie gestohlen. Die habgierige Barocksucht der heutigen Sammler scheut vor keinem Sakrileg zurück. Die ganze Gemeinde diskutiert nach dem Pfarrgottesdienst aufgeregt zwischen Kirche und Wirtshaus. Die Polizei wird herbeitelefoniert und der Kirchenraub wird aufgenommen. Genau werden die Putten beschrieben und Photos werden zu den Akten gelegt. Mehrere Journalisten verfertigen für zahlreiche Zeitungen ausführliche Artikel. Die gestohlenen Englein stammten aus der Werkstatt von Johann Baptist Straub, oder mindestens einer seiner Meisterschüler hat die Elfinger Kanzelputten um 1740 geschnitzt. Funk und Fernsehen schickten ihre Reporter. Leer aber blieb der Platz auf dem Schalldeckel der Kanzel. Die zehn Gebote schienen an Bedeutung verloren zu haben, da keine lichten Geister mehr spielend und lächelnd auf sie hinwiesen.

Der Herr Pfarrer sprach von einem echten, kulturellen Verlust der Gemeinde Elfing und der Herr Bürgermeister und die Herren Gemeinderäte setzten großzügig eine Belohnung von tausend Mark aus.

Der Gabreller aber, der würdigste unter den großen Einödbauern der Pfarrei, tat den Ausspruch: „Weil auf der Kanzel nimmer gepredigt wird, drum sein sie fort, die Engen!“ Er glaubt als einziger an keinen Diebstahl. Engel können fliegen, sagt er sich. Sie weilen zwar gerne bei den Menschen, aber wenn man sie halt gar nicht mehr braucht und nur noch zur Wohnzimmerdekoration leidenschaftlicher Antiquitätensammler degradiert, dann darf man sich nicht wundern, wenn sie plötzlich davonfliegen, heimwärts ins himmlische Reich.

Der Herr Pfarrer lächelte in aufgeklärter Nachsicht. An fliegende Putten glaubt der Mann, aber für die notwendige Solidarität einer genossenschaftlichen Landmaschinenbank hat er kein Herz. Sie werden an ihrem engstirnigen Egoismus zugrunde gehen, diese hintersinnigen Ökonomen, denkt der fortschrittsgläubige, soziale Priester und bleibt dem Gabreller die Antwort nicht schuldig: „Engel sind keine Zugvögel, Bauer, Engel sind heute Menschen, die sich gegenseitig helfen, die Solidarität zeigen und sich genossenschaftlich organisieren wollen." Der Geistliche kehrt dem verrückten Sonderling den Rücken und begrüßt den eben angekommenen Kreisheimatpfleger.

„Und doch sind's heimgeflogen, die zwei, besonders der eine, der allerweil so lieb gelacht und auf das sechste Gebot hingezeigt hat. Dös hab i schon lang gmerkt, daß es ihm nicht mehr recht gefallen will bei uns." So spinntisiert der Großbauer weiter und man ist sich über den Ernst seiner Spekulation nicht ganz sicher. Die Gabreller haben es immer schon faustdick hinter den Ohren gehabt, meinen die Einheimischen. Von den recherchierenden Fremden aber betrachtet kein Mensch die angelologische Meinung des Gabrellerbauern, nicht einmal der Fernsehreporter findet sie erwähnenswert.

Die schändlichen Kirchenräuber mußten wahre Akrobaten gewesen sein, ergaben die ersten Ermittlungen. In einem waghalsigen Balanceakt mußte der Dieb vom schmalen Tisch des Kanzelkorbes aus freihändig nach den begehrten Rokokoputten auf dem Schalldeckel gegriffen haben. Möglicherweise hat ihn dabei sogar niemand assistierend festgehalten, meinte der erfahrene Kriminalbeamte und versteifte sich auf die Theorie eines Einzeltäters.

Man überprüfte die Gästeliste des Elfinger Gasthofes. Ein Herr Erich Ruckzek erregte sogleich die Aufmerksamkeit der Polizei. Der Mann hatte seinen Beruf als Turnlehrer angegeben. Er war aber bereits am Samstag abgereist. Da die beiden wertvollen Himmelsboten je nur ungefähr einen halben Meter groß waren, konnten sie leicht im Kofferraum seines Wagens verstaut werden. Einer

Buchhalterin aus Bochum war der junge, gelenkige Mann gleich aufgefallen. „Ich habe ihn wiederholt aus der Kirche kommen sehen.“ Ein auffallender Einzelgänger sei er schon gewesen, meinen die Wirtsleute und die Kellnerin erinnerte an die großen Bergtouren, die er unternommen hatte.

Was den Verdacht aber zur Gewißheit steigerte, das konnte ein Saarbrückener Ehepaar beisteuern, das den Engeldieb beim Fotografieren des Schalldeckels der Kanzel beobachten hat können. Er sei dabei rank und schlank auf einem der Betstühle gestanden; sogar mit nur einem Bein auf einer schmalen Stuhlwange und habe so ruhig geknipst, daß er bestimmt dabei kein Bild verwackelte. Keinem anderen als ihm sei der Raub der Engel zuzutrauen. Die himmlischen Boten brauchten ja nur abgehoben zu werden, denn sie waren keineswegs auf dem Schalldeckel angenagelt, sondern steckten neben den Gesetzestafeln auf hölzernen Stiften.

Die Fahndung nach Erich Ruckzek lief gleich auf Hochtouren. In seiner Heimatstadt Würzburg, in deren Kirchen und Gärten es von Englein doch nur so wimmelt, daß er sich an den zwei einzigen Elfinger Exemplaren wahrhaftig nicht hätte vergreifen brauchen, in Würzburg war er nicht auffindbar. Welcher bayerische Studienrat wäre im August überhaupt in seiner Wohnung zu verhaften? Das Manöver hätte sich die Polizei sparen können. Aber routinemäßige Recherchen sind unumgänglich und manchmal nicht einmal umsonst. Die alleinstehende Mutter des 29jährigen und noch ledigen Gymnasialturnlehrers wurde angetroffen und sie wußte Bescheid. Ihr Sohn Erich würde nach seinem Aufenthalt im bayerischen Gebirge eine Frankreichreise unternehmen, wahrscheinlich zu den Schlössern der Loire. Und weil Frau Ruckzek in einem

Antiquitätengeschäft arbeitete, hielt die Polizei die Indizienglieder in der Beweiskette des Elfinger Engeldiebstahls fast lückenlos für geschlossen und telegrafierte der Interpol in Paris die Autonummer Erich Ruckzeks.

Da erinnerte sich obendrein der Elfinger Mesner an ein Gespräch mit dem Verdächtigen. Ob von der prächtigen Kanzel denn überhaupt nie mehr gepredigt würde, wollte er scheinheilig wissen und ob sie schon morsch sei. Ohne Mißtrauen habe er ihm wahrheitsgemäß geantwortet, wie der Herr Pfarrer nur noch von dem Vorlesepult aus, das neben dem neuen Altar steht, zur Gemeinde spreche; allerdings über eine ausgezeichnete Lautsprecheranlage, die er, der Mesner, in der Sakristei auf drei Stufen schalten könne: auf leise, normal, und laut. Wie aber der gegenwärtige Pfarrer immer nur die Normalschaltung erlaube. So habe er mit dem jungen Mann geredet und dann habe er die Sakristeifenster schließen müssen.

Wie er etwas später wieder in die Kirche zurückkommt wäre ihm aber dann gleich das offenstehende Treppentürl zum Kanzelaufgang aufgefallen. Er habe sich leider damals zu wenig gedacht. Wahrscheinlich hätte er den Dieb auf frischer Tat erwischen können.

Und weil sich viele jetzt auch noch an den Abstellplatz von Ruckzeks Wagen, direkt neben der Friedhofsmauer, erinnern konnten, galt der Fall so gut wie aufgeklärt. Die Verhaftung des Verdächtigen sei nur noch eine Formsache, sagte der Kriminalbeamte der Landpolizei. Und hoffentlich erfolge sie, solange die Barockengel sich noch im Wagen befinden.

Soweit waren die verfolgenden Maßnahmen bereits am Sonntag Nachmittag gediehen, als unter den Kastanien im Elfinger Wirtsgarten die Tische voll besetzt waren und die Unterhaltung summte wie in einem Bienenhaus. Die meisten der anwesenden Herrschaften waren Sommerfrischler aus aller Herren Länder und von der unterschiedlichsten Religiösität. Wahrscheinlich überwog der säkulare Unglaube. Und doch sprachen sie an diesem paradiesischen Orte eines bayerischen Dorfbiergartens heute fast an jedem Tisch über die Engel. An keiner theologischen Fakultät — die Konzilskompendien mit inbegriffen — dürfte in den letzten Jahren so ausgiebig über angelologische Themen gesprochen worden sein.

Anmutig wie die Theaterkulisse in einem Komödienstadel gestalteten der Heuberg und die Hochries den heimischen Horizont. Die trockene Luft machte Mensch und Tier durstig. Ja, die Hitze war so groß, daß es nach dem Biergartenthermometer drei Maß im Schatten hatte.

Am Stammtisch, an der Hauswand, neben der Türe, die vom Garten aus direkt in die Schenke führte, saßen der Gabreller und etliche andere Bauern.

„Wenn d'Leut net amal mehr an Teifi glaubn, mögen's natürli' von die Englein aa nix mehr wissen", dozierte eigenwillig der theologische Bauernkopf. Und er beteuerte immer lauter und bierischer die Existenz der Engelswelt. Er erzählte von den Kämpfen, die sein persönlicher Schutzengel beim nächtlichen Heimgehen schon alle hat bestehen müssen.

Und wie einmal eine Stimme hinter ihm laut geschrien hätte, wie er gerade mit seinem Räuschlein die Bundesstraße habe überqueren wollen: „Halt!" Es habe ihm einen Riß gegeben und er sei stehen geblieben. Da donnerte auch schon ein Lastzug vorbei, den er gar nicht bemerkt hatte. Etliche Minuten später — schon auf eigenem Grund und Boden — will er sich am Ackerrain ein wenig ausruhen, da schreit die Stimme schon wieder: „Halt, du setzt dich in ein Wespennest!" — Da habe er sich aber dann doch über den heimlichen Rufer sehr wundern müssen und habe gefragt: „Ja, wer bewahrt mich da mit seinen Rufen allerweil von einem Unglücksfall?" —

„Ich bin's, dein Schutzengel", flüsterte ihm jetzt die Stimme ganz nah ins Ohr.

„So", sag ich, „du bist es? — Ja, wo warst denn du, wie ich geheiratet hab? — Da drauf ist er mir aber die Antwort schuldig geblieben."

Und wenn dieses auch eine spaßige Geschichte wäre, so hätte er doch tatsächlich schon tausendmal in seinem Leben einen Schutzengel gespürt. Und überhaupt sei er der Gabreller, und bedeute dieser Name nichts anderes als Gabrieller, das heißt sein ganzer Hof stünde unter dem persönlichen Schutz des Heiligen Erzengels Gabriel. Der älteste Sohn, der Hoferbe, bekomme bei ihnen auch immer den Gabriel zum Namenspatron. Und eine Tochter würde immer Gabriele getauft.

So schmatzte der Gabreller Gabriel dahin und unterhielt den ganzen Tisch mit solch heilig-heiteren Geschichten. Hätte ein fremder Pfarrer zugehört, hätte er den Mann einen Spötter geschimpft. — Aber warum denn? Kaum eine andere Nation pflegt die herzinnigste Frömmigkeit auf eine so lustige Art wie die Bayern. Je größer der Zweifel, heißt es bei uns, desto stärker der Glaube; je ausgelassener der geistliche Humor, desto ehrfürchtiger die Anbetung.

„Ohne Engen", so nannte er die Englein in seiner Kleinkindersprache gern — „ohne Engen tät es mir im Himmi drin net gfalln. Und im boarischen 'Himmi gibt's amal Engen gnuag. Bsonders in den himmlischen Biergärten, da müassen s' nämlich bedienen, allerweil wieder a frische Maß bringen, Bratwürst und Brezn servieren, an Radi und an Preßsack, an Kas und a Brathendl, a Schweinshaxn und a'n abbräunte Milzwurst. Grad a so wimmeln tuats da von lauter Engen.

Und wieder andere müaßn musizieren, die Trompeten und Klarinetten blasen und den schweren Bombardon. Dös is an Engelsleben, da freu i mi heut schon drauf, dös is der Himmi im Himmi!"

Zu solch paradiesischen Überlegungen veranlaßte der Elfinger Engelsraub den Gabreller. Nach der dritten Maß rief er gar aus: „Unsere Predigtstuhlengen müaßn wieder her! — Aber sie fliagn net ehnder zruck auf den Schalldeckel ehvor unser Herr Hochwürden net wieder auf der Kanzel predigen möcht. Ehvor, dös gib i euch schriftlich, ehvor pfeifen uns die zwoa was und koane hundert Polizisten bringan's net zuawer."

Es genügte aber ein weit geringerer polizeilicher Apparat. Studienrat Erich Ruckzek genoß seine Reise von Bayern nach Frankreich, wie Weiland, der Vater der Königin Isabeau, der Ingolstädter Bayernherzog Stephan Kneissl, ließ sich Zeit und kehrte fast in jedem Wirtshaus ein. Der pausbackige, lichte Engel, der sich auf dem Beifahrersitz bequem ausstreckte, machte ihn herzlich glücklich. Und konnte er auch einen bäurisch-bayerischen Rokokocharakter nicht leugnen, so strömte er dem Würzburger Turnlehrer doch eine aufregende spirituelle Innigkeit entgegen, die sich bereits fortschreitend zu realisieren trachtete. Oft mußte der Engelsentführer seinen Raub gar betasten und in dem vornehmen Hotel in Baden-Baden — die Nacht zuvor vergeblich in einem Motel an der Autobahn — nahm er ihn sogar mit auf sein Zimmer, sich von der ewigen Seligkeit einen kleinen Vorschuß nehmend.

Der unschuldige Engel ließ sich alles gefallen, strauchelte und wurde doch kein Luzifer, wenigstens vorläufig noch nicht. Er war nicht hölzern, blieb aus Fleisch und

Blut, zählte nicht 240 Jahre, sondern erst zwanzig und hieß Gabriele Gabreller, Bauerstochter aus Elfing. Sie hatte gerade ihr Kindergärtnerinnen-Examen gemacht und verbrachte auf dem väterlichen Gabrellerhof ihre letzten größeren Ferien. Bei der Heuernte hatte sie noch etwas mitgeholfen, aber dann hat sie mit einer plötzlich auftauchenden Freundin ein paar heimatliche Berge besteigen müssen, die Kampenwand und den Hochgern. Da traf sie auf den Würzburger Urlauber und eine gabrielische Liebesgeschichte nahm ihren Anfang . . .

Auf einem Ausflug nach Salzburg wurde bei einem Spaziergang durch die Kulissen des Heckentheaters im Mirabellgarten der seraphische Prozeß ungemein beschleunigt. Auch die Jedermannsrufe auf dem Domplatz entzückten die Unsterblichkeit der zwei ernst gestimmten Seelen. Durch den Petersfriedhof führten sie sich an den Händen. Selten fühlt eine junge Liebe ihre entscheidende Bedeutung intensiver als auf einem Friedhof. Süß würzt der Geruch der menschlichen Hinfälligkeit das junge Glück. Und die jeweils siebenhundert Jahre lang frei habenden Schutzengelein der ausgelittenen Ehepaare begleiten einen mit betörenden, mozartischen Weisen. — Gerade auch Turnlehrer empfinden in ihren Ferien romantisch und tief musisch.

Ein paar Tage später führte Gabriele den Herrn Erich durch das Frauenmünster der ehrwürdigen Benediktinerinnenabtei zu Frauenwörth. In der Klosterschule nebenan hat sie die mittlere Reife erworben und auch das Klavierspiel erlernt. Selbst Französischunterricht hatte sie als Wahlfach genossen. Der Studienrat hatte eine Vorliebe für alles Französische und hatte einst selber romanistische Vorlesungen besucht. Im prächtigen Schloß Ludwig II. auf Herren-Chiemsee kam dann die Rede auf die zahlreichen

Lustschlösser der französischen Könige an der Loire und die gemeinsame Reise dorthin wurde im intimen Ruhezimmer Ludwig II. spontan beschlossen.

Gabriele hatte sich — um langwierigen Aufregungen zu entgehen — nur der Mutter anvertraut.

Als am Montag der Würzburger Wagen bei Kehl über die Rheinbrücke fuhr, und dem Straßburger Münster entgegen, wurde er von dem französischen Zollinspektor, der die Autonummer gerade vor einer Stunde notiert hatte, angehalten und gleich darauf von der französischen der deutschen Polizei übergeben. Die Reise hatte ein jähes Ende gefunden. Das jung-verliebte Paar wurde getrennt und beide wurden von der Kriminalpolizei lange und ausdauernd verhört. Der Wagen wurde gründlich untersucht, das Gepäck, alle Taschen, Koffer durchforscht. Die Elfinger Barockengel jedoch ließen sich nicht finden.

Beim Verhör versteifte sich der Beamte hartnäckig auf die Frage: „Wo haben Sie die Rokokoengel abgesetzt? — Sie hatten ja genügend Zeit. Kommen Sie heute etwa nicht schon aus Basel?"

Da half kein Beteuern, die mißtrauischen Beamten zeigten sich immer überzeugter. Zwei Reisetage seien für eine Fahrt von Elfing nach Straßburg einfach zu viel. In dieser Zeit führe man die Strecke ja mit dem Fahrrad. Die Übernachtungen wurden sofort kontrolliert und bestätigt. Die Nacht von Samstag auf den Sonntag hatte das Paar in dem Autobahnhotel Leipheim verbracht, und am Sonntag nachmittag war es bereits in dem Luxushotel in Baden-Baden abgestiegen. Eine Unschuld an der Engelsentführung hielten die Beamten aber dadurch noch nicht für erwiesen.

„Mit wem sind Sie in Baden-Baden zusammengetroffen?"

„Mit niemandem, wir haben die meiste Zeit auf unserem Zimmer zugebracht."

„Und wer war der Herr mit der dunklen Hornbrille?"

Erich Ruckzek war verblüfft. Auch das also wußten sie schon. Er selber hatte die Zufallsbegegnung mit dem alten Turnlehrerkollegen Rudi Kaas in der Hotelhalle schon wieder vergessen. Gerade als sie gestern nach dem Abendessen einen kleinen Spaziergang unternehmen wollten, sind sie an der Türe auf Herrn Kaas gestoßen und haben mit diesem dann zusammen an der Hotelbar geschwind ein Pils getrunken, sich über die Kleinheit der Welt wundernd in der Relation zur Größe der stets wachsenden Einwohnerzahl, die solche Begegnungen wahrscheinlich immer unmöglicher würde werden lassen. Darüber hatte man geplaudert. Obwohl Rudi Kaas auch noch Junggeselle war und obendrein ein hochbegabter Pianist und Frauenheld, hat er sich doch korrekt benommen. Er selber würde gelegentlich auch für Alpenmädchen schwärmen, sagte er. Beim Abschied hat er dann diesen bemerkenswerten Seufzer getan: „Die letzten Freunde beginnen zu heiraten, Erich, der Prozeß des Erwachsenwerdens läßt sich nicht mehr aufhalten."

„Nur mit den genialen Attitüden der Kreativität", erwiderte beflügelt der Würzburger Studienrat. Und auf die Naivität käme es an in einem kreativen Akt, aber nicht auf die kindliche, sondern auf die stets wieder neu erworbene.

Über mehr hatten sie nicht gesprochen. Doch behauptete der, die Gabriele Gabreller vernehmende, Beamte, der Barmixer hätte bei seiner eben erfolgten telefonischen Einvernahme an diesen merkwürdigen Gesprächsfetzen der drei Gäste sich erinnern können: „Ein bayerischer Barockengel auf der Flucht nach Frankreich!"

„Das ist nicht gelogen, Herr Kommissar“, sagte die couragierte Gabreller-Tochter, „der Freund von meinem Freund hat mir a so a Kompliment gmacht. I wär im Gsicht der Typ von einem Barockengel, hat er gsagt, und aber in der Figur ein Ballettmädchen von der Staatsoper. Ich hab net gleich gwußt, soll ich mich über so eine Redensart freuen oder net und wollt schon sagen: Lieber rundgsichtert wie broatarschert, hab aber dann doch lieber meinen Mund gehalten, indem ich den Erich vor seinem vornehmen Freund nicht hab blamieren wollen.“

Eine erfahrene Komplizin, denkt der Kriminalbeamte und stellt immer neue Fragen. Ob sie wisse, was so ein Engel heute in einem Antiquitätengeschäft koste, ob sie Herrn Ruckzek bei dem Engeldiebstahl in der Kirche behilflich gewesen oder ob die Putten in Baden-Baden irgendwo hinterlegt worden wären, zum Beispiel in einem Schließfach? Gabriele blieb gelassen und antwortete ausführlich.

Um diese Stunde, am Montag Nachmittag, begegnete der Elfinger Pfarrer dem Gabreller auf dem Traktor. Der Bauer fuhr gerade einen Wagen voll Heu heim. Der Geistliche grüßte und der Gabreller hielt an, stellte den Motor ab und begann mit seinem Pfarrherrn wieder einen angelologischen Disput.

„Entschuldigen Sie, Herr Hochwürden, ich an Ihnen Ihrer Stell tät es ausprobieren. Fliegen sie z'ruck, ists ein Zeichen, kehren sie nimmer um, haben Sie recht mit dem Diebstahl.“

„Womit denn sollen zwei holzgeschnitzte Rokokoputten fliegen, Gabreller? Mit dem Flugzeug vielleicht nach London oder New York, wo sie dann in einer Auktion für zehntausend Dollar versteigert werden!“

„Und ich tät es doch einmal ausprobieren, an Ihrer

Stell", wiederholte mit gewohnter Hartnäckigkeit der Ökonom. „Wissen Sie, Hochwürden, das Probieren geht übers Studieren!"

„Wie soll ich es denn probieren? Soll ich mitten im Sommer ein Engelamt singen?"

Er lächelte und bewies, daß auch unter den modernen Pfarrern gelegentlich einer ein wenig Humor hat.

„Dös is' net notwendig. Sie brauchen bloß wieder einmal auf dem Predigtstuhl predigen. Dafür ist er da. Übern Lautsprecher gfallt mir das Wort Gottes net, da klingt es wie in einer Wahlversammlung. Dene Engen ists grad a so ganga."

Der Elfinger Pfarrer schnitt eine Grimasse und dachte nach. Gar so unrecht hatte der Gabreller nicht. Da besaß man eine der schönsten Kanzeln des Dekanats und benützte sie nicht mehr.

„Werden'S sehen, Hochwürden, wenn Sie ein einziges Mal grad wieder predigen wollten, auf dem Predigtstuhl — schon wenn Sie das Versprechen abgeben — fliegen unsere Engen wieder auf den Schalldeckel auf ihre Plätze bei den Zehn Geboten. — Schaugn'S morgen wär grad das Fest Mariä Himmelfahrt, wo die Englein so fleißig sich geplagt haben, die Mutter Gottes in den Himmel hinauf zu schieben. Da wäre eine Predigt von der Kanzel herab gerade das richtige!"

Jetzt wurde der Pfarrer noch hellhöriger. Die Stimme des Gabreller klang so tiefgläubig und eifrig, daß er vor ihm und seinen seltsamen Ideen einigen Respekt bekam. Und er versprach ihm, die morgige Predigt wieder einmal von der Kanzel herab zu halten.

Tieferfreut ließ der engelgläubige Bauer seinen schweren Traktor anspringen und fuhr sein Heu heim. —

Erich Ruckzek und Begleiterin wurden abends entlassen,

jedoch nur unter der Bedingung, daß sie sich den kommenden Tag, vormittags zehn Uhr, zu weiteren Befragungen wieder einfänden. Widrigenfalls würde gegen sie sofort Haftbefehl erlassen. Sie verbrachten die Nacht in einem, von der Kriminalpolizei empfohlenen Hotel, konnten für ihr Abenteuer keine Erklärung finden und hatten eine unruhige Nacht.

Der 15. August zog herauf, der große Frauentag, der die dreißig goldenen Tage eröffnet, der Frauendreißiger, die geheimnisvolle Zeit einer besonderen Fruchtbarkeit.

Während Erich und Gabriele um 9 Uhr das Frühstück einnahmen, betrat ein Herr der Kriminalpolizei den kleinen Speisesaal, steuerte Ruckzeks Tisch an, setzte sich, beglückwünschte das verliebte Paar für ihre soeben erwiesene Unschuld, händigte die abgenommenen Papiere aus und versäumte es nicht, auch noch eine gute Weiterreise zu wünschen. Die für gestohlen gehaltenen Rokokoputten seien aufgetaucht und der Elfinger Kirche soeben übergeben worden. Die Kollegen von der Traunsteiner Kriminalpolizei hätten gerade angerufen.

Das war einmal eine gute Nachricht! Das junge Paar genoß jetzt das Frühstück mit großem Appetit und der Herr Studienrat bestellte sich noch einmal ein Ei. Er kam sich vor wie Tamino nach den Prüfungen im Reich Sarastros. Wie unsagbar schwereloser würde man jetzt nach Frankreich fahren, ja fliegen wie ein Engelspaar, nach Orleans und Amboise. Bereits im Straßburger Münster flüsterte er der Gabriele den genauen Hochzeitstermin ins Ohr.

In der Elfinger Kirche aber saßen die zwei holdseligen Kanzelenglein wieder auf ihrem Schalldeckel und deuteten graziös auf das zweite und sechste Gebot.

Hochwürden, der Herr Pfarrer, bestieg im Evangelium

die Holztreppe der alten Kanzel, daß die Stufen knarrten. Ohne Mikrofon redete er zu seinen Gläubigen — direkt vom Mund zum Ohr. Maria sei leibhaftig in den Himmel hinaufgefahren, rief er aus, „aber nicht aus eigener Kraft, sondern emporgetragen von den mächtigen Engelsschwingen, die immer noch mehr Schubkraft haben wie die stärksten Satellitenraketen.“ Engel, die obendrein ein so holdseliges Antlitz hätten, wie die beiden Kanzelputten, die die Elfinger Verstorbenen einmal auch würden mit Leichtigkeit zum ewigen Leben hinübertragen können. Und daß sie fliegen könnten — heim ins himmlische Reich — und wieder zurück, das hätten sie ja nun tatsächlich bewiesen und er würde künftighin die Kanzel wieder fleißig als Ambo- und Predigtstuhl benützen, Amen.

Dem Gabreller lachte das Herz. Er warf dem Mesner einen hintergründigen Blick zu bei der Kollekte und legte ein ganzes Fünfmarkstück in den Klingelbeutel.

Daß eine seiner Töchter schon seit drei Tagen verschwunden war, nahm er kaum zur Kenntnis. Er hatte deren drei und eine jede von ihnen wäre schon heiratsfähig, meinte er oft brummend.

Als ihm aber jetzt die Mutter von der großen Reise der Gabriele erzählte, bekam er doch einen Schreck. Wie könne man als Mutter so leichtsinnig die eigene Tochter einem Würzburger Turnlehrer überlassen?

„Wer dem Herrn Pfarrer zwei Engeln stiehlt, braucht sich nicht wundern, wenn ihm selber auch einer abhanden kommt“, sprach die Gabrellerin und gab ihrem Mann eine Ansichtskarte mit dem Bild des Straßburger Münsters. Auf der Rückseite war kurz und bündig zu lesen: „Liebe Eltern, bereitet Bauernhochzeit in Elfing für den 29. September vor! Eure glücklichen Kinder Gabriele und Erich. Das Weitere in etwa acht Tagen mündlich.“

Der 29. September? Das ist ja der Namenstag des Heiligen Erzengels Michael, der den Luzifer in die Hölle gestoßen hat. „Dös ist kein schlechter Tag für eine Heirat. Der hat auch den Erzengelrang wie der Gabriel. Na, na für eine Gabrellertochter ist das kein übler Termin."

Die Hochzeit wurde eine solenne Festlichkeit. Und obwohl Brautansprachen seit Jahrhunderten vom Altare aus gehalten werden, unmittelbar an das Brautpaar gerichtet, bestieg der Elfinger Pfarrer die Kanzel und hielt eine gabrielische Hochzeits-Predigt.

Der Bräutigam aber ließ seiner Braut als Hochzeitsgeschenk von einem Oberammergauer Schnitzer die beiden Zehn-Gebote-Engel kopieren — in halber Originalgröße und mit den beiden Gesetzestafeln. Sie passen wunderbar über das Ehebett in Würzburg, wo die Genien im Residenzgarten — obschon steinern — eine noch übermütigere Leichtfertigkeit an den Tag legen wie die Elfinger Putten in ihrer hinweisenden Geste auf das zweite und sechste Gebot.

Klein und bescheiden berichteten die Zeitungen von der Rückkehr der Kanzelengel in der Pfarrkirche zu Elfing. Im Rundfunk und Fernsehen hieß es nur: die gestohlenen Rokokoengel aus der Schule Johann Baptist Straubs seien unversehrt wieder aufgetaucht und zurückgegeben worden. Daß sie am Frauentag früh, als der Mesner die abgeschlossene Kirchen-Türe aufsperrte, bereits auf dem Schalldeckel der Kanzel schwebten wie eh und je, hat man verschwiegen. Sie waren doch tatsächlich selber zurückgekehrt. Nur der federführende Kriminalbeamte in Traunstein beendete sein Protokoll mit dem Satz: „... und glauben die Gläubigen von Elfing, daß ihre Engelein einen Ausflug gemacht hätten — heim ins himmlische Reich und wieder zurück."

Pediküre

In jedem größeren Bauerndorf gibt es heute einen Damensalon und es sieht in diesen Kabinetten der freundlichen Zivilisation und Hygiene gerade so spiegelfein und ausgesucht vornehm aus wie in den Salons der Coiffeurs der großstädtischen Eleganz. Man kann alles haben, was der Schönheit des Kopfes nur dienlich ist. Im Damen- und Herrensalon von Reamading steht sogar das komplette Instrumentarium und Mobiliar für Maniküre und Pediküre einer schönheitsbewußten Gesellschaft zur Verfügung.

Aber wer würde sich in Reamading schon die Fingernägel von der Friseuse Annemarie bearbeiten lassen? Oder gar die Zehennägel? Der Seniorchef des Hauses, der alte Bader Lippl, bezweifelt die Rentabilität solch eines luxuriösen Services in Reamading. Diese Befürchtungen waren umsonst. Nicht nur die Bedienung vom Metzgerwirt, das neue Postfräulein, die Frau Lehrer und hier und da auch noch eine Hochzeiterin, nein auch die Reamadinger Herren lassen sich ihre Fingernägel bearbeiten. Denn die hübsche Annemarie, das Lehrmädchen, nimmt einem dabei die Hand in ihre eigene und läßt sie nicht wieder so schnell los. Nur Pediküre hat bis jetzt noch niemand verlangt. Wenigstens nicht im Salon für Damen und Herren.

Es gibt allerdings Kundschaften oder Patienten, denen jährlich ein- oder zweimal die zu lang gewachsenen Verhornungen an den Füßen geschnitten werden müssen. Das sind aber keine Menschen, sondern Rindviecher.

Im Frühjahr, wenn die saftigen Weiden locken, wollen die Küh wieder hübsch und gut bei Fuß sein. Eines Tages kommt der Klauenpfleger — in Bayern auch Kloubenputzer genannt — auf den Hof, zückt Messer, Hammer und Stemmeisen und beginnt mit der hygienischen Pflege. Auf der Tenne des Heustadels wird das Boudoir eingerichtet. Und der Bauer führt die Kühe heraus, eine nach der anderen, denn eine jede wird einzeln und individuell behandelt. Während der Pedikeur die Klauen bearbeitet, hält der Bauer die Rinderdamen fest und klopft ihnen mit einem Steckerl beruhigend auf die Hörner.

Der Kloubenputzer ist ein redegewandter Mann, der nicht nur mit den Kühen gut umgehen kann, sondern auch die Kunst des Brotzeitmachens beherrscht. Nachdem er über hundert Klauen gestutzt hat, läßt er sich in der Bauernküche zu etlichen Flaschen Bier die Leberwurst schmecken. Man plaudert über die Zeitläufe und der Habererbauer hat noch ein Anliegen. In seinem Stall steht Wastl, der Stier, der auch einer Pediküre dringend bedürfe.

Wastl ist ein sündteurer Zuchtstier, wiegt neunzehn Zentner und seit einigen Wochen hat er durch irgendeine, noch nicht ergründete Ursache, seine Frömmigkeit eingebüßt! — Er ließ sich zwar noch am Nasenring in den Sprungstand zu einer stierigen Kuh führen, verrichtete dort auch jeweils spontan seine züchterische Pflicht, aber zu anderen, zu zivilen oder gar hygienischen Betätigungen ließ er sich nicht mehr herbei. Er pfauchte und krümmte sein Stiergenick und zeigte die Stoßkraft seiner Hörner.

„Mein liaba Kloubenputzer, a Kuah kann ein jeder ausschneidn, aber so einen höllisch wilden Stier wie den Wastl, so einen traut sich keiner anzurühren, net amal der Tierarzt!“

„Dein' Sprungstier, den Wastl? Dös wär für mich a Kleinigkeit, i möcht fast sagen, a Spaß." Der Klauenpfleger traut sich magische Kräfte zu, hält sich gar für einen bäuerlichen Tarzan, für einen Bezähmer wilder Stiere. Und wie der Haberer vor der plötzlichen Wildheit seines Stieres warnen will, ihm auch nicht verschweigt, daß er vorgestern beinahe selber von ihm angepackt worden wäre, als er ihm gerade einen neuen Halsriemen anlegen wollte, da der alte durch die plötzliche Heftigkeit Wastls durchzuscheuern drohte, da lachte der Klauenpfleger nur und bot eine Wette an. Der Stierbeutel kenne halt seine Leut und dulde keine Konkurrenz auf dem Hof, witzelte er und um fünfzig Mark schneide er dem Bubi die Zehennägel wie einem Hochzeiter.

Der Habererbauer war gleich einverstanden, denn die Wette hielt er für ein sicheres Geschäft. „Vom Stall außerweisen mußt ihn aber selber! Ich rühr den giftigen Bummerl nimmer an."

„Bei meiner Behandlung ist alles inklusive, Haarschneiden und Rasieren samt Maniküren und in den Stall zurückführen. I bin der billige Jakob."

Mit einem Handschlag bekräftigten sie die Wette und der Klauenpfleger rief dazu übermütig aus: „Den Fuchzger, Haberer, den derfst mir gleich auszahlen, der ghört schon mein!"

Nach einem letzten, kräftigenden Schluck, sollte die Wette sofort ausgetragen werden. Der Bauer führte den Kloubenputzer in den Roßstall, wo Wastl seinen Stand hatte. Ein Mordstrumm Stier! Da er den Klauenpfleger ansichtig wird, senkt er gleich seinen wuchtigen Schädel, krümmt sein riesiges Stiergenick, reißt Augen- und Nasenlöcher auf und pfaucht und brüllt wütend.

Da kann einem Angst werden, auch wenn der Bulle

noch angehängt ist, der eher zwanzig denn neunzehn Zentner wiegt.

„Der Bursch wenn bös wird, dann ist's lebensgefährlich für eine ganze Wirtsstubn voller Bauern", meinte mit Kennermiene der furchtlose Pedikeur. Der Wastl ließ an der Wahrhaftigkeit dieser Aussage keinen Zweifel aufkommen, er brüllte so wütend, daß seine Stimme in den Diskant umschlug und dazu stellte er jetzt auch noch seinen mächtigen Schwanz pfeilgerade in die Höh. Der Habererbauer warf einen schadenfrohen Blick auf den Kloubenputzer und sagte: „So mein Lieber, dös waar er, der Bubi! Du kannst mir die fünfzig Mark gleich geben, ich will nicht haben, daß ein Unglück geschieht."

„A fester Brockn, der Wastl!" Der Klauenpfleger spielte immer noch den gelassenen, tapferen Mann. „Wahrscheinlich freut er sich schon sehr auf das Zehennägelschneiden."

„Bruderherz, der wird jeden Tag böser! Den muaß der Tierarzt einschläfern, bevor ihn der Metzger umbringen kann. I kenn den Typ. Mein' Vatern hat so a Bursch amal mit einem Wischer d'Hosn und s' Hemad z'rissn. Grad, daß er noch hat wegspringen können, sonst hätt er ihn derstössn, daß er maustot liegen bliebn waar." Der Ökonom hatte an der Angst des staatlich geprüften Klauenpflegers seine Freude. „Ja, ja, der Freimel z' Schnalzenbach hat nimmer weghupfen können, gell, den hat sein Stier direkt aufgarbet. Mit'm Hörndl direkt auf die Brust, dös halt' der Gsündest net aus." Und er fügte noch hinzu, daß der Stier des Freimel von Schnalzenbach nur siebzehn Zentner gewogen hätte.

„Red dich nur aus, Haberer, vielleicht wird er dann ein bisserl braver, der Wastl!"

„Na, na, i will dich net schreckn, aber gfährlich ist ein sölchener Stier schon, mein Lieber, und eine Schneid muß einer haben wie ein Rasiermesser, daß er sich zu einen sölchenen Bummerl in den Stand hinein traut." Um die Sache noch gefährlicher zu machen, fiel der Bauer leicht ins Schriftdeutsche. Und dann wußte er noch eine schaurige Stiergeschichte. Wie der Souwen Schorsch, sein Schwager, voriges Jahr gerade einen jungen Stier verladen wollte, ein Mast-Stierle nur von höchstens zwölf Zentnern, geht der gleich auf ihn los, wie er ihn gerade zur Stalltüre herausführen will, rennt ihn mit einem Stoß zu Boden und steigt ihm gleich mit den Vorderhufen auf die Brust.

„Bruderherz und Kloubenputzer, a so a Stier kann so gfährlich werden wiar in Afrika hint a Löw'."

Wie bestellt pfauchte und brüllte Wastl gerade in diesem Augenblick so furchteinflößend stierisch, daß die Bäuerin das Kreuz schlug und geschwind in die Stube lief, um den Weihwasserkessel zu holen. Der Kloubenputzer aber steckte die Hand in die Hosentasche und sagte gefaßt, daß es ihm nun doch reue. Dann zündete er sich eine Zigarette an.

„Dös is koan Schand, Jakob, a Wett kann a jeder amal verliern." Und mit Geld lasse sich so etwas immer wieder gutmachen, frohlockte der Haberer.

Das Geld reue ihn aber doch, meinte der Klauenpfleger. Denn jetzt, wo er den Stier gesehen und sich mit ihm schon fast angefreundet habe, jetzt reue es ihn, daß er nicht um hundert Mark gewettet habe.

Der Haberer war verblüfft. Und auch der Stier verhielt sich jetzt plötzlich ruhig. Er ließ sich sogar das Weihwasserspritzen der Bäuerin gefallen. So ein Weihwasser, besonders ein Heilig-Drei-Königswasser, habe halt doch eine ungeheure Kraft in sich! Der Haberer schickte seine Bäuerin in die Stube. Der Roßstall und der Sprungstier ginge die Weiberleut nichts an. Dann wandte er sich noch einmal an den Klauenpfleger, fragte ihn, ob er sich nun wirklich traue und wenn ja, dann könne er in Gottes Namen anfangen. Gewarnt hätte er ihn.

„Freilich fang ich gleich an, denn der Bubi da gfallt mir sakrisch gut, er ist ja lampelfromm!" Dabei versucht er dem Wastl die Stirnlocke zu kraulen. Dieses aber läßt sich der Kälbermacher nun doch nicht mehr gefallen. Pfaucht, senkt den Schädl und beginnt wieder wütend zu brüllen. Da muß der Haberer gleich wieder lachen und meint, eine komode Bravheit sei das und eine geführige Frommheit! Aber es habe halt immer schon dumme Teufeln gegeben, die nichts geglaubt hätten, bis sie nicht selber im Totenkammerl gelegen wären.

Möglicherweise habe er recht, antwortete der Klauenpfleger darauf und entschuldigte sich für etwa eine Stunde, denn er müsse vor der gewagten Prozedur halt doch noch einmal seine Frau und sein Kind sehen und auch ein schärferes Messer brauche er.

Aber in einer Stunde käme er bestimmt zurück und dann würden dem Kandidaten da die Zehen gestutzt werden, ganz gleich ob er damit einverstanden sei oder nicht.

Der Kloubenputzer stieg in sein Auto, fuhr aber nicht heim, sondern begab sich nach Unterrossing, wo zwei Großbauernhöfe sich befanden mit zwei berühmten, großen Kuhställen. Hier würde er ganz bestimmt eine stierige Kuh auftreiben. Und eine solche brauchte er, um die Wette gewinnen zu können. Beim Unterrossinger hatten sie gleich zwei heiratslustige Kühe im Stall. Jakob, der listenreiche Kloubenputzer, näherte sich der einen von hinten, drückte ihr den Schwanz beiseite und wetzte seine Schulter kräftig am Unaussprechlichen dieses weiblichen Nutztieres, daß sein Arbeitskittel ganz feucht dabei wurde. Dann stieg er in seinen Wagen und fuhr auf den Habererhof zurück.

Die Wirkung war verblüffend. Wie der Klauenpfleger den Stand des Stieres betritt, wird dieser ganz still, wendet den Kopf und beleckt dem fremden Mann freundlich die Schulter. Der Haberer traut seinen Augen nicht. Fromm wie ein Lamm folgt Wastl dem Klauenpfleger in den Hof und läßt sich seelenruhig die ausgewachsenen Klauen stutzen.

„Du bist schon der Allerbravste“, lobt der Kloubenputzer und spricht während der ganzen Prozedur mit dem kräftigen Stier wie mit einem kleinen Dackel. „Da ist ja meine Katz frecher. Gell, Bubi, gib mir dein Fuaßal nochmal her, brav!“ Und der Haberer kann es nicht fassen.

Ja, mit Speck fängt man Mäuse und bei einem Stier braucht es auch bloß das richtige Parfum zu sein. Er ist so dumm wie halt ein Mannsbild nur immer sein kann. Die Mannsbilder nämlich fliegen auch manchmal auf einen Duft herein, der sich schnell verliert und einen ganz gewöhnlichen Geruch annimmt.

Der Kloubenputzer kassierte seine fünfzig Mark und der Wastl fand wieder zu seiner alten Frömmigkeit zurück. Wahrscheinlich hatten ihn doch seine langen Klauen geniert!

Das Testament

In der Nähe des Pariser Platzes, zwischen Gravelotte- und Bazeillestraße, hat das alte München noch ein Dasein und ein Sosein. Die alten Häuser aus der Gründerzeit bezeugen den Fleiß und das Können der alten Maurer- und Zimmererpoliere, die seinerzeit lauter tapfere Sedankämpfer und Orleanseroberer gewesen sind.

Und die Leut am Ostbahnhof sind auch noch Leut, haben einen Humor und eine Ruhe, besonders die alten. In die Lothringer Straße, in die Mansardenwohnung des vierten Stockes, paßt auch nicht ein jeder. Das wäre direkt stilwidrig, wenn da auf einmal ein Schwabinger Nachtlokalbesitzer, ein Gewappelter aus Solln oder ein Beamter aus Laim einziehen würde! Viel lieber ein Grieche oder Jugoslawe; vor dem Gesetze sind wir freilich alle gleich. Aber es gibt gottseidank noch ein paar Merkmale der Unterscheidung.

Es lebt da ein älteres Bäslein von mir, samt angeheiratetem Vetter, auf Nummer 36, kann nicht mehr recht weiter, hat das Rheumatische und die Herzschwäche von dem vielen Treppensteigen jahraus — jahrein. Und weil sie schon ein bißchen im Siebziger drin steckt, denkt sie ans Sterben. Natürlich, auch die Münchner müssen einmal hinaus aus ihrer gemütlichen Stadt. Grad merkt man den Tod in München nicht so sonderlich wie auf dem Bauerndorf, denn das laute, millionenfache Leben rumort geschwind weiter. Aber auf Nummer 36 tät man es bestimmt merken, vielleicht sogar in der ganzen Straße, bis hinauf zum Weißenburger Platz, wenn es mit der Frau Bas einmal dahin ginge. Dem angeheirateten Vetter, dem Hallodri, ist das gleich, sagt er. Ihr aber schon gar nicht. Sie will ihre Richtigkeit haben und alles bis ins Kleinste geregelt wissen. Sie studiert immer wieder die neuesten Preislisten des Bestattungsvereins und belästigt damit die Wurstigkeit ihres Mannes.

„Jawohl, mir ist das wurscht — und wenns mich liegen lassen, wo ich umfall!"

„Und ich möcht, daß du genauso dran bist als wie ich: du nimmst auch den Sarg um 194 Mark. Das leidet es uns schon, haben wir alle zwei so lang in die Sterbekasse gezahlt."

„Ja, meinst du, ich geh nochmal da hinein und stoß alles wieder um?"

Eine liebe Frau, wie die Frau Bas war, fing sie zu schmeicheln an: „Wenn du so gut wärst, Ludwig, schau es ist halt mein Wunsch! Ich will nichts sündhaft teures haben. — Den Kranz und den Aufbahrungsschmuck streichen wir wieder. — Dafür nehmen wir ein Requiem mit zwei Sängern, mit einem Sopran und einem Baß, das ist schön genug."

„Jetzt geh ich dann grad zum vierten Mal hinein. Das Fräulein am Sterbeschalter kennt mich eh schon. Ich mach mich ja direkt lächerlich!" Der Vetter wehrt sich so heftig, daß sich die Haare seines Stiftenkopfes zu sträuben scheinen. Aber die Frau Bas gibt nicht auf:

„Geh, sei halt so gut! Ich denk halt sonst an nichts mehr, weil es bei mir alle Tage sein kann. — Der Doktor hat das letzte Mal auch gesagt, daß er mit meinem Herzen gar nicht zufrieden ist. Ich will alles in Ordnung haben, dann fällt's mir leichter." — Blaß lag sie da und man mußte mit ihr ein Mitleid bekommen. Der Vetter aber grinste nur hämisch und antwortete grob:

„Dös sagst jetzt schon zwei Jahr und wahr ist es doch nie!“

„Diesmal gewiß, ich merk es deutlich“, jammerte die Frau Bas, „und wenn ich da dran denk, wie du da stehst an meinem Sterbebett, ganz verzagt und durcheinander und du nimmer aus und ein weißt, dann ist es für mich doch ein Trost, wenn ich weiß, daß ich alles geregelt hab.“

„Meinst?“ Der Herr Vetter hing am Diesseits und das Jenseits war ihm wurscht.

„Freilich! Ich kenn dich doch“, seufzt die Bas und blättert wieder in dem neuen Katalog des Bestattungsvereins. „Paß auf, Sargausstattung nehmen wir doch ein bißchen eine bessere: die um vierundvierzig Mark, meinst du nicht auch? Dafür verzichten wir lieber auf das Violinsolo bei der Aussegnung, dann geht die Rechnung wieder auf.“

„Von mir aus!“ Er zündet sich eine außergewöhnlich lange und dicke Zigarre an. „Auslachen wird mich dös Fräulein am Sterbeschalter sowieso, wenn ich schon wieder komm!“

„He, was hast denn du für eine schöne Zigarre?“ Sie sieht ihn verwundert an und er gefällt ihr mit seiner stolzen Zigarre, die ihm die Pfarrschwester zu seinem achtzigsten Geburtstag geschenkt hat, den er aber erst in vierzehn Tagen feiern würde.

„Geh, spar dir's auf! Ist doch schad, wenn du sie heut schon rauchst“, riet ihm die besorgte Gattin.

„Dös hat die Schwester auch gsagt: Spar dir's auf! — Ös Weiber seids allsamt gleich!“

„Warum folgst du dann nicht?“ Es fehlte nicht mehr viel und die Frau Bas wäre beleidigt gewesen. Mit anderen Frauen ließ sie sich nicht gern vergleichen.

„No ja, die rauch ich halt jetzt. Wenn du allweil so einen Schmatz daherredest, dann werd ich auch meine Zigarre rauchen dürfen, net?“ — Der Vetter hatte ein dickes Fell und merkte nichts. Und dafür, daß die Frau Bas auch schon bessere Zeiten erlebt hatte, gab er keinen Pfifferling.

„Weil du einmal Zimmermadl im Regina-Palasthotel gewesen bist, brauchst du dir gar nix einbildn! Deswegn muaßt a sterbn!“

Die Frau Bas war gekränkt. Mit einem Mann ohne Romantik und Phantasie kann man nicht über die Vergangenheit reden, höchstens über die Zukunft. Und die wichtigste Zukunft für sie war die Beerdigung. Preiswert und pietätvoll sollte sie werden. Sie blätterte wieder im Katalog und strich die gewünschten Nummern an. Dann sagte sie — und ihre Stimme klang fast bittend:

„Paß nochmal auf, weißt du alles? Einen Sarg um 194 Mark, ein Requiem mit einem Sänger, eine Sargausstattung um 44 Mark, hundert Sterbebilder zu 16 Mark. Dafür kein Violinsolo in der Aussegnungshalle. — Oder sollte ich nicht lieber auf die Sterbebilder verzichten? Man hat nichts davon und die Leut verliern sie grad, was meinst du?“

„Ich mein gar nichts. Überleg dirs aber diesmal gut, weil dösmal ist's das letzte Mal. Net, daß du mir in drei Wochen wieder daherkommst und sagst, du möchtest doch wieder zwei Sänger und dafür einen billigeren Sarg! Mir glangts jetzt. Ich mag vor dem Fräulein am Sterbeschalter nicht wie ein direkter Hanswurst dastehn!“ — Ja der Herr Vetter! Ein Pantoffelheld war er nie gewesen, auch wenn er als Eisenbahner nie in einem Grandhotel übernachtet hatte.

„Aber Ludwig, das ist doch unser letzter Wille, unser

Testament! Und sein Testament kann der Mensch ändern so oft er will, da brauchst du dich gar nicht genieren!"

„Letzter Wille! Bei dir ists allerweil noch der vorletzte." Er setzte den Hut auf und richtete sich zum Spaziergang. Vielleicht würde er sich heute ein Glas Bier leisten? Für so gesund hielt er sich heut.

„Hast dir alles gemerkt? Vergiß den Zettel nicht! Ich hab dir alles aufgeschrieben und angekreuzt."

Er gab keine Antwort mehr, denn sehr irdische Gedanken ergriffen seine Seele. Sollte er beim Weißbräu oder beim Donisl einkehren? Die Frau Bas erahnte die materiellen Überlegungen und mahnte:

„Laß die zweite Zigarrn da, rauch sie nicht heut, heb sie dir auf für deinen Geburtstag!"

„Ich weiß schon, was ich tu!" Fast war er schon bei der Tür draußen, da fiel der Frau Bas nochmal eine allerletzte Verfügung ein.

„Halt, noch was! Lassen wir den Sarg wieder aufmachen! So gräußlich sind wir auch wieder nicht!" Im letzten Augenblick hatte sie oft die entscheidensten Einfälle.

„Du hast Sorgen! Ich geh jetzt, sonst fällt dir noch was ein!"

„Ja mein, ich möcht halt alles noch selber richten. Weil, wenn ich stirb, dann bist du recht durcheinander vor lauter Verzagtheit und weißt dir keinen Rat mehr."

So ging denn also der Vetter nochmal in die Neuhauser Straße an den Sterbeschalter und protokollierte den letzten Willen von der Frau Bas. Das hübsche Fräulein im schwarzen Kleid erkannte ihn und bediente ihn zuvorkommend. Hernach kam die Hauptsache, der Besuch im angestammten Bräuhaus. Kaum saß er in der feuchten Weltenherberge, zog er die letzte Geburtstagszigarre heraus, betrachtete sie mit Andacht und Aufmerksamkeit, steckte sie wieder ein und nahm sie noch einmal heraus. Das Bier wurde serviert. Eine Virginia wäre zwar jetzt passender gewesen zum Weizenbier, aber mit dieser Prinzregentenzigarre konnte er sich überall sehen lassen. Und wie er so dasitzt, mitten in der großen Weißbräustube, überkommt ihn eine gewisse Lebensfreude und eheliche Opposition.

„A schöne Zigarrn, eine vom Herrn Stadtpfarrer persönlich — und gut! Dumm müßt ich sein und sie erst in vierzehn Tagn rauchen. Weiß der Teufel, ob ich achtzig Jahr alt werd'! Wenn ich heut nacht stirb, schenkt meine Frau die Zigarrn dem Obermeier Beni, unserem Herrn Nachbarn, der wo sowieso zwanzig Mark mehrer Rente hat." Er zündet sich die Zigarre behaglich an und rauchte genießerisch. „Heit schmeckt's mir noch und grad schön ists!"

Ja, der Herr Vetter von der Lothringer Straß ist ein Genießer! Und an seine Beerdigung verschwendet er keinen Gedanken — eher an das hübsche Fräulein am Sterbeschalter.

Der Gachgiftige

Der Zorn reißt Häuser ein. Es gibt verrückte Leut, die vor Zorn rot anlaufen, wenn sie auch nur von einer Fliege geärgert werden. Es ist besser, solche Leute nur zu grüßen, als sich mit ihnen in eine Unterhaltung einzulassen. Hierzulande nennt man sie gern die Gachgiftigen oder auf Schriftdeutsch: die Jähzornigen. Heute heißen sie auch gern, die an einem ständigen Aggressionsstau leidenden.

Es ist kein Wunder, daß diese Gachgiftigen immer mehr werden, weil ja andererseits die aggressionshemmenden Mittel in dieser Welt täglich abnehmen und schwächer werden: das Gebet und die großen Feierlichkeiten einer prunkvollen Liturgie, die Zeremonien eines Königreiches und die schöne, harmonische Musik, die Stille der Natur und die Gemütlichkeit der Menschen untereinander.

Oder wie die Zachin es sagt, die Frau des kleinen Zachbauern: „Der Mensch wird nicht narrisch geboren, er wird narrisch gemacht."

Aber wie verhältst du dich, wenn du mit einem Gachgiftigen verheiratet bist? Gutes Zureden verträgt so einer überhaupt nicht und schimpfst du, dann gießt du gleich Öl ins Feuer. Der Zach, ein Häuselmann mit einem Ochsenzeugl und etlichen zwanzig Tagwerk Grund, wird seit langem vom Jähzorn geplagt. Nach jeder Beichte muß ihr der Herr Pfarrer den gleichen Zuspruch geben: „Liebe Zachin, verzage nicht, sag dir mit der heiligen Franziska von Rom: Wie schön ist es mit einem jähzornigen Manne verheiratet zu sein, man kann sich durch den bloßen Ehestand den Himmel bereits auf dieser Welt verdienen!"

Natürlich hat auch der Zach seine guten Seiten gehabt, denn einen durch und durch schlechten Menschen gibt es nicht auf dieser Welt. Und ist nicht auch Luzifer, der Teufel selber, vorher ein Engel gewesen? Der Zach war ein unendlich mühsamer und fleißiger Bauer gewesen. Vor etlichen Jahren schon, als der Pfarrer seine Ökonomie aufgelassen hatte, hat der Zach von der Pfarrpfründe vier Tagwerk Ackerland gepachtet — und jetzt brauchte er unbedingt einen Traktor. Mit seinem Ochs vor dem Pflug galt er ohnehin schon seit Jahren als ein Museumsstück. Er war einer der letzten unter den Kleinökonomen, der sich einen Schlepper zulegen wollte.

„Hätten wir den Schlepper nur net kauft! Wär ich nur mehr dagegen gewesen! Jetzt ist das Unglück fertig, jetzt geht bei uns der Verdruß nicht mehr aus."

So jammerte die Zachin noch nach Wochen der Pfarrhaushälterin vor.

Ein Geselle des Landmaschinenhändlers fuhr dem Zach den neuen Schlepper in den Hof, zeigte ihm, wie man die Maschine bedient, wie man den Mähbalken einschaltet, die Hydraulik in Gang setzt und den Schnellgang einlegt. Der Zach ist zwar kein dummer, aber im Umgang mit Traktoren noch ein unerfahrener altmodischer Ökonom. Er ist weder Auto- noch Motorradbesitzer und hat seiner Lebtag noch kein Steuerrad in der Hand gehabt. Und natürlich besaß er auch keinen Führerschein. Aber das störte ihn nicht. Nach den ersten Erfahrungen und praktischen Übungen würde er eine Fahrschule nur um so erfolgreicher absolvieren und gleich die große Autofahrerprüfung mit Auszeichnung bestehen. Dann stünde der Anschaffung eines Automobils nichts mehr im Wege. Darüber hatte er mit seiner Frau bisher aber nur im Schlafzimmer gesprochen, nachdem das Licht bereits ausgelöscht war und die Müdigkeit ihn jeweils schon zu übermannen drohte.

Der Mensch denkt und Gott lenkt. Und mit einem Jähzornigen hat das Plänemachen keinen Sinn. Einstweilen also fährt der Zach seinen Schlepper ohne Erlaubnis. Er hat sich mit seinem Ochsen schon manchmal ärgern müssen, die Maschine stachelte seine Gachgiftigkeit noch häufiger an. Den Ochsen konnte er nach Herzenslust anfluchen, eine Maschine zu schimpfen hat keinen Zweck, das spürte selbst der Zach bald. Aber der Aggressionsstau in einem Jähzornigen unterdrückt den Willen, den Verstand und das Gewissen. Nichts und niemand konnte helfen. Alles hat so kommen müssen, wie es gekommen ist. Die Zachin hatte das Unheil vorausgeahnt.

Als erste Arbeit mit dem neuen Traktor war für den kommenden Tag gleich das Mistfahren geplant, das Mistfahren auf den gepachteten Pfarracker hinüber. Aber beim ersten Fuder schon hatte sich das Unglück angemeldet. Wie sie mit dem Auflegen fertig waren, wollte der Zach den neuen Schlepper an den Wagen spannen. Er schaltet den Rückwärtsgang ein und stößt den Traktor in die Miststatt. Hier war es selbstverständlich naß und rutschig. Die Zachin hat die Anhängevorrichtung, die der Schmied anstelle des alten Ziehscheitels an den Wagen hingemacht hatte, in der Hand und wartet bis der Mann mit dem Traktor genau hertrifft auf das Loch in der Anhängevorrichtung, auf daß die Zachin dann gleich den eisernen Stift oder Stachel hineinstecken hätte können.

Das einfache Manöver der Ankoppelung aber glückte nicht. Beim ersten Versuch hat er im Rückwärtsgang den Traktor zwar ziemlich nahe an das Loch der Anhängevorrichtung herangebracht, aber auf eine Handbreite hat es halt doch gefehlt. Geduldig legte der Zach den Vorwärtsgang ein, fuhr weit aus der Miststatt heraus und stieß dann langsam wieder zurück. Bei diesem zweiten Versuch ging es freilich gleich um drei Meter daneben. Dafür gab es eine Erklärung. Er hatte sich zu wenig umgesehen beim Rückwärtsfahren, hatte gar, wie ein alter Traktorist, nur in den Rückspiegel geschaut. Beim dritten Manöver kam der Schlepper bereits in ein merkwürdiges Rutschen und Schmieren und das vierte Mal hat der Zach, obzwar äußerlich immer noch geduldig, schon etwas zuviel Gas gegeben. Die Zachin konnte nur noch wegspringen und die Anhängevorrichtung bekam eine leichte Biegung. Daraufhin ist er zum ersten Mal vom Traktor herabgestiegen und hat sich das Malheur angesehen. Seine Gesichtsfarbe war noch unverändert, aber leise hat er schon geflucht. Erst leise und dann immer lauter.

Aller Anfang ist schwer, denkt sich die Zachin und bittet ihren Mann, nur ja die Geduld nicht zu verlieren, denn es sei noch kein Meister vom Himmel gefallen. Und der Bauer hat auch die Geduld noch nicht verloren. Er besteigt seinen neuen Schlepper, fährt ihn mit Schwung aus der Miststatt heraus und stößt wieder langsam und sorgfältig zurück. Und die Zachin hebt und paßt, daß sie den Stift endlich einmal in das Loch der Anhängevorrichtung hineinkriegt.

„Moana Sie, Herr Pfarrer, mir hätten dös z'sammbracht? — Wir werkln a Stund, wir werkln zwoa Stund — und nia trifft er her. Amal gibt er z'vuil Gas, amal z'weng, amal laßt er die Kupplung z'schnell aus, amal z'langsam. Es ist zum Narrischwerden. Aber i halt mi stad und sag nix."

Schweigen, das war auch das Beste gewesen, was sie in dieser Situation hatte tun können, schweigen und warten mit dem eisernen Stachel, bis der Mann mit dem Traktor genau hertrifft auf das Loch in der Anhängevorrichtung. Aber er traf nicht hin. Es gibt eben manchmal Tätigkeiten, bei denen selbst der Fleiß nichts fruchtet. So wurde es Mittag. Da begeht die Zachin einen Fehler. Sie macht ihren Mann auf die vielleicht stärkende Wirkung eines Mittagmahles aufmerksam. „Geh weiter, denk dir nix, eß' ma was, vielleicht geht's dernach von selbn!"

Das hätte sie nicht sagen sollen, denn es hat einem, bereits im verborgenen lohenden Jähzorn ein Fenster geöffnet. Der Mann fing zu fluchen an wie ein Henkersknecht von Kalvaria. Er gab Vollgas und der Traktor rannte in großen Sprüngen aus der Miststatt. In einem weiten Bogen und wieder mit viel Gas, stieß er aufs Neue zurück. Da beging die Zachin einen zweiten Fehler. In einem Selbstgespräch, das auch der Gegner hören durfte, machte sie ihrem Unmut Luft.

„I bin von Anfang an dagegn gwesn, daß wir an Schlepper kaufen."

„Halt dein Mäu und heb hin!" schrie der wütende Traktorist, der den Monolog seiner Frau sehr wohl vernommen hatte. „Teifi, iatz waars ganga, wennst hinghebt hättst, Luada, saudumms."

Der Mann hatte gar nicht so unrecht. So nahe dem Loch der Anhängevorrichtung war er noch nie gewesen. Hätte sie der Anhängerdeichsel einen kleinen spontanen Gegendruck versetzt, sie hätte möglicherweise geschwind den eisernen Stachel in die Kupplungsöffnung stecken können. Aber diese Gelegenheit war jetzt verpaßt. So ging der stumme technische Kampf weiter, bis drei Uhr nachmittags.

„Von neune in der Früah bis um drei nachmittag! I heb und heb hin, die Finger sind mir schon gstarret worden, und er trifft und trifft net eini!"

Die Zachin empfand das mißglückte Kopplungsmanöver wie den Bannfluch eines unabwendbaren Schicksals.

Auch ein Mann ohne Aggressionsstau hätte jetzt die Geduld verlieren müssen. Und tatsächlich, auf einmal hat der Zach das Fluchen aufgehört und ist ganz still geworden. Die Frau sprach ein Stoßgebet und der Mann schaltete den Motor ab, schwang sich vom Schlepper herunter, sieht sich die Maschine mit blassem Gesicht in scheinbarer Ruhe an, von allen Seiten sogar, aber mit vernichtenden Blicken.

„Und nachand is er in d'Schupfa eini. Gfeit is, denk ich mir, jetzt gschieht ein Unglück!" Zuerst wollte sie gleich um den Hochwürdigen Herrn Pfarrer laufen, dann wollte sie um Hilfe schreien. So erzählte später die Zachin von diesen schrecklichen Minuten, in denen sie sich aber vor lauter Angst nicht habe rühren können.

Und dann kam der Bauer mit einer großen Kreuzhacke aus der Remise. Langsam ging er auf den neuen Schlepper zu und sein Gesicht ist nicht mehr nur weiß, es färbt sich schon etwas grün. Unschuldig und metallern glänzt der neue Schlepper in der Nachmittagssonne.

„Heiliger Gott, er wird doch nicht!" — Die Zachin ist kaum noch fähig, das Unheimliche zu denken. „Mann, halt ein", will sie schreien, aber der Jähzorn ihres Mannes drückt ihr die Kehle zu, denn die teure Maschine war noch nicht einmal ganz bezahlt.

„Hund, elendiger, iatz muaßt dran glauben", stammelte der wütende Bauer und schwang die schwere Hacke gegen den Schlepper, daß es nur so schepperte. Sechzehn schwere Schläge hat die Frau gezählt und jeden einzelnen spürte sie wie den Donnerschlag eines zornigen Riesen. Der Mensch zertrümmert seine Maschine! Da hilft kein Weinen in der Not. Das Weib steht stumm daneben.

„Net amal d'Hälfte habn wir noch kriegt für den

neuen Schlepper, a so hat er 'hn ruiniert. Heut habn mir wieder an Ochs."

Die Aggressionsmaschine, beziehungsweise die Maschinenaggression, meint der alte Dorfpfarrer, wird eines Tages die Leut möglicherweise wieder fromm und gläubig machen. Und ganz unterschwellig betete eine fremde Stimme in ihm: „Schlagt sie zusammen, geht zu Fuß zu Gott und ihr bleibt gesund!"

Fiskus und Amor

Er, der Wonnemonat Mai, wartet einem nicht nur mit Freuden auf. In diesen Tagen sind nämlich die Finanzämter so frei und schicken einem die Fragebögen für die Einkommensteuer ins Haus. Das ist eine Hiobspost, die einem zum Verzweifeln bringen kann. Wieviel Scharfsinn ist da aufzubringen, daß man sich nicht selber benachteiligt und trotzdem ein reines Gewissen behält! Das Abschreiben ist eine Kunst. Ganze Leitzordner sind gefüllt mit Benzin- und Gasthausrechnungen, mit Hotel- und Reparaturbelegen — und manchmal ist auch einer darunter, der von einem Nachtlokal herrührt, obschon da bieder „für Speisen und Getränke" ein ansehnlicher Betrag quittiert steht. Das Leben ist voller Unkosten. — Solange ein Umsatz- und Einkommensteuerpflichtiger atmet, solange schreibt er ab. Und die Witwe kann hernach sogar noch die Beerdigung abschreiben, denn diese ist eine außergewöhnliche Belastung. — Wer dem Fiskus Geld schenkt, ist dumm. Wer aber eine raffiniert-korrekte Steuererklärung mit seinem ehrlichen Namen unterschreiben kann, gilt als tüchtig. Das Zeremoniell hat ohnedies den Hauch einer heimlichen Sündhaftigkeit an sich, also ist es besser, man schweigt darüber.

Eine kuriose Finanzgeschichte aber muß ich erzählen. In einer bayerischen Stadt mit einem gutgehenden Finanzamt betreibt Frau Ruth Heilmannseder ein nicht minder gutgehendes Kaufhaus mit einigen netten Verkäuferinnen.

Die Dame, einstens selbst Angestellte des Hauses, dann Frau des Besitzers, eines älteren Herrn Heilmannseder, Gott hab ihn selig, jetzt also Alleininhaberin, ist eine noch recht appetitliche Person Anfang vierzig und nicht ohne Charme. Und da sie von gesundem Menschenverstand, besitzt sie zu all ihren weitläufigen Parafernalgütern auch noch jene heimliche Sündhaftigkeit, welche dem Herrn Finanzinspektor Pfennigmann im dorthiesigen Finanzamte allmählich ein immer größerer Dorn in dem gestrengen Auge wurde. Die Geschichte liefe auf eine simple Steuerfahndungsaktion hinaus, wenn besagter Herr Inspektor Pfennigmann nicht ein hartgesottener Junggeselle, Ende der Vierziger, gewesen wäre. Der Herr Inspektor also besieht sich eines schönen Tages in seinem Büro noch einmal die schwungvolle Unterschrift der Frau Ruth Heilmannseder auf dero, mit bestem Wissen und Gewissen verfertigten Einkommensteuererklärung und begibt sich mit furchterregendem Ernste in das Kaufhaus, begleitet von einem sachkundigen Zerberus. Betriebsprüfung! Das Wort klingt wie Furio, wenn nicht gar wie Mordio.

„Um Gotteshimmelswillen, Herr Oberinspektor, mich trifft der Schlag! — Sind Sie denn von allen guten Geistern verlassen? Eine arme, alleinstehende Frau wie mich in einen solchen Verdacht zu bringen? — So etwas überleb ich nicht, Herr Pfennigmann! Wenn das kein Irrtum ist, dann werde ich ohnmächtig." Sie begann zu taumeln und ließ sich geschickt von den Armen des Finanzinspektors auffangen.

„Beruhigen Sie sich, Frau Heilmannseder! Ich tu nur meine Pflicht. Wenn Sie ein reines Gewissen haben, brauchen Sie sich nicht ängstigen."

Sie hatte aber Angst und schien bereits die Besinnung

zu verlieren. Der Inspektor setzte sie in einen Stuhl und flößte ihr Energie ein:

„Aber Frau Heilmannseder, reißen Sie sich zusammen und machen Sie keine Schwierigkeiten! In drei, vier Tagen, hoffe ich, ist alles überprüft und erledigt."

Frau Heilmannseder fuhr erregt auf und drehte den Stiel gleich um. Sie trat an den Inspektor heran und ihr Busen wogte: „Sie machen Schwierigkeiten, Herr Finanzamtmann, nicht ich!"

„Bitte gehen Sie jetzt aus dem Büro und lassen Sie uns arbeiten! Sie haben siebzig Prozent Unkosten angegeben, da stimmt was nicht. Und wahrscheinlich stimmt nicht einmal der Umsatz!"

„Herr Pfennigmann!" Sie sah ihn enttäuscht an und begann von alten Erinnerungen zu schwärmen. „Grad Sie hab ich immer für einen so feinen Kavalier gehalten! — Wissen Sie denn nicht mehr, wie wir heuer so schön getanzt haben im Fasching von der Liedertafel?"

Er wußte es noch, wollte aber gerade jetzt nicht daran erinnert werden.

„Wir haben sehr schön getanzt miteinander. Auch langsame Tänze. Und in der Bar sind wir dann auch nochmal beisammen gesessen. — Ich erinnere mich noch an jedes Wort, Herr Inspektor!"

„Wollen Sie mich beleidigen?" fauchte dieser zurück.

„Ist es eine Beleidigung, wenn man sich an schöne Stunden erinnert, die man mit einem Mann verbracht hat, der einem eigentlich gar nicht so unsympathisch ist?" Vor dem Finanzamt gibt es keine Scham. Frau Ruth war ohnehin zum Äußersten entschlossen.

„Der Fiskus kennt keine Sympathien", belehrte sie der Steuereinnehmer. „Es steht schon in der Bibel, daß man dem Kaiser geben soll, was des Kaisers ist."

„Aber Herr Pfennigmann, wir haben doch gar keinen Kaiser mehr!“ triumphierte naiv Frau Heilmannseder. Ein Geständnis ablegen wollte sie nicht.

„Es wird an den Tag kommen, Frau Heilmannseder! Wir bringen alles heraus!“

„Nichts wird rauskommen, suchen Sie nur! Da stehen die Bücher, da sind die Schlüssel zu allen Schubläden, sogar der zum Tresor! Suchen Sie nur! Ich habe das reinste Gewissen von der Welt!“ —

„Sie können sich auf mich verlassen! Aber lassen Sie uns jetzt bitte allein! Ich ruf Sie, falls nötig.“ Die Aufdringlichkeit der steuerpflichtigen Heilmannseder berührte ihn peinlich. Er würde gerade in diesem Hause sehr vorsichtig sein müssen.

Nach einigen Minuten zeigte sich die Frau an der Türschwelle und brachte ihm einen Kaffee: „Mögen Sie einen Kaffee, Herr Pfennigmann? — Ich hätte auch noch einen Guglhupf dazu?“ fragte sie unschuldig.

„Danke! — 117 375 Mark wollen Sie nur umgesetzt haben? —“

„Jawohl. Meinen Sie, daß für uns Krämer die Zeiten rosig sind? — Alles fährt in die Großstadt und dann erst die Versandhäuser! ... Mögen Sie nicht doch einen Kaffee? Oder darf ich vielleicht ein Glas Wein bringen?“ — Nicht einmal ihrem seligen Mann hatte sie einst so viel Freundlichkeit entgegengebracht.

Ihre Taktik war eine hinreißende Aufmerksamkeit, angereichert mit dem fraulichen Charme einer gepflegten Dame aus bestem Hause einer niederbayerischen Stadt. Mit der ihr angeborenen bodenständigen Offenherzigkeit ging sie beinahe aufs Ganze, verlegte sich dann wieder aufs Jammern, war naiv und raffiniert zugleich, bewundernd und lernbegierig gegenüber der einkommensteuerlichen Kompliziertheit, sie war einfach bemerkenswert. Und wenn eine solche Frau vier Tage lang mit entschiedener Ausdauer einem, ihr an sich schon nicht ganz unsympathischen, Mann Wärme und Zuneigung heuchelt, dann kann sich daraus plötzlich ein wahres Gefühl entwickeln. Um der Wahrheit die Ehre zu geben: im angsterfüllten Herzen der Frau Ruth hat sich tatsächlich so etwas Ernsthaftes ereignet. Bereits am vierten Tage war ihr die finanzielle Seite des Abenteuers ziemlich gleichgültig geworden, denn sie war nun verliebt in den ehrlichstrengen Mann, dessen Auge so unbestechlich, dessen Stirn so sauber war. — Ja, sagte sie schließlich zu allem und sie unterschrieb.

Wie aber erging es dem Herrn Michel Pfennigmann? Anfangs ekelte es ihm vor so viel Verkommenheit und steuerlicher Unmoral. Allmählich aber wuchs das Mitleid. Und dann schmeichelte es seiner harten Männlichkeit. Schon ertappte er sich bei dem sträflichen und für jeden Fall verwerflichen Profitdenken. Aber da war es schon zu spät. Der Fiskus hat die Fahndung angefangen, Amor hat sie vollendet. Von einer Anzeige wegen Steuerhinterziehung wurde abgesehen. Das war durchaus noch legal, da die Frau Heilmannseder zum ersten Male ertappt wurde. Es blieb bei einer Nachzahlung, die erheblich genug war. Und dann folgte bald darauf die Hochzeit. Herr Pfennigmann blieb weiterhin im Amt und wurde bald darauf zum Oberinspektor befördert. — Man war ziemlich glücklich.

Indessen, der Fiskus ist beständiger als die Liebe. Er stellt sich monatlich und vierteljährlich pünktlich ein. Und jährlich einmal kommt er mit großem Fragebogen ins Haus. Dann bereitet er den Umsatz- und Steuerpflichtigen manch schlaflose Nacht. — Diesmal aber nicht mehr der Frau Ruth, denn sie hatte ja ihren Steueroberinspektor zum Gemahl. Er hatte die Buchführung zu überwachen und die Steuererklärung zu machen. Als er ihr aber zum erstenmal das Dokument zur Unterschrift vorlegen konnte, kam es zu einer heftigen Szene, zu einem ersten schweren Ehekrach.

„Bist du verrückt, Michel?"

„Unterschreib es nur Ruth, es stimmt. Es ist alles ganz korrekt diesmal. Das ist wahrscheinlich die aufrichtigste Steuererklärung in unserem ganzen Amtsbereich", sagte er brav, ja beifallsheischend.

Die Frau las und erschrak. Michael hatte auf einem Nebenblatt sogar den Betrag der zu erwartenden Einkommensteuer vermerkt.

„Was? 9608 Mark Einkommensteuer soll ich zahlen?"

„Und keine Mark mehr, Liebling."

„Und bloß lumpige 12 000 Mark hast du abgeschrieben?"

„Mehr war nicht möglich, Ruth, wo keine Unkosten sind, kann ich keine herzaubern. Den Urlaub kann ich nicht abschreiben. Auch nicht die Hochzeitsreise."

„Aber Michel, du hast ja den gesamten Umsatz angegeben?"

„Natürlich! Das ist doch die Hauptsache eines anständigen Steuerzahlers."

„Und das Auto läßt du zu 25 Prozent privat nutzen?"

„Ja, da war ich großzügig, denn in Wirklichkeit ist's doch gerade umgekehrt, gell?"

„Eine Schweinerei ist das! Jetzt bist du beim Finanzamt und machst es ungeschickter wie ein gewöhnlicher Steuerberater. — Die Bettwäsche und alles, was die Bauerntöchter für ihre Aussteuer einkaufen, kann man ohne weiteres unterschlagen. Das hast voriges Jahr nicht einmal du gemerkt!" Ihre Stimme überschlug sich, so sehr konnte sie die Gewissenhaftigkeit ihres Mannes aufregen, der nicht zögerte, den vorjährigen Umsatz nachträglich noch in Anschlag bringen zu wollen.

„Um Gotteswillen! Das müßte man ja noch nachträglich melden!"

„Untersteh dich!" Frau Ruth schnitt ihm das Wort ab. Und seufzte dann tief und verzweifelt. „Nein, wo hab ich grad den Kopf gehabt, daß ich dir nicht besser auf die Finger geschaut habe?"

„Der Gewinn ist hoch genug, Liebste. Schon deine Nerven! — Du verdienst das Dreifache meines Gehaltes. — Der Staat braucht jede Steuermark. Denk doch nur an den armen Finanzminister mit seinem Budget!"

Bei dem Wort Finanzminister zerreißt Frau Heilmannseder die ganze Steuererklärung und wirft sie in den Papierkorb. Morgen solle er neue Formulare mitbringen und dann würden sie zusammen die Steuer machen.

Und ob sie das Anmeldeformular dann auch nach bestem Wissen und Gewissen unterschreiben könne, wollte Pfennigmann wissen.

„Jawohl", erwiderte Ruth, „und du bringst es so hin, daß ich es guten Gewissens unterschreiben kann!" Er möge sich etwas einfallen lassen, denn um die Hälfte müsse die Steuer herunter.

„Ohne mich, Liebling. Ich bin ein ehrlicher Beamter und du bist meine Frau." Michel Pfennigmann zeigte seiner Gemahlin den ethischen Ernst seiner hohen Steuermoral. Aber seiner Redlichkeit fehlte die Überzeugungskraft.

„Ein Rindvieh bin ich", rief ernüchtert die ehemalige Heilmannseder-Witwe aus, „da heiratet man einen Finanzinspektor und meint, man hat eine Hilfe, derweil gehts einem so!"

„Ich bin kein Betrüger, Ruth, ich bin jetzt zwanzig Jahre am Finanzamt und habe mich rauf gearbeitet von ganz unten herauf. — Ich tu das nicht, was du von mir erwartest!“ Nun drohte er zu explodieren. Mit den Knöcheln seiner ehrlichen Hand pochte er einmal auf den Schreibtisch. Frau Ruth trieb es zwischen Lehnstuhl und Fenster hin und her.

„Und warum hab ich dich dann geheiratet?“

Auf diese rhetorische Frage trat eine peinliche Stille ein. Endlich antwortete Pfennigmann: „Vielleicht aus Liebe. Ich habe mir wenigstens das eingebildet!“

Ruth spürte ihre Entgleisung und verlor die Nerven. Sie nannte Michel einen Idioten, einen Halsabschneider, einen Schinderknecht und elenden Pedanten, der imstande sei, über die Leiche seiner eigenen Frau zu gehen.

Da dämmerte es auch dem Finanzbeamten: Diese Frau hatte ihn nie geliebt. Sie hatte ihn nur geheiratet, um noch mehr Steuern hinterziehen zu können. Eine Welt brach in seiner reinen Beamtenseele zusammen, obwohl nur noch wenige Worte gewechselt wurden.

„Lassen wir uns scheiden!“

„Bei deiner Steuermoral wird es für mich wohl das Beste sein!“

Also haben sie sich scheiden lassen. — Der Herr Oberinspektor ließ sich sogar versetzen. Und es erging ihm wie im Märchen, er kam nach Bonn ins Finanzministerium und sah nun, wohin die Steuergelder fließen, sah die enormen Summen für die Bürokratie und die noch unersättlicheren Kanäle der Landesverteidigung. Er sah den Aufwand der Großen und hörte von Weltreisen und Weltspesen.

Da mußte er bald an seine Ruth denken und schließlich auch daran, daß sie gar nicht so unrecht hatte, mit ihrer

„Philosophie", wie er ihre laxe Steuermoral nun insgeheim nannte. Und so eine „Philosophie" braucht jeder. Er wurde ein anderer Mensch und nahm sich vor, die Frau seiner Gedanken im Urlaub zu besuchen.

Der Frau Ruth erging es gerade umgekehrt. Sie hatte einen rüstigen Kleinrentner aus dem Altersheim kennengelernt, einen weitschichtigen Verwandten ihres verstorbenen ersten Mannes, wie sich herausstellte, der ihr fortwährend seine Finanzmisere schilderte, denn seine Bezüge waren sehr bescheiden. Der Staat aber, so sagte der alte Herr, habe eben kein Geld, um ihm mehr zu bezahlen.

„Dabei war ich 46 Jahre meines Lebens ein gefeierter Schauspieler gewesen!" Das war des Alten stehende Redensart, die ihm das Mitleid der gnädigen Frau zum großen Teil auch eingetragen hatte. Frau Ruth dachte an den getreuen Michel Pfennigmann: „Es gibt so viel Elend auf der Welt, für das der Staat dasein muß. Er hat recht, der gute, brave Michael!"

So seufzte sie manchmal im Stillen. — Und es besserte sich ihre Steuermoral von Tag zu Tag.

Auf einmal dann war es so weit: Pfennigmann stand vor ihr und bot als raffinierter Steuerberater seine Dienste an. Da fing Frau Ruth zu schluchzen an. Aber das können Sie glauben, sie schluchzte nicht nur aus Rührung.

Die beiden heirateten wieder und fanden einen goldenen Mittelweg. Amor kommt eben nicht nur dem Liebhaber, manchmal kommt er sogar dem Fiskus teuer zu stehen.

Beim alten Schecks

Im Wirtsgarten des Schecksbräu blühen die Kastanienbäume. Aufgedunsen von weißer Herrlichkeit bauschen sie sich in den Himmel. Der alte Schecks, es tröst' ihn der liebe Gott, kann jetzt, wenn es ihn gelüstet, nach drunten einen paradiesischen Blick zu werfen, nur die Dachziegel seiner irdischen Herberge sehen, in der er siebzig Jahre lang ein Mensch gewesen war — und was für einer! Ich seh ihn noch bei seinem Morgenspaziergang. Um sieben Uhr wälzt er sich aus dem Bett, fährt bedächtig in die Beinkleider und läßt dann die Hosenträger auf die Brust schnalzen. Schnaufend und hustend poltert er die Treppe herab und betritt den langen Hausflötz. Jetzt schreitet er aus bis zur vorderen Tür, um nach dem Wetter zu sehen. Es schickt sich täglich, daß gerade zu dieser Minute eine fromme Kirchgängerin, Babette Bleicher mit Namen, eine gebückte Greisin, zur Messe humpelt.

„Babette, guten Morgen!" ruft der Bräu mit belegter aber doch kräftiger Stimme. „Bet auch für mich armen Sünder!" Die schüchterne Frau nickt nur mit dem Kopf. Das mochten jahrzehntelang seine ersten Worte eines jeden neuen Tages, dem ihm der liebe Gott schenkte, gewesen sein.

Nachdem er so sein Morgengebet verrichtet hat, dreht er sich um, durchmißt die ganze Länge des Flötzes und sieht zur hinteren Tür hinaus. Hier riecht es vom Sudhaus herüber nach Maische. Genießerisch verzieht er die Nase, pfeift eine muntere Melodie und strebt dem Gastzimmer zu. Kaum sitzt er auf seinem Stammplatz, als ihm die Annemarie auch schon ein Glas Dunkles kredenzt. Er tut einen tiefen Zug und das halbe Krüglein ist leer. Gähnend streckt er hierauf seine gewaltigen Arme in den Raum und bittet die Kellnerin um eine Zigarette. Er läßt sie sich anzünden und zieht an ihr, wobei er mit dem Kopf und den Fingern zittert. Er leidet an zu hohem Blutdruck und beständig droht ein Schlaganfall. Aber dies Zittern beim Zigarettenrauchen steht ihm gut. Es kann nur bedeuten, daß Gott Jakob, den Schecksbräu, gesegnet hat mit Korn und Fleisch und Bier, mit zweihundert Tagwerk Acker und Feld, mit hundert Tagwerk Wald, mit einer Brauerei und zwölf eigenen Gastwirtschaften.

Seit ich ihn kannte, war er ein Witwer zwischen fünfzig und sechzig. Er besaß einen feinen Witz und eine ansehnliche private Redegewandtheit, die er meist nur am abendlichen Stammtisch übte. Die drei markantesten Persönlichkeiten dieser Tafelrunde waren: einmal er selber, der Bräu, dann Hochwürden, der geistliche Herr Rat, und schließlich — aus Gnad und Barmherzigkeit — der Binder Franz.

Dieser war vor ungefähr vierzig Jahren als junger Handwerksbursch Bier- und Butterfässer reparierend und Heurechen machend in die Gegend gekommen.

Er war ein Mann von großer Schneid und von verwilderter Schönheit gewesen und hatte schließlich die einzige Tochter eines Bauern geheiratet und sich so respektvoll seßhaft gemacht. Seine Ehe war leider kinderlos geblieben. Und Franz war, obschon er das Bier bis in sein hohes Alter hinein liebte und auch in großen Mengen vertragen konnte, kein Verschwender, aber auch kein Bauer geworden. Seine Frau war bis zu ihrem Tode eine gar große Nörglerin gewesen. Nie hatte sie Franz ein gutes Wort gegeben und war doch selber — was alle Leute wissen — alles andere als eine rechtschaffene Hauserin. So war der Binder Franz allmählich gezwungen worden, seinen erheirateten Bauernhof immer mehr zu verkleinern. Erst hatte der Wald, dann hier und da eine Wiese oder ein Acker einen neuen Besitzer gefunden und schließlich, nachdem der Franz Witwer geworden war, wurden das Vieh, der gesamte Grund und Boden zu Geld gemacht und Scheune und Ställe auf Abbruch verkauft. Jetzt wohnte er, ein Junggeselle, allein im halbverfallenen Haus etwas abseits vom Dorf, machte Rechen, wenn es ihn freute, oder saß auch schon vormittags beim Schecks und trank. Aber nie wie ein Müßiggänger, immer mit dem Durst eines schweren Arbeiters.

An solchen Vor- und Nachmittagen saß er im Sommer dann unter den schattigen Kastanien im Garten, allein oder mit dem Bräu. Der Schecks war untertags meist ein schlechter Gesellschafter. Alle Daumenlang tat er ein Schläfchen. Den Binder habe ich nie müde gesehen.

In diesem Paradies der Beschaulichkeit bin ich vor dreißig Jahren geboren worden. Meine Mutter, die Annemarie, war eine neunzehnjährige Schönheit, Bierkellnerin beim Schecksbräu und ledig.

Als sie mit mir niedergekommen war, verschwieg sie den Namen meines Vaters. Gewiß zogen die Leute diesen und jenen in Betracht, aber es sind doch immer nur Vermutungen geblieben. Der Bräu, das muß ich sagen, war mir immer wie ein Vater erschienen. Kam ich in seine Nähe, spielte er mit mir, steckte er mir Süßigkeiten zu und nicht selten schenkte er mir die herrlichsten Spielsachen. Manchmal auch hob er mich auf seinen Schoß, streichelte mich lieb und ließ mich von seinem Bier trinken. Er war auch mein Taufpate gewesen und meine Mutter war immer des Lobes voll vom alten Schecks. Ich glaube fast, der Bräu hat sich heimlich recht gern für meinen Vater gehalten. Später, als meine Mutter den Dorfschneider geheiratet hatte und ich schon in Freising meinen Studien oblag, hat er mir großzügig Geld geschickt. Kam ich zu den Ferien nach Tegernbach, mußte ich beim Bräu logieren. So hab ich schon in der dritten Lateinklasse das Schafkopfen und Tarocken gekonnt wie ein Großer, während meine Klassenkameraden, soweit sie Sprößlinge akademisch gebildeter Eltern waren, vielleicht kunsthistorische Exkursionen machten oder literarisch wertvolle Liebesromane lasen.

Aber nicht nur der Bräu, auch der Binder Franz war mir ein väterlicher Freund. Auch aus seinem Maßkrug tat ich manch kindlichen Zug. Und was ich ihm besonders hoch anrechnen muß, er war es, der in meiner Volksschulzeit über meine Hausaufgaben wachte.

An einem Wirtshaustisch in der großen Bräustuben saßen wir zwei und er erklärte mir das Dingwort oder Tunwort, korrigierte auch manchmal gar eigenhändig mit dem Griffel meine gekräuselten Buchstaben oder verbesserte die Resultate meiner Subtraktionen. Er ließ es auch nicht an Ermahnungen fehlen. Ja, manchmal war er ein strenger Lehrer. Energischer noch als meine Mutter. So daß es mir über einer schwierigen Rechnung die Tränen in die Augen trieb und der Bräu dazwischenfuhr und den alten Binder anherrschte:

„Jetzt ist's mir aber genug! Meinst du ich laß mir den Buben spinnet machen? — Da, kriegst a Fuchzgerl, Hansl", fuhr er in sanfterem und tröstendem Tone zu mir geneigt fort, „lauf schnell zum Kramer Lenz nüber und kauf dir einen Schoklad!"

An einem Julitag, kurz vor den Sommerferien, ich war

damals ein aufgeweckter Drittklaßler, saßen wir recht friedlich unter den Kastanien und dachten an nichts, als wir Hochwürden, den geistlichen Herrn Rat, von einem die Klingel bedienenden Ministranten begleitet, mit dem Allerheiligsten den Dorfplatz überqueren sahen. Der Schmiedvater wollte sich auf die letzte Reise machen und hatte nach der Wegzehrung verlangt. Wir bekreuzten uns.

Plötzlich patschte der Binder mit der flachen Hand auf den Tisch und sprach: „Jesus Maria, Hansl, jetzt hätt ich es bald vergessen! Der Herr Pfarrer hat mir gestern nacht beim Heimgehen noch gesagt, daß er dringend einen neuen Ministranten braucht und daß er ganz besonders an dich gedacht hat. Magst nicht ein Ministrant werden?

Im roten Gwandl und im weißen Chorrock in der Kirche herumhantieren, die Wandlungsglöckerl läuten, s'Meßbuch tragen, den Wein einschenken und s'Geld einkassieren? Für d'Meß a Zwanzgerl, fürs Amt a Zehnerl und für ein Begräbnis gleich gar eine Mark! Das wär' doch was für meinen Hansl!"

„He, he!" widersprach ihm der Bräu, „da habt ihr euch was Feines ausgedacht! Wegen des Geldes braucht aber der Hansl kein Ministrant werden. Solang er in meim Haus lebt, soll's ihm nicht schlecht gehen. Außerdem bin ich sein Taufpat und Vormund und als solcher will ich in Dingen, die den Buben angehen, gefragt werden."

Mit Müh und Not und mit viel Schlauheit gelang es dem Binder Franz den Bräu allmählich umzustimmen. Und als kurz darauf der Herr Pfarrer kam, waren wir uns bald darüber einig, daß ich gleich morgen mit dem Lernen der lateinischen Gebete anfangen sollte. Der Binder, der früher auch einmal ein Ministrant gewesen sein wollte — und in der Tat noch alle Gebete auswendig konnte — war zu meinem Lehrer bestimmt.

Das waren denn liturgische Stunden, unter den Kastanien im Biergarten des Schecksbräus von Tegernbach!

„Ad deum, qui laetificat juventutem meam, hoaßts", schrie zum zehnten Mal der Franz mir in die Ohren; und „quia tu es deus, fortitudo mea ..." korrigierte er mich, während der Bräu, der außer dem Dominusvobiscum und dem Etcumspiritutuo nichts Lateinisches verstand, meine Mutter in einem fort traktierte, nur ja genug Bier und Leberkäs herbeizuschleppen, auf daß wir durchs Lernen nicht die Kraft verlören.

„Annemarie, geh, bring uns noch zwei Dunkle, der Hansl kann die Meß' schon bis zum Evangeli!" rief er und schnalzte mit seinen Hosenträgern.

An einem Nachmittag, erinnere ich mich, ging es besonders hoch her. Es hatte eine Hitze, daß ich selbst wohl schon mehr als eine Halbe Bier aus den so häufig dargebotenen Krügen meiner väterlichen Freunde verschluckt haben mochte. Wir kamen zur Opferung. Der Binder wollte mir das Einschenken des Weines und Wassers in das heilige Kelchgefäß und die Handwaschung lehren. Er war voll Eifer und der liebe Gott wird ihm das Unziemliche seiner Geschäftigkeit längst verziehen haben.

„Also, ich bin jetzt der Pfarrer", erklärte er, nahm dabei seinen Maßkrug zwischen die Hände wie der Priester beim Lavabo den Kelch und hieß mich das wertvolle Krüglein vom Bräu, weil ja nichts anderes gerade zur Hand war, nehmen, als wäre es ein Wein- oder Wasserkännchen. Franz war aufgestanden, Gebete murmelnd in unverständlichem Kauderwelsch; der Biertisch war zum Altar erklärt und der Bräu zum Mesner. Immer lebhafter wurde das hohe Spiel, immer exakter die heilige Pantomime. Er beugte das Knie, küßte den Tisch, sang in dröhnendem Baß, sich halb zur Seite drehend und die Hände ausbreitend. „Per omnia saecula saeculorum" und wir, der Bräu und ich, antworteten nicht minder kräftig „Ame — hen!"

„Satanskerle!" donnerte es auf einmal hinter uns. Es war Hochwürden, der geistliche Herr Rat, rot im Gesicht und den Spazierstock drohend ausgeholt, wußte er sich kaum zu fassen.

Wir schämten uns und schwiegen. Der Bräu fand endlich in gespielter Grobheit die passenden Worte: „Lerns ihm halt du, wenn's wir nicht können!"

Ein paar Tage später weckte mich meine Mutter mitten in der Nacht. Sie half mir schnell in die Kleider, strich mit dem Kamm geschwind durch mein Haar und schleppte mich die Stiege hinunter, hinein ins Gastzimmer.

Der Bräu, der Pfarrer und der Binder saßen noch am Stammtisch und hatten eben eine Wette abgeschlossen. Sie waren nicht mehr ganz nüchtern.

„Ein neues Meßgewand stift ich und hundert Mark geb ich dir, wenn er auch nur ein einziges Wörterl vergißt", prahlte der Bräu vor Hochwürden, dem geistlichen Rat. Und als wäre das ein armseliges Angebot, wiederholte der Binder überlegen: „Fünf Maß zahl ich, wenn er auch nur einmal stecken bleibt, fünf Maß!"

„Und ich, meine Herrn", kam endlich der Pfarrer zu Worte, „ich les' für jeden von euch gratis drei heilige Messen, wenn er die Gebete im Kopf hat und es freut mich noch obendrein." Er nahm mich bei der Hand und ich mußte mein Latein heruntersagen. Ich konnte es — vom ad Deum, qui laetificat, bis zum Deo gratias ohne Stokken und ohne Hilfe. Am nächsten Tag war ich Ministrant.

Als der jüngste und letzte von sieben wurde ich zunächst nur zu den Sonntagsnachmittagsandachten verwendet. Hin und wieder durfte ich beim Hochamt das Weihrauchschiffchen tragen. Um bei der Messe, oder gar bei einer Beerdigung ministrieren zu können, hätte ich erst um ein Jahr älter werden müssen.

Unsere heilige Kirche ist eine strenge Hierarchie. Selbst die Ministranten sind numeriert und unter sich eitel eifersüchtig wie Universitätsprofessoren auf ihren Rang bedacht. Es half mir nichts, daß mich der Herr geistliche Rat besonders gern mochte. Wollte er sich vor meinen fünf übergeordneten Kollegen nicht ins Unrecht setzen, durfte er mich nicht bevorzugen. Aber ich habe es dennoch geschafft.

Kaum acht Wochen war ich bei den Dienern des Altars und ich hatte zum ersten Mal bei einer Beerdigung ministriert. Dem Oberministrant hatte ich die zu verdienende Mark versprochen und er hatte sich ohne lange Umstände bestechen lassen.

Der Tod kümmert sich nicht um die Stunde. Er greift zu ohne Fragen. Kommt er gelegen, gut. Kommt er ungelegen, es schert ihn einen Dreck. Unten in der Auwiese mäht er, am Erlbach, im Sommer, im Herbst und im Winter. Über den reißenden Bach führt ein schmaler Weg. Wenn hier ein Siebzigjähriger um zwölfe nachts einen Fehltritt macht, fällt er in sein Grab; und wer von uns ist ohne Fehl? — Dichter Oktobernebel verhüllte den Sturz und den Schrei. Nach drei Tagen fand man die Leiche. Man brachte sie in das einsame Haus, bahrte sie auf und besprengte sie mit Weihwasser. Am übernächsten Morgen wurde sie ausgesegnet und mit Fahnen, mit Musik und Gebeten zum Friedhof getragen.

Ich stand überaus traurig am Grabe meines väterlichen Freundes. Der Binder Franz, der mir ein so geduldiger Hauslehrer war, er war plötzlich tödlich verunglückt. Mir hatte er es gelehrt, wie man ministriert, und meinen ersten größeren Dienst am Altar tat ich bei seiner Totenmesse. Requiescat in pace! Der Leichentrunk war beim Schecks.

Es bleibt selten bei einer Veränderung. Ein paar Monate später, nach Weihnachten, heiratete meine Mutter den Schneidermeister Johann Glasl, einen Witwer. Der Herr geistliche Rat war es, der vor allem diese Ehe gestiftet hatte. Er hatte meinem Stiefvater, für den Fall, daß er meine Mutter ehelichte, den bei unserer großen Pfarrei recht einträglichen Nebenberuf des Mesners versprochen. Der alte Mesner war nämlich damals gerade gestorben. Johann Glasls Einkommen war nach seiner Eheschließung also halbwegs so bemessen, daß es ihm für die nach und nach stattlich sich mehrende Kinderschar nicht am Notwendigsten fehlte. Man war erst dem Schneider neidig gewesen, aber er war in der Tat der geeignete Mann für die Sakristei sowohl wie für meine Mutter. Aber nur zehn Jahre lang durfte er ihr ein treubesorgter Gatte sein, dann war auch sie ihm von einer heimtückischen Krankheit genommen worden. Nicht ganz ohne fatalistische Gottergebenheit ist er immer mehr ein stiller, braver Mann geworden, auf den die berufliche Nähe des Allerheiligsten humane Würde und etwas klerikale Bildung einströmen läßt.

Ich war zwar mit meiner Mutter ins Schneiderhäuschen übergesiedelt, aber nur für ein Jahr. Der Herr Pfarrer legte mir eines Tages nahe, ob ich nicht Lust und Liebe für den Priesterberuf hätte. Mein Vormund, der Schecks, sträubte sich heftig.

„Nein, nein!" entgegnete er hartnäckig dem geistlichen Rat, „der Hansl soll einmal ein tüchtiger Metzger und Gastwirt werden. Ich glaub, ich schenk ihm eines meiner Wirtshäuser.

Ein Pfarrer! Ha, ha, er, der kleine Hansl ein Pfarrer? Ist denn ein Gastwirt nichts?" — Tagelang blieb der Bräu verstockt und sagte nein. Dem geistlichen Herrn Rat aber gelang es dennoch, ihn zu überreden. „Der Priester am Altar“, so setzte er einmal dem Schecks auseinander, „ist nichts anderes als ein Gastwirt. Freilich kein gewöhnlicher und nicht mit einem Biergarten. Er ladet die Gläubigen zum Tisch des Herrn und bewirtet sie mit der Speise des ewigen Lebens.“

Jetzt konnte der Bräu, der von dieser Rede gar sehr beeindruckt war, nicht mehr nein sagen. Er gab seinen Segen darein und eine passable Summe. Er war ein großzügiger Mensch. Ich kam nach Freising ins erzbischöfliche Knabenseminar, wo ich bis zum bestandenen Abitur ein mittelmäßiger Schüler blieb.

Ach, wenn doch der Bräu damals hart geblieben wäre! Ich bin kein Pfarrer geworden, sondern hab die philosophisch-philologischen Fächer studiert an der Universität zu München. Gewiß, ich bin zufrieden, es geht mir nicht schlecht und ich hab meine Beschäftigung gefunden. Aber Tegernbach habe ich aufgeben müssen, die Äcker und Wiesen, den Bach und die Mühle, die Dorfkirche mit dem Bild des heiligen Lautentius und den Wald! Gern denk ich zurück! Poesie ist Erinnerung.

Wer langsam geht, kommt auch zum Ziel

„Die Stubenferkel und die Großmutterkinder geraten all' hundert Jahr' grad' einmal", sagt ein altes Sprichwort. Ich halt was auf die alten Sprüch' und Redensarten, obwohl ich selber ein Großmutterbub gewesen bin in meiner schönen Jugendzeit auf dem Lande. Natürlich hab' ich auch eine Mama und einen Papa gehabt. Und ich hab' meine Eltern auch gern mögen, aber über meine Großmutter laß ich schon gleich gar nichts kommen. — Was tät denn der Mensch ohne Oma und Opa, wenn die Eltern geschwind einmal fort müssen? Und meine Oma war noch dazu eine lustige Großmutter gewesen und gescheit, daß sie sogar der Herr Pfarrer hat loben müssen. — Sie ist eine Bäuerin gewesen und sie hat im ganzen Dorf die Schwimmermuatter von Nialing geheißen, in dem wir ein bißchen abseits vom Dorf in dem Weiler Nialing gewohnt haben und unser Hof beim Schwimmer geheißen hat. Und ich war also der Schwimmer Peterl. Damals. Heut bin ich natürlich ein gestandenes Mannsbild und hab selber einen kleinen Bauernhof. — Meine Großmutter war von fester Statur und ein bißchen beleibt, ein wenig dick, in ihren alten Tagen. Aber sie war sehr geduldig und gutmütig mit uns Enkelkindern. Und ich war ihr Liebling. Meine Schwester, die Resl zum Beispiel, war ihr viel zu unzuverlässig.

„Diam Kinder grat'n net und wenn mans' neunmal im Schmalz umdreht! — Schau, Peter, 's Reserl hat schon wieder die Tür offen lassn. — Dös is amal g'wiß, davon kriagt mar an Rheimatis'!"

In ihrem Austragsstüberl war es besonders schön. Da war ein Kanapee, auf dem sie meistens gelegen ist; denn, so sagte sie, und das war sogar ihr Lieblingsspruch:

„Man soll nie laufen, wenn man gehen kann, nie gehen, wenn man stehen kann, nie stehen, wenn man sitzen und nie sitzen, wenn man liegen kann. — Peterl glaub mir's! Wie man sich bettet, so liegt man!"

Über dem Kanapee hingen an der Wand die Fotografien vom Großvater in Cheveauxlegers-Uniform, denn er war einmal Soldat gewesen. Und ein anderes Bild zeigt ihn und die Großmutter als Brautpaar. Hinter Glas und Rahmen glänzten auch noch ein paar Kriegsauszeichnungen aus dem ersten Weltkrieg, die der König von Bayern und der deutsche Kaiser meinem Großvater verliehen haben wegen seiner Tapferkeit.

„Er hat überalln der erst' sein müssen, aa wia's zum Sterbn gwen is!"

Meine Großmutter hatte einen unerschöpflichen Vorrat an bayerischen Sprichwörtern. Für jede verzwickte Lebenslage konnte sie damit einem einen guten Rat geben und manchmal auch einen Trost. Einmal zum Beispiel bin ich vom Kirschbaum heruntergefallen und hab mir das Knie aufgeschlagen gehabt. Meine Mutter hat mir ein Pflaster draufgepappt, aber meine Großmutter hat mich mit Sprichwörtern getröstet.

„Waarst net aufi gstiegn, waarst net oba gfalln! — Bist amal heiratst, is dös schon lang wieder guat! — Denk dir halt derweil Oache, bis d'Nüß zeitig werdn, na fallns von selm oba! — Gell, wer werd denn woana? — Mit'm Unglück von die andern muaß man sich trösten! Da Xaverl is gestern vom Fellerbaum obagfalln und hat koan Kersch derwischt. Aber mirk dir für die Zukunft den Spruch: Allerweil hängst net auf oan Seitn, es geht schon wieder amal Licht aa danner!"

Natürlich hab ich nicht alle ihre Sprüchlein verstanden, aber sie sind mir doch im Kopf hängengeblieben und haben mir oft geholfen. Auch Sprüch können einem helfen. Freilich heißts: Reden ist Silber, Schweigen ist Gold. Aber manche Leut wollen, daß man redet. Und mit einem Sprichwort sagt man was und doch auch wieder nichts. Besonders in der Schule haben sie mir immer gut getaugt die Sprüche meiner Großmutter. Beim Aufsatzschreiben zum Beispiel. Da hat es ja manchmal fürchterliche Themen gegeben, wie: „Ein lustiges Erlebnis!" Als ob nicht das lustigste Erlebnis sofort fad wird, wenn man einen Aufsatz darüber schreiben muß! — Oder: „Wie ich zum ersten Mal zum Doktor mußte ..." — Wenn mir gar nichts eingefallen ist, hab ich mir einfach die Großmutter vorgestellt und schon hörte ich sie sagen:

„A schwarze Kuah gibt aar a weiße Milli. Dös is an alter Spruch, mit dem fangt a lustige Gschicht guat on! — Oder nimm den, Peterl: „Es is ja grad, daß d'Zeit vergeht!" — Der paßt überalln. Und für die Lumperstückl gibts koan besserne Ausred: „Kloan und neissi', dick und fleißi', grouß und dürr, kriagst aa nix dafür." Oder: „Gega d'Liab is koan Kraut gwachsn, ehnder dafür."

Und so ist es stundenlang weitergegangen. Meine Aufsätze waren immer voll Sprüchwörter, denn wenn meine Großmutter einmal anfing mit dem Sprüchemachen, dann hörte sie nicht mehr so schnell auf damit.

„D' Einbildung macht d'Leit krank und wieder gsund aa. — Jawoihl, a Frag is überalln derlaubt und um a Frag is man nix schuldig, außer beim Doktor und beim Advokatn."

Mein Fräulein Lehrerin mußte sich sehr wundern über meine Aufsätze. Aber gefallen, glaube ich, haben sie ihr trotzdem. Nur mit dem Rechnen ist es schwerer gegangen. Weil beim Rechnen helfen dir die Sprüchwörter einen Dreck. — Die Großmutter aber tröstete mich und wußte auch für das Rechnen einige Sprüch.

„Nußknacka und Kopfrechnen is a harte Arbeit! — Laß an Kopf net hänga, Peterl, es wachst net grad da Bauch, mit da Zeit werd aa da Kopf größer. Und wer net rechnen kann, kimmt aar an Himme. — Unser Herrgott verlaßt koan altn Deitschn, hungerts'hn net, so dürschts'hn. Man braucht nix verbiatn, es vergeht mit da Zeit alls von eahm selm."

Leider aber wurde das Rechnen weder verboten noch verging es von selber. Unser Fräulein Lehrerin war eine große Rechenkünstlerin. Und schnell mußte bei ihr gerechnet werden.

„Zeit ist Geld und Leistung ist Arbeit mal Zeit", sagte sie. „Und wer nicht schnell rechnen kann, ist in der heutigen Zeit nicht viel besser dran wie einer, der überhaupt nicht rechnen kann. Nun, Peterl, du hast von den zehn Rechnungen nur sechs zusammengebracht. Alle anderen sind fertig geworden. Nur du nicht. Sogar der Xaverl hat alle zehne, wenn auch nur fünf davon stimmen. Immerhin, er hat sich geplagt. Und er hat nicht getrödelt. Was hast du für eine Ausrede, hm? Raus mit der Sprach, Peter!"

„Eile mit Weile, Fräulein Lehrerin", gab ich ihr heraus. „Und wenn's recht pressiert, na muaß man doppelt langsam gehn! Es is aa koan Moaster vom Himmel gfalln. Wenn no koan Fehler drin is, Fräuln Lehrerin! Liaber halbet und gscheit wia ganz und gschlampert! — An gstandna Mon pressierts net leicht, außer er is was schuldig. Und in Bayern is no koana derhungert, außer er werd Schneider und macht koan Stich.“

„Deine Sprichwörter gefallen mir nicht Peterl. Da weiß ich einmal viel bessere: Frisch gewagt ist halb gewonnen. Oder: Eins, zwei, drei — die Schnelligkeit ist keine Hexerei.“

„Dös san gwiß koane boarischn Sprüch! Mein Großmuatter sagt allerweil schön stad, es is morgn aa no a Tag.“

„Deine Großmutter ist eine alte Frau; für sie paßt so ein Spruch, aber du bist doch ein aufgeweckter Bub!“

„Aar a junger Mensch werd alt — dös is der Lauf der Welt! Ja no, wen d'Arbeit net gfreit, der möcht schon firti sein damit, ehvor, daß er onfangt! — Mi gfreit 's Rechnen, Fräulein, gwiß is wahr, nur soll der Mensch net bloß allerweil dös toan, was eahm a Freud macht.“

„Faule Ausreden! Rechnen muß der Mensch gut und schnell können. Sieben mal 28! Wieviel ist das, Peterl? Rasch, rasch!“

„Auf oanmal?“

„Im Kopf, gschwind, da schaug, die Kathl hat schon den Finger oben!“

„Die Kathl! — Pah! A faule Dirn tragt se aa lieber auf oanmal tout, als daß sie zwoanmal geht!“

„Laß deine Sprüch jetzt und rechne!“

„O mein, Fräulein Lehrerin, schon lang waar i aus der Haut gfahrn, wenn i an anderne wißt, wo i einischliafa kannt! — I packs auf zwoanmal . . .“

„Sieben mal 28! Wirds bald!“

Sowas sind heikle Situationen. Aber wer Sprichwörter beherrscht, der kann überall seinen Mann stellen. Ich danke es der Großmutter heute noch, daß sie mir besonders die langsamen und lustigen Sprücherl alle gut gelernt hat.

Weiß Gott, sonst hätt' mich schon lang der Schlag getroffen. Die Langsamkeit war überhaupt ihre Spezialität. In der heutigen geschwinden Zeit wäre sie wahrscheinlich ein Ärgernis gewesen. Pressiert hat es ihr also nie. Ihr Lebtag nicht. Und dabei hatte ich doch nie das Gefühl, daß sie der Faulheit das Wort geredet hätte.

„Laß dir derweil, Bua, a jeder Hafa findt sein Deckl. Wer woaß, von was d'Sau foast werd? — Wer hoam geht, kimmt nia z'spät. — No net auslassn, liaber hint bleibn. Der Letzt' hat no net gschiebn. Und überhaupts: Wer mi für dumm verkaaft, der gibt sein Geld umasünst aus. — Wann dös net guat für d'Wanzn is, hat dersöl gsagt, na woaß i nimmer, was guat sein soll — und hat sein Haus ankennt. — Z'Nürnberg is aa oana, der net alls woaß. — Hat an Armer reiche Freind, hat er aa net mehrer, wie's sich scheint. — Aber was i net woaß, macht mi net hoaß. — Und was dir der schenkt, dös kriagst anderswo umasünst. — S'Zfriedensein schenkt mehrer Ruah — wia der Nimmergnuag! — Es is ja grad, daß d'Zeit vergeht! — Und wenns nix is, is a Gspaß gwen. — Geh weiter Peterl, tua mir die Deck' her, man soll nie sitzen, wenn man liegen kann . . ."

Auch diesen Spruch hab ich mir schon als Kind gemerkt und hab ihn oft und gern benützt. Da ist einmal beim Mittagessen, ich bin gerade von der Schule heimgekommen gewesen, der Xaverl bei der Tür herein und hat ganz aufgeregt getan und hat gesagt:

„Gschwind Peterl, schick di! Die Tegernbecker Buam san am Grabnbachl drunt und wolln unser Wasserradl kaputt macha. Dös derf ma uns net gfalln lassn! Schick di! — Komm!"

Ich laß mich also ausnahmsweise hinreißen, obwohl ein alter Spruch sagt: „Wer guat ißt, schnell vergißt!" — Ich steh also vom Tisch auf, sag der Mutter kaum Pfüa' God und renn mitm Xaverl zur Tür naus, daß wir bald die Katze dertreten hätten und die Dorfstraße hinab, daß die Hennen zum Gackern vergessen haben.

„Es kann der beste nicht im Frieden leben, wenn es dem bösen Nachbarn nicht gefällt! — Die kriagn Schläg, daß drei Tag lang im Trab laufa müaßn."

Wir hatten uns nämlich an einem winzig kleinen Bächlein unterhalb der Mühle gerade ein schönes Wasserrad gebaut gehabt. Ein wunderschönes Wasserrad, das sogar Wasser schöpfen und klingeln konnte. Auch konnte man es an- und abstellen. Aber wir sahen es gar nicht gern, wenn andere damit spielten. Und die vom Nachbardorf, die Tegernbecker Buben, waren so neidige Schufte, die uns schon öfters was angetan hatten. Der Xaverl und ich, wir liefen, was wir laufen konnten. Auf einmal bekam ich ein Seitenstechen und ich dachte an meine Großmutter. Recht hat sie, denk ich mir, man soll nie laufen, wenn man gehen kann. Ich ging. Weil: Wennst z'spät kimmst, huilft 's Laafa aa nix.

„Heh! Geh weiter! Es pressiert!" sagte der Xaverl.

„I konn nimmer. — Und pressieren tuats scho glei gar net. Nix laßt se zwinga — aa net 's Betn und 's Singa."

„Die Lumpn machen uns doch alles hin!"

„Da Deifi huilft seine Leut, aber holn tuat er s' aa. — Laß dir no derweil, Xaverl, wia God wuill, am End habn ma's no net verlorn dös Gspuil!"

„Hast ebba Angst, weil sie mehrer san?"

„Angst hab i net, grad is ma net wohl. Und überhaupts: Die guatn Gedanken und die hinkerten Roß' kommen allweil auf d'Letzt. — I bleib stehn, weil — wie mein Großmuatter schon sagt — man soll nie gehen, wenn man stehen kann."

„Feigling“ schimpfte der Xaverl.

„Kloane Haferl laufen gern über. Depp, wir müssen uns doch was überlegn!“ erwiderte ich.

„Schiß hast vor den Tegernbeckern!“

„Gschaftig wia der Käfer im Roßdreck! — Was verstehst denn du von der Viehzucht, wennst selber an Ochs bist! — Wir müaßn Kriegsrat haltn!“

„Dös muaß i glatt in der Schul erzähln, was du für a Trauminet bist!“

„I hab mehr Schneid auf mein'm Buckl wie du an deinm Messer. — Grad mit Fleiß werd jetzt grast. Hat se unser Herrgott aa an Feiertag vergunnt. Da is a Bankerl, da sitz ma uns jetzt a Weil her, weil: Man soll nie stehen, wenn man sitzen kann. Beim Sitzen hat man die besten Gedankn. Wer gut sitzt, der gut denkt!“

„Faule Sprüch! Mir zwoa san fertig, daß d'es woaßt! Restlos!“

„Also renn zua! Mit an Narren is koan Kindstauf haltn! — Und gega a Fuder Mist is schwaar onz'stinka. — Dös is koan Schadn, daß net jede Liab in d'Eh findt. — Und solang der Mensch a Hoffnung hat, braucht unser Herrgott koan Wunder toan. — Wennst dich net hersetzt, dann ghört mir die Bank und i leg mi hin, weil: Man soll nie sitzen, wenn man liegen kann.“

„Dös verzähl i der ganzn Klass und an Fräulein Lehrerin dazua!“

„Freili, dir konn man alls anvertraun, von dir werd koan Stock was inna, außer es sitzt wer drauf.“

„Feigling!“

„Du kennst koan andern Vogl wiar a Katz! — Wer zahlt, schafft an! — Vuil Gschroa, weng Oa! — Du stellst dich an, wia der Ochs beim Kälbern!“

„Feigling! So a Feigling!“

„A junger Dummer hats in die Arm, an alter Tropf aber hats im Kopf! — Wer ins Wasser springt, der braucht se net wundern, wenn er naß wird!“

Während wir also noch weiterstritten, ist der Herr Pfarrer von seinem Spaziergang heimgegangen. Und sein Weg hatte ihn bei unserem Wasserrad vorbeigeführt. Er war selber ein Bastler und hat es sich gern angesehen, was der Xaverl und ich da gebaut hatten. — Und wie er diesmal an das kleine Grabenbacherl hingekommen ist, waren gerade die Tegernbecker Buben dabei, unser Radlwerk kaputt zu machen. Sie waren zu viert, das hatte ich mir schon gedacht, und einer zog bereits einen Stempen heraus.

Da ist aber unser Herr Pfarrer dazwischengefahren mit seinem Spazierstock und hat unsere Feinde verjagt. Und er hat ihnen auch die Leviten gelesen, daß man so etwas nicht tun darf als Christenmensch — aus Neid etwas zugrunderichten! — und sie sollten sich selber eins bauen. Er hat es uns erzählt und der Xaverl hat gesagt: diese Schufte hätten wir richtig gehaut, wenn ich dazu nicht zu feige gewesen wäre und zu faul.

„Aber mit so an spinnerten faulen Freind kannst ja nix unternehmen“, fügte er hinzu.

„Sie sind zu viert gewesen. Gottseidank hat der Peterl ein Seitenweh bekommen, sonst hättet ihr schöne Schläg gekriegt!“ erwiderte der Pfarrer.

„Das wär mir wurscht gewesen, Herr Pfarrer. Man muaß seine Sach verteidigen. Und er ist halt doch a Feigling.“

„Vielleicht — aber ein Glück habt ihr trotzdem gehabt: Keine Prügelei und das Wasserrad dreht sich auch noch.“

„Wia's oan aufgsetzt is, Herr Pfarrer: es kommt, wie's kommt: ghörst zum Dersaufa, brauchst vom Derstecha koan Angst habn“ mischte ich mich ein.

„Sei nicht so altklug, Peterl! Solche Sprüch schicken sich nicht für einen Buben — und schon gleich gar nicht für einen Ministranten!“

„A so is er. Der konn nix wia Sprüch macha!“ stichelte der Xaverl weiter.

„O mein, Herr Pfarrer, wenn der Hahn kraht, macht er d’Augn zua, weil er’s auswendig kann“, erwiderte ich.

„Wollen wir uns einmal vornehmen, Peterl, daß du eine Woche lang überhaupt kein Sprichwort mehr sagst?“

„Es waar grad ums vürnehma z’toan“, murmelte ich.

„Na also, nimmt es dir fest vor!“

„I konn halt net aus meiner Haut außer.“

„Es paßt nicht für einen lustigen Buben, wenn er so redet, wie seine Großmutter — bestimmt paßt das nicht!“

„Diam oans paßt aber. — Freili: Zween Bauern passen net in oan Pfoad! Und die groußn Köpf san net allerweil die gscheitern! Mein Großmuatter sagt zu mir oft: Was soll aus dir werdn, Peterl, für a Leit bist zweng gscheit und für a Roß konnst zweng laufa.“ —

Es war auf einmal ein rechtes Kreuz mit mir. Niemand mehr wollte meine Sprichwörter hören. Der Herr Pfarrer nicht, er redete darüber sogar mit meinem Vater; die Fräulein Lehrerin nicht, sie ging zu meiner Mutter. Und meine Freunde lachten mich ohnehin aus. Es kam schließlich so weit, daß es mir von daheim und in der Schule bei Strafe verboten wurde, ein Sprichwort zu sagen. Und ich konnte doch fast nur noch in Sprichwörtern reden! — Da war guter Rat teuer. Ich bräuchte mich nur ein jedesmal auf die Zunge zu beißen, meinte meine Mutter — oder überhaupt nichts mehr reden. Und mein Vater sagte, noch einmal, wenn ich dich so saudumm daherreden hör, dann staubts. „Laß dir dös gesagt sein“, fügte er noch hinzu, „ein zweites Mal mahn ich dich nicht mehr.“

„Ja, Vater“, sagte ich drauf, „i woaß, Papa: zwoamal predigt da Pfarra net. — Und was man net im Kopf hat, dös hat man in de Füaß.“

Da hatte ich denn auch schon eine Ohrfeige bekommen. So weit war es mit mir. Ich konnte einfach keinen Satz mehr sagen, ohne daß mir nicht ein Sprichwort herausrutschte. Ein rechter Spruchteufel bin ich geworden und alles wußte ich besser und nie war ich um eine Antwort verlegen. — Nur bei der Großmutter konnte ich mich gehen lassen und ausweinen. — Aber auch das mußte heimlich geschehen, denn man hatte es mir verboten, daß ich mich in ihrem Stübchen herumtrieb.

„Ja Bua, d'Leit san wia d'Knödl, grad net so rund.“ —

„Und wias ma's verbotn habn, daß i zu dir derf, hab i gsagt: Man soll koan Menschn net wegwerfa, grad onloana wia an Mehlsack, daß man'hn hernehma konn, wenn ma'hn braucht. — Da drauf han i natürli glei nomal oane gfangt.

„Kurze Gedankn und lange Bratwürscht, dös is auf dera Welt d'Hauptsach!“

„O Elend, reiß d'Augn auf, schaug d'Nout on!“

„Tröst dich mit dem Gedankn, Peterl: im Himmi drobn kemma allsamt wieder zsam, wenn a Glück dabei is. — I hab allerweil gmoant: a guats Wort findt an guatn Ort. Aber net is wahr: d'Leut achtn heutzutag as Wort nimmer. — Laß mi hinlegn, Bua, i muaß nachdenka, vielleicht fallt mir was ein, was uns helfa könnt!“

Und die Großmutter dachte nach. Ihr war noch immer etwas eingefallen, also würde sie auch diesmal einen Ausweg finden. Und da hatte sie ihn auch schon gefunden.

„I sag ja, Großmuatter, an alts Weib und a stoanerne Grand is an ewigs Werk!“

„Ja Peterl, jetzt habn ma die Rettung. Es is ja der, der

nix redt aar a Mon. — Paß auf, leicht is net für di. Und brav grad aa net. Mir jagn eahna an mords Schreckn ein. Du stellst dich stumm. A ganze Woch lang stumm. Stumm wie ein Fisch. — Da werdens Angst kriegn. Da werdens bald sagn: Peterl, han, red halt wieder! Ja Peterl, warum redst denn net? Mach wieder Sprüch, Peterl, werdns sagn, wennst no grad net wirklich stumm bist! — Aber du darfst nur deutn. Und wennst wirklich was sagen willst, dann nimmst an Bleistift und schreibst es auf einen Block. Net redn, hast ghört! A ganze Woch lang net. — A net vor'm Doktor. Ganz oder gar net. Was aufgeht, geht aa nieder. — Und wie gsagt: es is ja der, der nix redt aar a Mon!"

Das war vielleicht eine sauere Woche gewesen! Ja machen Sie das einmal, eine Woche lang nichts reden! Auch nicht flüstern. Krank sein ist gewiß etwas Schreckliches, taub sein ist auch nicht schön, aber stumm sein wollen, das ist schon fast so furchtbar wie das Blindsein. Für mich wenigstens war es so, obwohl ich natürlich weiß, daß die Blinden die allerärmsten Menschen sind. — Ich kannte auch nicht die Stummensprache. Ich nickte halt mit dem Kopf oder ich schüttelte ihn, das war schon beinah alles, was ich sagen konnte. Da waren sie denn auch alle recht erschrocken und glaubten es beinahe, daß ich stumm geworden bin. Auch in der Schule mußten sie es glauben.

„Also schön, du bist plötzlich stumm, Peterl. Schreiben aber kannst du doch? — Also geh an die Tafel und rechne uns vor: 43 mal 37! Los, hier ist die Kreide; und ein bisserl rasch, gell!"

In der Schule also hilft dir das Stummsein schon gleich gar nichts. Nur in der Religionsstunde beim Herrn Pfarrer hat es ein wenig geholfen. Obwohl er es mir nicht recht geglaubt hat.

„So, du bist stumm? Plötzlich stumm. Interessant. Grad jetzt hätt ich von dir, mein lieber Peterl, gern ein Sprichwort gehört. Wie heißt es doch: Wer einmal lügt, dem glaubt man nicht, auch wenn er plötzlich nichts mehr spricht? Heißts so? — So? Du bist wirklich stumm? — Stimmt das, Xaverl!"

„Ja, er hat es mir selber gesagt, Herr Pfarrer. Eine Woche lang will er nix mehr reden! — Zuerst hab ich mir gedacht, er spinnt, aber jetzt glaub i's schon bald selber."

Am liebsten hätt ich dem Xaverl eine geschmiert. Aber ich war ja stumm. — Der Vater sagte: es ist eine rechte Wohltat, seitdem du so eifrig schweigst. — Die Mutter aber hatte es mit der Angst zu tun und wollte mich zum Doktor bringen. Sie meinte, es hätte mir plötzlich die Sprache verschlagen, neulich, wegen der Ohrfeign. Und so was hätte es schon öfters gegeben. Manche Leut verlieren sogar das Gedächtnis und warum also hätte ich nicht tatsächlich die Sprache verlieren können? — Aber der Vater redete es ihr leider aus und sagte: dem sein Mundwerk ist ärger wie ein Wasserradl, dös kommt schon wieder in Gang. — Niemand jedenfalls glaubte es wirklich, daß ich stumm bin und niemand hat mich gebettelt, ich soll wieder reden, auch wenn es nur Sprüchwörter wären. Das hat die Großmutter gleich noch mehr verdrossen als mich selber.

„Dö is a Kreuz und kein Herrgott dran! — D'Leut glaub'n nichts mehr, es werdn die Zeitn allerweil schlechter."

„Mach dir nix draus, Großmuatter, a guats Roß ziahgt zwoamal. Habns ma's die erste Woch' net glaubt, ich bleib nochmal a Woch stumm. Allmählich gfällt mir dös Gspuil. Und wenns nix is, na' is allweil a Gschpaß gwen."

Also schwieg ich nochmal eine Woche. Meine Zunge war

schon ganz pelzig vor lauter Schweigen. Jetzt glaubten es schon meine Freunde und bald würden die anderen auch daherkommen und mich bitten und betteln. — Aber da hab ich mich dann doch einmal verraten. — Das war so: Unser Pfarrer hatte bei seinem Pfarrhof auch noch einen großen Bauernhof dabei gehabt. Und weil der ganz in der Nähe von der Schule gewesen ist, sind wir in der Pause immer im Pfarrhof herumgerannt, haben im Stadel Versteckermandl gespielt oder sonst was angestellt. In dieser Woche hatte der Pfarrer gerade das Getreide gedroschen und während der Pause wurden soeben die Säcke auf den Dachboden, auf den Getreidekasten, hinaufgezogen. Der Baumeister stand herunten und band jedesmal einen Sack an den Strick hin, schrie, wenn er fertig war damit: auf geht's! Und dann bewegte sich der Sack langsam hinauf. Oben, unter dem Dach war ein großes schwarzes Loch, da griff dann eine Hand heraus und holte den Sack hinein in den Getreideboden. Dann kam der Strick wieder herunter. Wir Buben sahen eine Weile zu.

Und dann kam der Xaverl auf die Idee, daß wir uns mit so einem Sack hinaufziehen lassen sollten. Ich war gleich dagegen und schüttelte heftig den Kopf. Aber die anderen waren alle dafür und der Baumeister, der die Säcke herunten angebunden hat, hatte nichts dagegen. Also setzte sich jedesmal einer von unserer Klasse auf den Sack und schwebte schön langsam hinauf. Oben aber war es der Herr Pfarrer persönlich, der den Aufzug, einen alten Göppel, mit der Hand bediente und die Säcke hereinholte. Er hat dabei ohnehin schon geschwitzt und jetzt also mußte er uns auch noch hinaufziehen. Ein jeder bekam eine Ohrfeige und mußte sich in eine Ecke des Dachbodens stellen. Keiner durfte hinunter oder die anderen Buben warnen, bis wir dann alle heroben waren. Ich war der letzte. Als ich meine Ohrfeige hatte und auch bei meinen Klassenkameraden stand, sagte der Pfarrer:

„Bleibts mir ja brav stehen! Keiner rührt sich a Mukkerl und keiner macht a Zuckerl!"

Und dann ließ er den Strick wieder hinab und zog noch einmal fünf Säcke herauf, bis er fertig war. Das waren vielleicht Minuten! Ein jeder von uns hatte eine fürchterliche Angst, denn unser guter Herr Pfarrer konnte manchmal sehr streng sein. Jetzt ging er schwitzend und keuchend im Kreis herum. Der Göppel knarzte und ächzte und die Stiefel des Herrn Pfarrer stampften auf den Bretterboden. Endlich hatte er den letzten Sack ausgeleert und der Baumeister rief herauf: fertig! — Da wischte sich der dicke Herr Ökonomiepfarrer den Schweiß von der Stirn und ging auf uns arme Sünder zu.

„Malefizbubn! Hat sowieso jeder Sack schon zwei Zentner und fünfzig Pfund. — Gute Lust hab ich und laß euch drei Tag lang nachsitzn! Was denkt ihr euch denn eigentlich? Hm? Ja krieg ich denn keine Antwort?" —

Und weil alle jetzt stumm waren und niemandem etwas einfiel, sagte ich etwas. Ich wußte von der Großmutter nämlich auch für diese Situation ein passendes Sprichwort.

„Mein, Herr Pfarrer, aufwärts gehts an Himmel zua!"

„Der Peterl! Schau, schau, er kann wieder reden, Lausbub! Du bist ja gar nicht stumm! — So, und jetzt schreibt ihr mir zur Strafe alle einen Aufsatz über das Sprichwort, das euer Freund Peterl grad gesagt hat: Aufwärts gehts dem Himmel zu! Mit dem Untertitel: Ein Abenteuer auf dem Getreideboden unseres Herrn Pfarrers.

Jetzt hatte es natürlich keinen Sinn mehr, daß ich weiterhin den Stummen spielte. Ich redete also wieder und war froh. Ich hab gleich alles Versäumte nachgeholt und fürchterlich viele Sprüchwörter herausgelassen.

„Man nennt koan an Blassl, außer er hat an Stern. — Gell, Vater, dös sagst aa: kurze Haar san bald bürschtlt. Und am ersten Mai schickt ma an Esel um a Büscherl Heu! Die frühen Wetter und die frühen Bettelleut kommen am Tag zwoamal. Wo 's Geld is, da is der Teifi und wo koans is, da is er zwoamal. Und Papa, kennst den? Geld habn ma wia Heu, grad net so lang."

Da war es meinem Vater bald wieder zu dumm mit mir und er sagte: Peterl, bittschön, sei wieder einmal eine Woch lang stumm! Bittschön, Peterl, ich kann deine Sprüch nimmer hörn!"

„Ja, mein Papa, wo der Pfennig gschlagn is, da gilt er nix! Und a Kind mit am schlechtn Mundwerk, später net gsund werd! Oder es heißt auch: Still und stumm sein steht der Jugend schlecht, Reden und Lachen ist ihr Recht. Aber natürlich gibts auch den Spruch: Kinder seids staad, der Vater muaß unterschreibn!"

Da bekam ich wieder eine Ohrfeige und ich schwieg verzweifelt und war ganz traurig. — Endlich nahte die Stunde meiner Erlösung. Ein Professor kam eines Tages in unser Dorf, einer, der schon seit hundert Jahren am bayerischen Wörterbuch arbeitet und alle alten Sprüch sammelt. Er war bei der Fräulein Lehrerin und beim Herrn Pfarrer gewesen und hat sie nach alten Sprüchen gefragt. Die haben ihm aber nur ein paar sagen können, die er schon gewußt hat. Da hat er gesagt, er würde für einen guten Spruch auch etwas zahlen, und wenn es sein muß, vielleicht sogar eine Mark. Und wie das mein Vater im Wirtshaus gehört hat, ist er gleich heimgegangen und wollte die Großmutter holen. Die hat sich aber geweigert und hat gesagt:

„Na, na, i bin an alts Weib, meine Zeit is vorbei. Übergebn, nimmer lebn. Es stimmt schon: lang lebn will a jeder, aber alt werdn will keiner. Laßts die Junga hin, der Peterl woaß mehra wiar i!"

Also mußten sie jetzt zu mir kommen und mich bitten und betteln, daß ich dem Professor alte Sprüchwörter aufsagn soll, das Stück für eine Mark, wenn es eins war, das er noch nicht gekannt hat. Und mein Vater hat immer gesagt:

„Red nur Bub, red, Peterl, dir geht doch das Trumm nie aus, du weißt doch immer noch eins. Tausend mußt ihm sagen, tausend, Peterl. — Da hast du dann ein schönes Sparbuch beisammen. Und vielleicht fallen dir später nochmal tausend ein!" — Ich durfte also in Zukunft reden und Sprüch machen, so viel ich wollte und konnte.

„A jungs Dirndl und an alter Spruch habn miteinand koan schlechtn Gruch. Auf oanmal is gar wordn wiar an ausgstroafte Leberwurst. Weil: es is koan Trumm so lang, daß net amal an End hergeht. — Plötzlich ist mir nichts mehr eingefallen. — Aus is und gar is und schad is, daß wahr is!"

Nur dreiundachtzig Sprüch hab ich dem Professor verkaufen können. Die andern hat er alle schon selber gewußt. Und wenn ich jetzt auch eine kleine Berühmtheit war im Dorf und reden durfte, soviel ich nur wollte, hat das unserer Fräulein Lehrerin doch keinen Eindruck gemacht in der Rechenstunde.

„Peterl, gschwind, sieben mal 28! Wieviel ist das? Na, wirds bald!"

„An alter Mon ist koan Schnellzug, Fräulein, und wer langsam geht, kommt auch zum Ziel, i rechne's auf dreimal."

„Keine Sprüch, Peterl! Sieben mal 28. Los! Morgenstund hat Gold im Mund und frisch gewagt is halb gewonnen!"

„A luserter Hund und a passerte Katz gehn sich hart miteinander! Und 's Jungsein alloan is koan Sünd, Fräulein, aber 's unschuldig alt werdn, dös is a Kunst."

Das Antioriginal oder der Funktionär

Warum sollen heutzutage die Originale seltener werden — oder gar ganz aussterben? Weil die Zeit nüchterner geworden ist, schnellebiger, langweiliger, rationeller, finanzieller, profitgieriger, korrumpierter usw. Als ob die Zeit nicht immer so wäre wie die Leut sind!

Der Mangel an Ursprünglichkeit ist die ganze Misere. Originell heißt ja ursprünglich. Wir heutigen aber leben aus zweiter, dritter, ja sechster und siebter Hand. Zwischenhandel und Management diktieren den Konsum. Selbst der Konservative ißt aus der Konserve. Wer nicht mitmacht wird als anormal, als Original verschrieen. Die Originalität wurde disqualifiziert.

Leibliche und geistige Bedürfnisse werden erzeugt — und auch solche eines Zwischenbereiches gezielt und ganz bewußt erzeugt, damit ihre Befriedigung umso planmäßiger abläuft und funktioniert. Das Funktionieren der Wirtschaft ist das einzig wichtige der modernen Menschheit. Der wichtigste Mensch der Welt ist demnach der Funktionär. Jeder ist ein Funktionär, der Arbeiter und der Spitzenmanager. Wer sich augenblicks noch dagegen sträubt, weil er glaubt, sein Beruf komme noch ganz aus dem Ursprung — der Lehrer und Arzt und Pfarrer — es wird ihm einen Dreck nützen dieses Sträuben, er wird unweigerlich ein Funktionär werden müssen, denn die Organisationen wachsen. Und die planmäßige Befriedigung der geplanten Bedürfnisse muß funktionieren.

Wo es Millionen von Funktionären gibt, ist es allerdings auch wieder leicht, ein Original zu sein. Man braucht nur ein ganz klein bißchen anormal werden, ein Wort persönlicher, eine Nuance humorvoller, einen Hauch ursprünglicher. Aber wer wagt es schon, aus der Reihe zu tanzen und ein einziges Mal nicht zu funktionieren? Die Zusammenhänge sind zu groß geworden, die Folgen wären unabsehbar.

Höchstens im Urlaub kann der Mensch, wenn er sich erst einmal drei Wochen lang von der funktionellen Totalerschöpfung erholt hat, sich ein wenig originell betätigen. Aber auch dieser menschliche Zug wurde schon weitgehend organisiert — und das nicht von Originalen — sondern von den Funktionären des Tourismus. Die Welt ist voller Soziologen und Zoologen — und die Ur-Viecher werden trotzdem immer weniger.

Der Funktionär ist das Antioriginal schlechthin. Das Persönliche, Abweichende ist ihm verhaßt. Und doch verlangen die Spitzenfunktionäre voneinander eine persönliche Note. — Das klingt schon wieder ein bißchen originell. Spitzenfunktionäre dürfen im Komödienstadel auftreten!

Ein Manager, von Terminen gehetzt — sein Terminkalender ist sogar gedruckt und für jeweils drei Monate voraus exaktest geplant — da heißt es: Abflug New York am 13. September, Ankunft Kairo am 14. um 16 Uhr Ortszeit usw. Dieser Spitzenmanager erleidet also eines Tages den Höhepunkt der Managerkrankheit, einen kleinen Herzinfarkt. In seinem Hotel finden sie lange keinen Arzt, da in der Nachbarstadt ein Ärztekongreß tagt. Also kommt ein alter Medizinalrat und verschreibt ihm als Arznei eine große goldene Taschenuhr mit Sprungdeckel! Die Uhr muß er täglich aufziehen und obendrein um eine

Dreiviertelstunde nachstellen. Und genau nach dieser Uhr muß der Spitzenfunktionär in Zukunft leben. Er tuts, läßt sich eine Weste mit Uhrkette schneidern und kommt prinzipiell zu spät.

Rasch wird er wieder gesund, denn das Leben nach einer altmodischen Taschenuhr ist heilsamer wie Tabletten, Massagen und Waldläufe.

Das Original in unserem Zeitalter der Funktionäre hat noch Chancen. Und glauben Sie mir, auch originelle Menschen können erfolgreich sein! Und sie können ihren Erfolg auch noch genießen.

Mit den Originalen der guten alten Zeit lassen sich die gegenwärtigen Sonderlinge natürlich nur schwer vergleichen, weil viele von den farbigen Attitüden heutzutage gleich als Neurosen diagnostiziert, in ihrer Entwicklung gestört, unterdrückt und vorzeitig geheilt werden.

Dem alten Komödienstadel mangelte es nicht an bresthaften Physiognomien. Doch wer aussah wie ein Henkersknecht konnte reinen Herzens sein. Aber der Weltmann verbarg hinter seiner Heldengestalt manchmal eine satanische Natur. — Nix Gwiß woaß man net. Auch unter den lustigen Typen gibt's sölchene und sölchene.

Der Sparsame

Sparen und Hausen ist besser wie Trinken und Schmausen. Ein sparsamer Mensch hat immer ein Ziel vor Augen und sein Leben hat einen Sinn. Ah geh, sagt da drauf vielleicht ein Genußmensch, was hast du denn von deinem Geld? Am Ende kann keiner etwas mitnehmen.

Die sparsamste Rasse der Deutschen ist die Allemanische, weshalb es gut wäre, wenn der Finanzminister alleweil ein Allgäuer oder Württemberger wär. Die übrigen Bayern, die Franken, Altbayern oder gleich gar die Zugereisten, müssen sich in der Kunst des Sparens alles erst mühsam anlernen und haben keine großen Naturtalente hervorgebracht. Ausnahmen gibts freilich. Der Friedl Korbinian war eine solche Ausnahme. Er hat ein Ochsenzeugl gehabt, also einen kleinen Bauernhof mit einem Ochsen als Zugtier und seine Felder lagen schön ums Haus herum. Wer ihm beim Ackern zugesehen hat, dem Korbinian und seinem Ochsen, der hat die große Voraussetzung des Sparens studieren können, das Maßhalten. Der Ochs sollte zwar eine gute Leistung vollbringen, aber auch nicht vom Fleisch fallen.

„Oi, langsam, Öchsei, laß dir derweil, es pressiert net!

Wie langsam sich ein Ochs bewegen kann, davon hat ja die heutige Welt keine Ahnung mehr. Schritt für Schritt, die Zeitlupe wär noch zu schnell. Bei geringstem Futteraufwand die bestmögliche Gewichtszunahme und noch dazu eine entsprechende Ackerleistung zu erzielen, das war das Problem des sparsamen Friedl. — Und er hat es gelöst. Seine Ochsen galten auf dem Viehmarkt immer als die schönsten und fettesten.

Wem nun das Sparen zur zweiten Natur geworden ist, der wird immer erfinderischer. — Er hat auch Ferkel gehabt und nach stattgehabter Kastration bei den jungen Saubären, hat er die Fäden gewaschen und getrocknet und seiner Bäuerin ins Flickkörbel gelegt, auf daß sie wieder zum Knopfannähen verwendet werden könnten.

Überhaupt, was immer er gefunden, das hat er aufgehoben. — Das Essen ist ihm immer am teuersten vorgekommen. Bald war er so weit, daß ihm jeder Bissen, den er seinem Magen zuführen mußte, leid tat. — Brot und Kartoffeln, etwas Milch gelegentlich, meist aber nur Wasser, das war ihm am liebsten. — Zaundürr, aber durch und durch gesund, so hab ich ihn in Erinnerung.

Kinder haben sie keine gehabt. Und seine Bäuerin ist bald kränker und kränker geworden. Schon lag sie im Bett und jammerte um einen Doktor.

„Sei so guat Korbi, hol mir doch den Doktor! — I hab sonst keine Bitt mehr, grad den Doktor hol mir!"

So bettelte sie tagelang. Der Korbi aber meinte: „A was Doktor! Entweder werst wieder gsund oder du stirbst! Da konn koan Doktor net helfa, dös is alles d'Natur!"

Als ihm aber auch die Nachbarn zuredeten, holte er also schweren Herzens den Medizinmann. — Der verschrieb dreierlei Fläschchen, die der Korbinian in der Apotheke holen mußte. — Drei Tage später verschied die Frau des Sparsamen. — Sie wurde in Ehren beerdigt.

Der Friedl kam vom Friedhof heim, sah die drei Fläschchen Medizin und das hinausgeworfene Geld tat ihm bitter weh. — „Was soll i jetzt mit dene Trankl? — Wegschüttn is z'schad."

Er nahm einen Maßkrug, schüttete alle drei Mixturen hinein, aß ein Stück Brot und trank dazu die Medizin. Bitter war's freilich, aber helfen würde es vielleicht für sein ganzes Leben. — Sie tat es auch. Der Friedl Korbinian verschied eine Stunde später und gab sein geiziges Leben in die Hände seines großmütigen Schöpfers zurück.

Wer den Pfennig nicht ehrt, ist den Taler nicht wert. Auch wenn der Taler selber nimmer viel wert ist? —

Der Gneißlbäck

Die Sauberkeit geht uns heut über alles. Früher war das nicht immer so gewesen, da legte man zum Beispiel mehr Wert auf die Größe der Portion. Und das muß man dem Gneißlbäck selig lassen, die größeren Semmeln und Brezen hat man bei ihm gekriegt. Sie waren auch resch und hatten den rechten Biß. Einen besonderen Ruf hatten seine „Amerikaner“, ein kleines kuchenartiges Gebäck mit süßer Bodenglasur. Hier und da gab es bei ihm auch Schnecken mit Weinbeerln und Zuckerhörndl. Und natürlich konnten die Geisbacher beim Gneißlbäck auch Brotlaibe kaufen, rundliche Bauernwecken und auch schon städtische, längliche.

Der Gneißl selber war ein energischer Mann in den besten Jahren und saß jeden Tag, nachdem er ausgeschlafen hatte, beim Fäustlbräu oder in einem der sieben anderen Wirtshäuser des stillen Marktfleckens. Er war ein Ehrenmann, ein angesehener Bürger und etwas Nachteiliges war von ihm nicht bekannt.

Wie es von den Bäckern allgemein heißt, soll er ein wenig jähzornig gewesen sein. Nachsagen ließ sich ein gestandener Bäckermeister nichts. – Der Gneißlbäck hielt besonders viel auf seine Reputation. – Aber die Leut wenn einmal das Reden anfangen, dann lassen sie sich nicht mehr bremsen. – Der Ruf ist schnell ruiniert und das Geschäft gleich verdorben.

Erzählt da nicht die Rinnauer Fanny, daß es beim

Gneißlbäck in der Backstube nicht sauber zuginge? Er, der Herr Bäckermeister, wäre ja ein ordentlicher Mensch, aber sie, die Bäckin, die soll manchmal ein rechtes Ferkel sein, die nicht gerne putze und wasche und auch den Laden nie aufräume. Sogar Wanzen sollen sie darum haben beim Gneißlbäck! – Und, sagt die Frau Rinnauer, die Mäus und Ratten spielten in der Backstubn Fangermandl.

Etliche Tage später hieß es dann schon: In einem Brotlaib vom Gneißlbäck hätte man eingebackene Fliegen gefunden. Wenn nicht noch Schlimmeres! – Der Bäckermeister machte daheim einen Riesenkrach und getraute sich nur noch mit der schlechtesten Stimmung ins Wirtshaus. Niemals könne er in seinem Brot so etwas finden, murmelte er, und Fliegen schon gleich gar nicht.

Da aber fand die Rinnauerin in einer Semmel eine Wanze!

„Ja, woher kennt die Bixlmadame, die siebngscheite, überhaupt a so a Viecherl gleich? Hat sie auf dös gstudiert oder hat sie am End die Wanzn aus ihrem eigenen Schlafzimmer weggenommen?" Der Bäckermeister trank sich in allen sieben Gasthöfen einen Rausch an.

Und dann wurde er aktiv. Er ging zur Polizei. Wegen übler Nachrede und böser Geschäftsschädigung hat er die Rinnauerin angezeigt. Der Fall wurde ein Casus und schließlich eine Verhandlung vor dem Amtsgericht.

Die Rinnauerin mußte mit ihrem Advokaten den Beweis antreten. Sie blieb ihn nicht schuldig. Sogar ihre Freundin, die Aschbrenner Kathi, hat mitgezeugt und hat ihrerseits eine Wanze, in einem „Amerikaner" eingebacken, dem hohen Gericht vorgelegt.

Der Tag der Verhandlung kam. Der Advokat legte ein Couvert auf den Richtertisch und der Herr Amtsrichter öffnete dieses Couvert mit Vorsicht. „Diese Sorgfalt ist nicht notwendig", meinte der Anwalt, „indem diese Tiere durch den Backofen des Klägers bereits getötet wurden."

Das wäre ja sowieso die reinste Tierquälerei auch noch dazu, kommentierte die angeklagte Rinnauerin, indem diese armen Viecherl zuerst alle schon im Teig erstickt werden würden, dann gebacken und gegessen.

Der Gneißlbäck bebte vor Wut und seine gekränkte Ehre wollte gründlich wiederhergestellt werden.

Der Richter rückte seinen Zwicker zurecht und betrachtete den Inhalt des von der Verteidigung vorgelegten Couverts mit Sorgfalt. Schließlich schüttelte er verwundert den Kopf und ließ den Herrn Gneißl vortreten.

„Da, mein lieber Gneißl, schaun's selber, die beiden ramponierten Zwutzerl da auf meinem Tische, diese sogenannten Corpora delicti, scheinen in der Tat etwas ganz Merkwürdiges zu sein!"

„Was, Herr Rat? – Niemals san dös Wanzn!" Der Bäckermeister war vorgetreten und hatte sich die beiden ehemaligen Viecherl angeschaut. „Herr Rat, dös san ja niamals Wanzn! – Da sind ja wir zwei eher Ochsn!" –

Der Herr Amtsrichter verbat sich den Vergleich und meinte, er sei zwar kein Zoologe, aber daß dergleichen Ungeziefer nichts in einer Backstube zu suchen hätte, das erkenne er jedenfalls auf den ersten Blick.

„Aber gehn's, Herr Rat? Wanzn solln dös sein?" – Geschwind feuchtet der Gneißl den langen Zeigefinger an und pickt die zwei schwarzen Wuzerl auf, schiebt sie in den Mund und verkostet sie.

Der Herr Amtsrichter ist mit dem Zusehen nicht mitgekommen, so geschwind hat sich die Kostprobe ereignet. Und nachdem er die Wanzen verschluckt hatte, hat er genießerisch geschmatzt und hat entzückt ausgerufen: „Weinbeerln sans! Echte, süaße, guate Weinbeerln!"

Da war die Verhandlung zu Ende, denn das Beweismaterial war vernichtet. – Und gar so sicher war sich der Amtsrichter auch nicht gewesen, ob die gefressenen Weinbeerln nun wirklich Wanzen gewesen sind oder nicht.

Der Gneißlbäck hat aber doch die Maler kommen lassen und außerdem hat er sich bald darauf eine neue Backstube eingerichtet. – Von da an hieß er nur noch der „Weinbeerlbäck". Und das Geschäft ist auch nicht schlechter gegangen, eher besser, denn seine Semmeln und Brezen waren die größten im ganzen Markt.

Der Versöhnliche

Das Schönste an einem Streit ist die Versöhnung, sagt ein alter Ehespruch. Und weil er oft in den Genuß einer so überaus lieben Aussöhnungszermonie kommen wollte, brach der Nialinger von Nialing bei seiner Bäuerin alle daumenlang einen Streit vom Zaun. – Er raunzt sie an, wenn das Essen nicht Punkt zwölf Uhr auf dem Tisch steht, er greint ihr, wenn am Feiertagshemd ein winzig kleines Knopferl fehlt. Und wenn nach etlichen Stunden oder Tagen stummen Nebeneinanderlebens er dann seine Bäuerin in der Kammer auf einmal bei der Hand nimmt, dann findet er die schönen Worte: „ Res, sei ma nimmer bös! I mag dir dei Schlamperei von gestern nimmer länger nachtragn!" – Jetzt mußte die Bäuerin sich hocherfreut zeigen und dann kam es gleich zum Akte der Versöhnung. Ohne diese Versöhnungszeremonien hätten sich die zwei Nialingerleut ganz und gar auseinandergelebt.

Aber es soll sich niemand darüber freuen. Mit der Zeit der Jahre hat auch beim Nialinger der Versöhnungswille nachgelassen. Und der Streit natürlich auch: „I han gar koan Freid nimmer am Streiten. Res, tua was d'magst, i grein dir net und wenn an meinm Feiertagshemd überhaupt koane Knöpf nimmer dran san!" – Die Nialingerin ist ihrer Pflicht aber immer gewissenhafter nachgekommen. Also kann man sagen, die zwei haben gut zusammengehaust.

Da ist auf einmal das Wirtshaussitzen angegangen beim

Nikl. In den jungen Jahren hat er nie mehr getrunken als drei Halbe. Und um sieben Uhr ist er schon daheim gewesen. Jetzt in seinem fünfzigsten Jahr hat er einen Durst entwickelt und hat acht und neun Bier zusammengebracht und vor elf Uhr ist er nie mehr in die Schlafkammer gekommen. Da war sie ihm täglich böser und hat an eine Versöhnung nicht mehr gedacht. Höchstens, daß die Res auf die Wirtin und auf die junge Kellnerin geschimpft hat. Und auch dem Herrn Pfarrer ist sie im Ohr gelegen im Beichtstuhl, daß ihr Nikl gar nicht mehr vom Wirtshaus nach Hause käme und sie direkt am Leben verzweifle. Da hat denn der Herr Hochwürden öfters eine scharfe Predigt gegen das viele Wirtshaushocken gehalten, denn der Nialinger war mit dem Laster nicht allein gewesen.

Und der Herr Pfarrer hat auf der Kanzel ausgerufen: „O, ihr Säufer und Trinker", und er hat dabei direkt auf den Nialinger gedeutet, „merket den Satz: Ein jedesmal, wenn der Mensch in ein Wirtshaus geht, kommt er schlechter aus diesem heraus, wie er hineingegangen ist. Und es hat schon öfters ein Säufer am Ende sich selber das Leben genommen. Amen." –

Da haben sie aufgehorcht, die Leut, und die Bäuerinnen haben die Nialingerin mitleidig angesehen. – Aber der Nikl hat von der Predigt wenig gehört, weil er sie in seinem Stuhl verschlafen hat. Daheim mußte ihm deshalb seine Resl den Text wiederholen, besonders die Stelle, daß ein Trinker wie er sich gewiß einmal selber etwas antun werde!

Und sie hat sich die Heilung ihres Bauern sehr angelegen sein lassen und hat andere Seiten aufgezogen mit ihrem Nikl. Am gleichen Sonntag noch gegen Mitternacht hat sie dem Spätheimkehrer zum ersten Mal die Haustüre zugesperrt. Und keines der Ehehalten durfte sie dem

Bauern aufmachen. – Es ist obendrein ziemlich kalt gewesen. Der Nialinger hat geklopft und gepocht, niemand hat ihm angegeben. Er wollte zum Roßstall herein. Auch da war die Tür heute verriegelt. – Jetzt merkte der bierige Nikl den Ernst seiner Res. – Er klopfte noch einmal heftig an die Haustür. Umsonst. Er fing mit der Bäuerin durch das Kammerfenster einen Diskurs an: „Geh, Reserl, mach auf! I trag dir dein Zusperrerei nimmer länger nach, wennst glei aufmachst, hörst!" — Aber die Res ließ sich erst nach längerem Betteln erhören: „Nix da werd aufgmacht, derfriern sollst, alter Saufaus!"

So konsequent konnte sie werden und erst nach längerem Hin und Her ließ sie sich erweichen: „Erst wennst mir hochheilig versprichst, daß du ein halbes Jahr lang kein Wirtshaus mehr aufsuchst, erst nachand mach i dir auf!" – So streng war sie und von einer Versöhnung wollte sie nichts mehr wissen. – Da fiel dem Nialinger die Sonntagspredigt ein und er fing an, den Lebensmüden zu spielen.

„Guat, Resei, nachand net. Nachand sag i halt ‚Pfüa di God'!"

Mit schweren Schritten stapfte er auf den nahen Weiher zu, wo ein alter Fischtrog am Ufer lag. Diesem Trog gab er einen Stoß, daß er ins Wasser platschte. Dann schlich er sich auf den Zehenspitzen zurück. – Die Res hat den Plumpserer wohl gehört. Und auch ihr fiel auf einmal die Predigt vom Herrn Pfarrer ein, und wie er gesagt hat, daß die Trunkenbolde oft an ihrem eigenen Leben verzagen würden. — Jetzt hatte sie Angst. Sie sprang aus dem Bett, schlüpfte in ihren Kittel und öffnete die Haustür. Sie ging an den Weiher, rief ihrem Nikl, bekam aber keine Antwort. – Nach einer Weile dachte sie, jetzt muß ich doch die Knechte aufwecken, damit sie mit Stangen nach dem ertrunkenen Bauern suchen. Als sie aber wieder ins Haus wollte, fand sie die Haustür abgesperrt und der Nikl zahnte zum Schlafkammerfenster heraus und spottete schadenfroh: „Gell, iatz hättst dich bald z'früh gfreit, alter Trankhafer rinneter! – Aber a so is: Wer sich net versöhnen will, macht an Streit no' größer!"

Und aufgemacht hat er ihr nicht. Die Res mußte die Stalldirn darum bitten. – Wenn man sich nicht mehr versöhnen kann, soll man sich auch nicht mehr streiten! –

Ein altbayerischer Sozi

In Bayern wäre man nie rückständig gewesen und man hätte schon Sozialisten gehabt, als Marx, Engels und Lasalle noch nicht einmal alle ihre Bücher und Briefe zu Ende geschrieben hatten.

In Weikersbach, einem ansehnlichen Pfarrdorf, lebte ein gesunder, bäuerlich-dorfbürgerlicher Mittelstand. Es gab zwar ein Armenhäusl, aber darin hauste nur ein braver Kriegsinvalide mit seinem Weib und seinen sieben Kindern, der als Bettelmusikant mit einer Drehorgel, die schon ein Loch hatte, drei Pfarreien im Umkreis herumziehen durfte. Er war ein friedlicher Mensch. Er war vielleicht der ärmste in Weikersbach, aber er hat sich nicht für diesen gehalten. Er war zufrieden.

Der ärmste Mann, das war der Sargschreiner und Glasermeister Dominik gewesen. Und er wollte es auch sein. Einmal hatte er eine scharfe Konkurrenz als Schreiner und Glaser, zum anderen galt er als ein schlechter Handwerker, der sowieso bestenfalls nur einen Sarg zusammenzimmern könne oder eine zerbrochene Fensterscheibe einsetzen. Das war natürlich falsch und übertrieben. Aber schwimm du gegen die öffentliche Meinung eines Dorfes an! – Zudem galt der Dominik als ein Querulant und politischer Wirrkopf und er saß gern im Wirtshaus. Nicht aus Lust, nein aus politischer Überzeugung.

Von seiner Wanderschaft hatte er ein Büchlein mit heimgebracht, das den Titel trug „Von der sozialen Gleichheit der zukünftigen Menschen". Zeit seines Lebens hat er sonst nichts gelesen. Diese soziale Gleichheit und das Konzept seiner eigenen Phantasie, dazu die rauhe Wirklichkeit von Weikersbach, gingen dem Dominik so lange im Kopf herum, bis daraus eine eigenartige Mischung von revisionistischem Sozialismus bäuerlich-niederbayerischer Prägung entstand.

Der Schreiner Dominik zum Beispiel kämpfte verbittert gegen die Tischordnung in den beiden Wirtshäusern zu Weikersbach. Das war seine alltägliche politische Praxis und sie deckte sich mit seinem Grundsatzprogramm.

Da gab es nämlich einen Herrentisch, wo nur die größeren Bauern, der Pfarrer und Lehrer vielleicht noch, sitzen durften, während an den übrigen Tischen die mittleren Bauern Platz nahmen. Und die kleinen aber saßen schon beinahe am Handwerksburschentisch, wenn an Sonntagen die Stube voll war.

An Werktagen konnte man als Bauer mit nur vierzig Tagwerk schon am Ofentisch Platz nehmen. Je mehr Großbauern aber kamen, desto weiter mußte man wegrücken. So war es seit Jahrhunderten üblich. Darein mußte sich natürlich auch der Dominik fügen.

Er fügte sich nicht, er trotzte.

Man hat ihn einfach aus der Bank hinausgeschoben. Jeder andere hätte das als eine Selbstverständlichkeit empfunden, hätte sein Bier genommen und wäre an den nächsten Tisch ausgewichen. Nicht so der Dominik! Er war eine Kämpfernatur. Er ging verärgert und fluchend heim oder aber es übermannte ihn sein Agitationstalent. Er stellte sich dann auf einen Stuhl und begann eine große politische Rede:

„Die Menschen sind alle gleich", predigte er, „und sie sind gleich auch im Wirtshaus. Da gibt's nur den einen

Unterschied: Wer von uns kann mehr Bier vertragen? Nicht frage ich: Wer kann mehr bezahlen? Ich frage euch, wer kann mehr trinken?

Eines Tages wird auch diese soziale Ungerechtigkeit abgeschafft werden und es kann ein jeder von uns, ob Bräu oder Häuslmann, ob Großbauer oder Sargschreiner, gleich viel trinken. Und überhaupts, Genossen, eines Tages mach' ich für einen jeden von euch einen Sarg! – Und da freu' ich mich bereits, weil schon so vuil lang koaner mehr gstorbn is z'Weikersbach. Schaugts her, i habs aufgschriebn: Den letzten Sarg hab ich für die Schwimmermuatter gmacht und dös is schon wieder vier Wochen her. Machts Platz, ös Protzbauern an eurem Ofentisch und laßts euch einen Sarg machen vom Schreinermeister Dominik! Denn ich bin für die soziale Gleichheit und Gerechtigkeit."

Solche Brandreden wagte er zu führen und die Bauern zahlten ihm nicht selten dafür die Zeche, hörten ihm großzügig und gutgelaunt zu.

Der reichste Mann des Pfarrdorfes, der Bräu, hatte für ihn gelegentlich eine merkwürdige Arbeit: Er lud den Dominik ein, auf die Kundenfahrt zu seinen Wirtshäusern, daß er eine starke Zeche zusammenbrachte. Und der Dominik war ein guter Esser und Trinker. An der Seite des Bräu durfte, ja mußte er dann – und wenn die Stube auch gesteckt voll war – am Herrentisch sitzen, essen und trinken und das große Wort mitreden.

Der Bräu war auch ein Sitzenbleiber und eines Tages hockten die zwei noch spät nach Mitternacht, als die einzigen Gäste, beim Wirt in Oberweikersbach. Sie waren ein Herz und eine Seele und der Dominik jammerte dem Bräu vor, daß schon wieder seit Wochen kein Sarg zu machen mehr angefallen sei.

„Ja", sagte der Bräu, „soll i für dich sterbn, Dominik?

Dös kann nachand deine soziale Gleichheit dengascht net verlanga, daß i zwengs deiner mir einen Sarg machen laß?"

Natürlich nicht, meinte der Dominik, aber der Kramervater, der schon längst überfällig wäre, der hätte sich wieder erholt. Und Fenster zerbreche auch keines mehr. Es sei eben kein Verlaß mehr auf die Menschen, alle seien sie unsozial und himmelschreiend egoistisch. Und wenn nicht bald die Revolution ausbreche oder ein Wunder geschehe, könne er seinen eigenen Sarg schreinern. – Der alte, niederbayerische Dominik glaubte noch, daß sozial das Gegenteil von egoistisch bedeuten würde.

Da meinte der Bräu: Was die Fenster betrifft, Dominik, da hilf i dir gern. Paß auf, heut Nacht kriegst Arbeit gnug! Weil i bin der Bräu von Weikersbach und i schaug auf dich, weil i di' mag und weilst du gar net amal a so spinnst!"

Auf dem Heimweg dann schlugen sie im Dorf alle Fenster ein. So bekam der Dominik ein mords Geschäft mit dem Einglasen. Der Bräu mußte natürlich alles bezahlen. Aber weil der Dominik ein Mann der sozialen Gleichheit gewesen ist, hat er in der selbigen Nacht auch noch sein eigens Kammerfenster mit einem Stein eingeschmissen, obschon das kein Mensch von ihm – der reiche Bräu am allerwenigsten – verlangt hätte. Aber als Egoist wollte Meister Dominik nicht gelten.

Die großbäuerliche Sitzordnung gibt es heute auch in Weikersbach nicht mehr. Es haben sich andere Privilegien durchgesetzt, rein menschliche: Die Vorzüge der Gscheitheit, der Schönheit, der Gesundheit oder wie der Dominik es schon vor hundert Jahren formuliert hatte: „Nicht frage ich, wer kann mehr bezahlen? Ich frage euch, wer kann mehr trinken?"

Reise in die Vergangenheit

Allerweil soll der Bauernmensch Dankschön und Vergeltsgott sagen: Für den Regen und die Sonne, für das Glück im Stall, für Milch und Eier, fürs Heu, für Korn und Weizen und für die Gerste, fürs Obst, für Rüben, Kartoffeln und Kraut. Herr Vergeltsgott am Tag dreimal und dann noch zusätzlich am Erntedanktag! – Dem Bauernmenschen wird alles geschenkt, heißt es, auch wenn das Wetter einen ärgert und die sündteuren Maschinen einen zum Fluchen bringen.

Die Herren Beamten und Arbeiter, die Städter und die Akademiker, kennen keinen Erntedank. Die schieben ihr Geld ohne Dank ein. Da sagt keiner Vergeltsgott. Ist das eine christlich-soziale Gerechtigkeit, daß nur der Bauer dem Herrgott dankt? Obwohl er jeden Tag zwölf Stunden arbeitet, ohne Urlaub, ohne Samstag? Und an den Sonn- und Feiertagen ist man gerade so angehängt wie das Vieh im Stall. Und wer dankt ihm? –

Ich hab nimmer mögen und hab gedankt, sagt sich der Austragsvater, hab den Hof übergeben. Das Bauersein ist nicht mehr schön heut. Ein paar gute Jahr stehn mir noch zu. — Das Auto hab ich mir ausgetragen und ein bisserl ein Geld hab ich auch noch auf der Seiten. — Jetzt könnt ich mir's doch schön machen, könnte fortfahren, die Welt anschauen, Freunde aufsuchen, amal in die Stadt und amal ins Gebirg reisen. Aber na, mein Weib, die Annamirl, meine alte Beißzang, kann sich nimmer umstelln. – Wie oft sag ich zu ihr: „Muatter, fahr mit!“ – Sie mag net, hat keine Zeit, kann keine Arbeit liegen sehn, die Rackerin.

„Was in dich auf einmal einigfahrn ist“, schimpft sie, „lauters Dumms! Die Schwiegertochter hat schon gfragt, ob du überhaupts nimmer dahoam bleibn magst. Man muß sich ja direkt schaama mit dir!“

„Mir ist ein Licht aufgangen. Der Mensch lebt nur einmal – auch der Bauernmensch – und jeden Tag kanns gar sein. Fahr mit!“

„Na! Wenn du a so weiter machst, derwischts dich freili' bald! All Tag im Wirtshaus, dös halt ein Junger net aus.“

„I schon!“ sag ich und bin froh, daß sie nicht mitfährt. Da merkt sie es und wird deutlicher:

„A Büffel bist allweil schon gwesen. Aber jetzt wirst aa no a Hallodri!“

„Du verstehst mi' net. – Hast mi' no nia verstandn. – Da is ma vierzig Jahr verheirat' und is' doch alloan.“

„Dös nimmt noch amal ein fürchterliches End mit dir!“

Schimpf zua, alte Beißzange, ich fahr allein. – Und übermorgen komm ich wieder, wenns mich freut. Die paar Jahr, die ich noch zu leben hab, tu ich, was mich gfreut!

Ich bring meinen Dank selber ein. – Und wie ich so dahinfahr – vielleicht zu meiner Tochter, die nach Landshut geheiratet hat oder zu meinem Buben nach Dingolfing – da fällt mir auf einmal die Kronseder-Kathl ein. Herrgott, wie wär mein Leben anders worden, wenn ich damals die Kathl geheiratet hätt und nicht meine Annamirl, die Bißgurkn! Ich hab mich gut verstandn mit der Kathl. Und schön ist's jedesmal gwesen am Kammerfenster bei ihr. Mein Gott, das ist ja schon bald 45 Jahr her! – Und weil's nichts geworden ist mit uns zwei, hat sie einen Eisenbahner geheiratet. Wo mag die Kathi jetzt sein? — Das ist leicht zu erfragen, sag ich mir, ihr Bruder, der Bäck von Granting, der muß es wissen. Also fahr ich nach Granting, hock mich zum Wirt und nach der vierten Halbe weiß ich, was ich wissen will. Wittfrau ist sie und in Rosenheim im Spital hockt sie. – Ich komm' nach Rosenheim und such sie auf. Das sind Gefühle, und nicht einmal dumme! Zweimal sollt man halt leben können! Die Kathl und ich, wir haben uns gut verstandn. Mit ihr wär alles anders worden! Ganz anders! – Die Kathl hat ein in sich gekehrtes Wesen gehabt, die war eine stadlustige. Und gfreut hat sie alles. Da ist kein Vergleich mit meiner Annamirl. Wirst sehn, sag ich mir, mit der Kathl, da verstehst dich heut noch! – Und direkt jung komm ich mir auf einmal vor. – Also läut ich am Spital und frag nach ihr. Da fällt mir schon ihr Schreibname nicht mehr ein! – Drei Kathln hätten sie, sagt die Schwester. Ist's die, oder die, oder die? – Teifi sakradi, ich mein, Schwester, sie schreibt sich doch Stanglmeier. Eine Jugendfreundin ist sie halt von mir, in meinem Alter.

Die Schwester geht fort und holt die Frau Stanglmeier. Ich wart. Und direkt Herzklopfen krieg ich. – Da denk ich mir doch: Schmarrn, es ist alles a Krampf, reg dich net auf! – Und dann kommt sie daher. Ein weißhaariges Weiberl mit 67/68 Jahr – in meinem Alter halt! – Ich gib ihr die Hand und sag: kennst mich nimmer, Kathl? Da fängt sie gleich zu weinen an.

Wir gehn in den Garten hinaus und setzn uns auf eine Bank. Die Herbstsonne gibt einen matten Schein und die letzten Blätter fallen von den Bäumen.

„O mein Xaverl, dös freut mich schon so viel, daß du mich aufsuchst! Jetzt bin ich Witwe, hab einen offenen Fuß und von der Rente bleibt nimmer viel. Dös meiste nimmt's Spital. Es ist ein rechtes Kreuz mit mir. Am Herz fehlt's mir auch."

„Tja, alt wird man. Da gehts a so!“

„Gut ists mir nie gangen. Der Mathias – Gott hab ihn selig – ich bet ihm alle Tag einen Rosenkranz – hats Bier recht gern getrunken und die Lisbeth, meine Tochter, hat zu den Preußen hinauf geheiratet. Und mein Bub ist gefallen. – Na, gut ists mir nie gegangen.“

Ihre Jammerei geht mir auf die Nerven und ich erinnere sie an die schöne Jugendzeit, die so schnell vergeht. Aber es nützt nicht viel, sie jammert gleich wieder weiter:

„Mein, da weiß ich gar nichts mehr. Zu einem eigenen Häusel haben wir es auch nie gebracht. Er ist keiner vom Sparen gewesen, der Mathias. O, mein! Zweimal bin ich schon operiert worden und jetzt der offene Fuß! Wenigstens kann ich noch jeden Tag in meine Kirch' gehn, man hat ja so viel zum Beten! O, mein!“

„Weißt nachand auch nimmer, wie ich zu dir ans Kammerfenster gangen bin? Kathl, denk halt ein wenig zurück!“ I laß net locker. Vielleicht findet sie ihr altes Wesen wieder, wenn wir direkt von den alten Zeiten reden? –

„Na, da weiß ich nix mehr. Unser Vater, es tröst ihn der liebe Gott, der ist streng gewesen mit uns. – Ich mein, es schlagt 's Wetter wieder um, weil mir mein Fuß gar so weh tut, heut? – Und meine Tochter schreibt auch nicht. Ich weiß nicht einmal, wie es meinen Enkelkindern geht. Da bleibt einem schon nix anders wie's Gebet.“

„Aber dös mußt doch noch wissen, wie mich die Grantinger Burschen einmal verdroschen habn? Denk halt amal dran, ich möcht mit dir von früheren Zeiten schwatzen. Wegen dem bin ich ja gekommen!“

„Na, von die Burschen weiß ich gar nichts mehr. – Ich mein, es wird zu kalt heraußen, ich muß aufpassen auf meine Gesundheit.“ Sie kommt aus dem Jammern nicht heraus. Daß sich der Mensch so kraß verändern kann?

„Kommst denn nie heim auf Granting?" will ich wissen und denk mir, wie vielleicht der Name der Heimat allein schon könnte Jugenderinnerungen erwecken.

„Auf Granting? – Ich bin doch in Taufkirchen daheim, Vetter!"

„Was? Vetter – Jetzt wird's Tag! – Ja nachand bist du es ja gar nicht?"

„Ja no, 's Gedächtnis läßt auch nach. Mit 73 Jahr wärs kein Wunder, wenn man so viel mitgemacht hat wie ich."

„Na, na, du bist es nicht. 73 Jahr bist du noch nicht alt. – Nimm mir's net verübel, aber ich muß nochmal mit der Schwester reden!"

Und dann bin ich gegangen. Herrgott, bin ich ein Rindviech! Aber so kann's gehen, wenn man sich 45 Jahr nicht gesehn hat. Und wenn man die Namen verwechselt. Lunglmayer hat sie sich geschrieben, meine Kathl und – sagt die Schwester – sie ist voriges Jahr bereits gestorben. – Ich bin dann noch auf ihr Grab gangen und hab mir gedacht, wer weiß, für was es gut ist, daß wir uns nicht mehr gesehn haben. Vielleicht hätten wir uns nochmal so gut verstanden wie früher, weil so ein wehleidiges Trumm ist sie nicht gewesen, meine Jugendliebe.

Da ist mir meine Beißzange noch lieber wie eine, die immer weint. Jetzt bleib ich besser daheim. Bittgott und Dankgott, das Leben ist überall gleich. Aber das Glück in der Liebe ist in der Jugend oft gleich wichtiger wie im Alter das Geld.

Institut für Bayerische Geheimgeschichte

Die Wahrheit ist gefährlich, aber sie macht das Leben erst schön, besonders die historische Wahrheit. Die offiziellen Geschichtschreiber lügen gern, ja müssen lügen um ihre Gehälter und Pensionen nicht zu gefährden.

In Bayern gibt es aber – welch ein Widerspruch – ein Institut für Bayerische Geheimgeschichte. Dieses Institut ist sehr abgelegen, an einem geheimen Ort in den bayerichen Alpen untergebracht. Die Burg galt bis in die jüngste Zeit für uneinnehmbar. Ein trutziges Felsennest! Durch Schutzbauten ist es jetzt nur noch von geübten Seilschaften oder mittels eines Helikopters zu erreichen. Überall stehen bayerische Schützen und führen strenge Wachkontrollen durch. – Nur mit Sonderausweisen der bayerischen Staatskanzlei hat man hier überhaupt Zutritt. – Der eigentliche Institutsraum ist stets mit mehreren Schlössern verriegelt. Der Kommandantenstellvertreter persönlich sperrt auf.

Der wahre Atem der bayerischen Geheimgeschichte weht einem heiß entgegen . . . Ergraute Professoren arbeiten hier. Ihr historisches Wissen ist unmeßbar und unerschöpflich ausführlich. Und der Chef des Instituts ist kein geringerer als die graue Eminenz unter den bayerischen Historikern, ist Geheimrat Professor Doktor Ludwig Watzmann. Der Professor in seinem Skriptorium ist der Typ eines skurrilen Gelehrten. Er trägt einen grünen Lodenfrack mit mehreren Auszeichnungen behangen. Als Augenglas benutzt er einen goldenen Zwicker. Im Skriptorium arbeiten noch zahlreiche, ähnlich gekleidete, gelehrte Herren. Aber bis man in diesen Saal gelangt!

Vor dem Eingang in das Institut stehen Oberlandler Gebirgsschützen Wache und lassen niemanden hinein. Man muß Spezialausweise vorzeigen. – Zwei Wachposten stehen neben der Tür und zwei andere schreiten auf und ab. Die Gebirgsschützen tragen schwere Vorderlader-Gewehre oder geschulterte Säbel. An der Tür hängt ein schön gemaltes Schild mit der Aufschrift: „Institut für Bayerische Geheimgeschichte!"

Der Herr Professor Ludwig Watzmann prüft unsere Ausweise und spricht dann in die Kamera. Dabei plagt er sich, einen Schubladen im unteren Teil seines Schreibtisches aufzuziehen. Das Schubfach muß ganz heraus und dahinter, in einem Geheimfach, zieht er eine goldene Schachtel hervor, die aber verschlossen ist, eine Art kleiner Tresor.

Aus dieser Kassette holt Watzmann einen Schlüssel hervor und mit diesem Schlüssel sperrt er dann einen alten Tresor auf, der unmittelbar hinter seinem Schreibtisch steht. Im Tresor befinden sich wieder mehrere Kassetten und andere Seltsamkeiten wie zum Beispiel Bier- und Weingläser und auch ein Keferloher Maßkrug. Es sind das Trinkgefäße großer, historischer Bajuwaren. Er holt eine Kassette hervor und entnimmt dieser endlich – umständlichst – eine und dann noch eine preußische Gewehrkugel! Zeigt diese vor und spricht dazu:

„Die Dokumente sind geprüft, ich darf sie Ihnen also zeigen. – Bitte, aber behalten Sie Ihre Nerven! Die Enthüllung ist erschütternd und kann möglicherweise auch heute noch innerhalb dieser Bundesrepublik einen Bürgerkrieg auslösen. — Also bitte, die Nerven behalten und brav bedächtig bleiben! — Net aufregen! — Sonst lüfte ich das Geheimnis lieber nicht!"

Er hat Schwierigkeiten mit dem Aufschließen der Kassette. „Achtung, jetzt kommt der Augenblick, ich zeige sie vor: eine – und noch eine preußische Gewehrkugel. Zwei preußische Gewehrkugeln aus dem Leichnam Seiner Majestät König Ludwig II. – Entnommen sechs Stunden nach der Auffindung des königlichen Leichnams von dem königlichen Einbalsamierer, im Beisein des Generalarztes der Königlich Bayerischen Armee, Excellenz Nepomuk von Nußbaum, und des bayerischen Historikers Sigismund von Rietzler. – Im Leibe Guddens wurden sogar drei preußische Gewehrkugeln gefunden. Meine Damen und Herren! Jeder weitere Kommentar ist überflüssig!“

Weitere Kommentare sind natürlich nicht überflüssig. Im Gegenteil! Denn das Institut für bayerische Geheimgeschichte gibt es leider nicht. Und solange dieses Bayern keine Souveränität besitzt, wird es vom Kultusministerium kaum gestiftet werden. Und bekäme der Freistaat endlich seine Autonomie und volle Freiheit wieder, dann würde es eines solchen Institutes vielleicht nicht mehr bedürfen.

Die Verhältnisse aber sind nicht so. Damit hat sich einstweilen auch ein bayerischer Patriot und Historiker abzufinden, auch der außerordentlich erfolgreiche Doktor Henno Steinhuber. Er hat schon viele Geheimnisse gelüftet und Zusammenhänge hergestellt zwischen den entlegensten Gebieten, wie zum Beispiel zwischen Aschaffenburg und Berchtesgaden, Würzburg, Bamberg und Dillingen oder Salzburg, wo in den geistlichen Residenzen die titulierten Damen jeweils mit oder ohne Reifröcke zum Domherrenschießen – beziehungsweise zum Kapitelschießen – sich auf allerhöchsten Wunsch Celsissimi einfinden haben müssen. Als Professor Steinhuber die begabtesten Zölibatessen der scenenreichen Rokokojahrzehnte in der Diözese

Freising endlich alle beisammen hatte, versagten ihm aktive Laienfrauen das Imprimatur. Nur leicht verärgert – da ja der Rokoko-Zölibatessenkatalog dem historischen Unterbewußten eines noch unbekannten Bayern immerhin vollständig entrissen werden konnte – kaum verstimmt also begab sich der weißblaue Geschichtsforscher mit seiner nostalgischen Spürnase in das neunzehnte Jahrhundert und wandte sich dem Säkularisierten zu.

Er nahm alle Verhältnisse, die König Ludwig I. mit den Frauen- und Mädchengestalten seiner Schönheitsgalerie hatte, kritisch unter die historische Lupe, dabei zahlreiche alte Neuigkeiten entdeckend, wie zum Beispiel den Zusammenhang der Gründung der Bayerischen Wechselbank mit eben diesen Schönheiten und andere noch erotischere Geheimnisse, wie etwa die zwar erfolglosen aber für das späte Biedermeier doch charakteristischen Anstrengungen der für zu wenig schön befundenen Bürgermeisterstochter Fanny Mittermayr etc. etc.

Ein Professor einer patriotischeren bayerischen Geschichtsschreibung ist natürlich auch ein Kind seiner Zeit. So konnte es nicht ausbleiben, daß er – in Folge der zahlreichen Filme und Bücher über König Ludwig II. – einer ernsthaften Erforschung der rätselhaften Züge dieses schönen, großen und auch bedeutenden Monarchen bald mit Genuß näher trat.

Besonders galt es, die von Bismarck erpresserisch betriebenen Verhandlungen über den Eintritt Bayerns in den Norddeutschen Bund, unter der Bezeichnung Deutsches Kaiserreich, als die geheime Ursache der königlichen Schwermut zu interpretieren. Wenn nicht schon der verlorene Sechsundsechzigerkrieg dazu beigetragen hatte!

Die Antipathie Ludwigs gegenüber dem preußischen Kronprinzen Friedrich lenkte die Forschung in immer stürmischere und schrecklichere Bahnen. Der Professor wies darauf hin, wie selbst preußische Historiker es nicht verheimlichen, daß dieser Friedrich, würde sein greiser Vater Wilhelm I. endlich in die Ewigkeit eingehen, mit Hilfe Bismarcks die deutschen Fürsten alle mediatisieren wollte, auf daß es nur noch einen Führer gäbe in einem Reich und in einem Volk.

Unser unermüdlicher Professor Steinhuber nahm sich die preußische Agententätigkeit in Bayern einmal gründlich vor, den enormen Einfluß, den die Berliner Zentrale auf die Bayerische Regierung ausübte und die vielen, von Bismarck lancierten Zeitungsberichte über die geistigen Gesundheitsverhältnisse des Bruders des Königs von Bayern und der immer neuen und aufwendigeren Schloßbauten. Bismarck pflegte viele seiner Unternehmungen von einem ihm hörigen Journalismus gründlich vorbereiten zu lassen.

Seine Ahnungen wurden zu Vermutungen und schließlich zu einer, nur noch eines realen Beweises bedürftigen, Indizienkette.

Als nämlich im Winter 1885/86 der greise Kaiser Wilhelm I. eine schwere Erkältung durchstehen mußte, glaubten Bismarck und der Kronprinz Friedrich schon an den bevorstehenden Thronwechsel und begannen ihren Plan, begannen die Mediatisierung der deutschen Fürsten allmählich in die Tat umzusetzen.

Spezialisten wurden im Frühjahr 1886 an die preußische Gesandtschaft nach München geschickt, Philip zu Eulenburg und Bismarcks Sohn Oskar. Dazu brachten in- und ausländische Zeitungen immer zahlreichere und ausführlichere Berichte über ein seltsames Verhalten des Bayernkönigs, über dessen verrückten Bruder Otto und über eine angeblich hoffnungslose Verschuldung der Königlich Bayerischen Privatkasse. Ganze Artikelserien erscheinen in den deutschen Zeitungen, bald auch in den bayerischen!

Die bayerische Königsfrage sollte also zuerst gelöst werden. Die übrigen deutschen Monarchen machten dann keine Schwierigkeiten mehr. Die bayerischen Minister gingen in den Wochen vor der Entmündigung König Ludwigs, im Mai und Anfang Juni 1886, in der preußischen Gesandtschaft aus und ein. Hatte sich das Ministerium Lutz nicht zu einem willfährigen Instrument der liberalen Deutschnationalen entwickelt?

Die Ereignisse sind bekannt. Die erste Entmündigungskomission scheitert auf Neuschwanstein kläglich. Den Herren blieb der ausgestandene Schrecken noch Tage in den Gliedern stecken. Ihr zweiter Hieb war gründlicher und erst jetzt merkte der gefangene und am Pfingstsamstag nach Schloß Berg gebrachte König, wie es um ihn wirklich stand. In den offiziellen Berichten entdeckte Professor Henno Steinhuber zu viele Widersprüche, als daß er ihnen auch nur zu einem Fünftel geglaubt hätte. Besonders jenes amtliche Regierungsbulletin, das von den letzten Minuten des Königs im Schloßpark zu Berg berichtet, strotzt von solchen Widersprüchen. Noch Tage nach dem „Unglück" hätte man unter Wasser die Spuren im Ufersand gesehen, die von dem dort stattgehabten Ringen zwischen dem sich im See ertränken wollenden König und dem Irrenarzt Dr. Gudden hergerührt haben sollen. Am Seeufer bei Schloß Berg gibt es aber keinen Sand, nur grobe Steine. Der Bericht wurde also wahrscheinlich von der preußischen Geheimpolizei in Berlin am Grünen Tisch abgefaßt. Auch fällt in ihm auf, wie Dr. Gudden während des Spazierganges fortwährend den Wächtern durch Zeichen ihr Fernbleiben deutlich macht. Davon sei, auffallend, vier

Mal die Rede, stellte der patriotische Historiker fest und vergißt keinen der anderen verräterischen Fehler jenes Regierungsberichtes vom Tode Seiner Majestät König Ludwigs II. Auch nicht den, daß ein so vortrefflicher Schwimmer wie Ludwig, sich gar nicht ertränken hätte können.

Die gewagte und geplante Flucht des Königs über den See, an dessem jenseitigen Ufer zahlreiche bespannte Kaleschen bereitgestanden sein sollten, war allmählich eine Gewißheit geworden. Dort wartete die Kaiserin Elisabeth.

Der König floh nicht auf einem Spaziergang. Er wurde von Dr. Gudden in strengstem Gewahrsam gehalten und konnte sein abgeriegeltes Zimmer im Schloß nicht verlassen. Ein paar wackere Patrioten sind in das Schloß eingedrungen, haben dem König zur Freiheit verholfen und sind mit ihm dann in einen Kahn gestiegen. Erst jetzt wurde die Entführung von Dr. Gudden und seinen Helfern entdeckt. Es wurde Alarm gegeben und die etwa vierzig anwesenden Geheimpolizisten, die für den Fall eines Eindringens „königstreuer Elemente" in den Schloßpark, Schußbefehl hatten, erschossen die Männer um den König, die wackeren Patrioten, den Dr. Gudden und einen Irrenwärter – und den König selbst. Niemals hätten die gedrillten Geheimgendarmen dieses Sonderkommandos — in dem aus Sicherheitsgründen kein einziger Bayer gewesen war, sondern nur zuverlässige Preußen — niemals hätten diese Gendarmen befehlswidrig einen Schuß getan. Plötzliche Eindringlinge in das Schloß, die erst auf ihrem Rückzug, nach geglückter Königsbefreiung, entdeckt werden konnten, lösten den Feuerbefehl aus. Nun allerdings bemächtigte sich ihrer eine gewisse Aufregung und sie glaubten plötzlich mehrere Boote auf dem See ausmachen zu können. Ja, auf das Bootshaus selber wurden mehrere Schüsse abgegeben. Stand man etwa der Befreiungsaktion in der Stärke einer Freiwilligen Feuerwehrmannschaft gegenüber? Wie viele Tote es wirklich gegeben hat, weiß niemand mehr. Die Schweigepflicht von preußischen Geheimgendarmen ist kategorisch streng. Und die einheimischen Burschen? Haben nicht etliche Familien Schweigegelder bekommen, haben verkauft und sind weggezogen? Hat es nur sechs oder acht Tote gegeben?

Daß Bismarck zur Aktion „Bayernkönig" großzügig preußische Geheimpolizisten zur Verfügung stellte, darum hatte das bayerische Kabinett – auf Vorschlag der preußischen Gesandtschaft in München – den Eisernen Kanzler und Reichsschmied ersuchen müssen.

Für die geplanten und nun folgenden Unternehmungen verließ jedoch die Preußen nun plötzlich das Glück. Kaiser Wilhelm I. wurde wieder gesund und starb erst nach zwei Jahren. Dafür aber erkrankte Kronprinz Friedrich an Kehlkopfkrebs. Und als er zwei Jahre später den Thron bestieg, konnte er kaum noch flüstern. Auch hatte man sich in der schrulligen Persönlichkeit des alten Jägeronkels Luitpold von Bayern etwas verrechnet. Die Mediatisierung wurde verschoben. Wilhelm II., der junge Kaiser, verwarf sich mit Bismarck. Er hatte andere Pläne. Ihm bedeuteten die entmachteten deutschen Fürsten eine glänzende Steigerung der Prunkentfaltung der Zeremonien des deutschen Kaisertums.

Als Professor Dr. Henno Steinhuber seine Forschungen auf diesen hohen Stand gebracht hatte, schrie seine nostalgische Seele nach einem Beweis, seufzte sein patriotischer Glaube nach dem Schatten einer einzigen Offenbarung.

In den Archiven konnte nichts gefunden werden. Selbst die mündlichen Traditionen blieben hinter seinen Interpretationen zurück. So oft er auf der Treppenbalustrade der Gedächtniskapelle stand und sein Historikerhirn zermarterte, jagten ihn die kühnsten Phantasien. Warum hatte man übrigens ganz in der Nähe dem Fürsten Bismarck einen so gewaltigen Turm erbaut? – Um die Spuren zu verwischen! – Warum hat der Herrgott den Preußen Friedrich zwei Jahre nach der bayerischen Königstragödie an einem Kehlkopfkrebs sterben lassen? Immer wieder übt der Herrgott Rache an den Feinden Bayerns. Auch darüber würde er noch ein Buch schreiben müssen!

Und dann stand er plötzlich in der Münchner Fußgängerzone, vor der unsterblich schönen Fassade der Michaelhofkirche, in deren Krypta der Leichnam König Ludwig II. beigesetzt ist. Er tritt ein. Die Weite eines heiligen, hellen und freundlichen Raumes flutet ihm entgegen. Er strebt zum Eingang der Fürstengruft, vorne am linken Seitenaltar. Sie ist leider geschlossen. Nur an zwei Wochentagen noch ist sie für etliche Stunden geöffnet. Er merkt sich diese Öffnungszeiten.

Und als er dann zwei Tage später vor dem Sarkophag des Königs steht, überfällt ihn, wie ein überirdischer Bannstrahl und höherer Befehl, diese Weisung: Hic Rhodus hic salta!

Hier sollst du das Rätsel um meinen Tod lösen!

Nie und nimmer, Majestät! Sein Innerstes erbebte in Ehrfurcht und Pietät. Und doch hatte die Eingebung etwas Verlockendes an sich. Wie anders sollte das Rätsel um den Tod seiner vielgeliebten Majestät, König Ludwig II., endlich gelöst werden können? Nachdem seine Mörder möglicherweise mit der Macht von bayerischen Ministern und preußischen Geschäftsträgern in München alle Spuren verwischen konnten, bleibt dem Historiker – nach fast einem Jahrhundert – nur noch der einbalsamierte Leichnam des Königs. Gleich wollte er seinen Kollegen, den Professor für Pathologie und Gerichtsmedizin anrufen.

Aufgewühlten, ja revolutionären Sinnes, verließ er die ehrwürdige Fürstengruft der Michaelhofkirche, kaum einen Blick auf die zinnernen Prunksärge des großen Kurfürsten Maximilian I. und seiner beiden Gemahlinnen werfend. Anschließend besuchte er den Rektor der Kirche im angebauten Jesuitenkloster.

„Pater Direktor, darf man aus den lauteren Motiven der historischen Forschung den Sarkophag König Ludwig II. öffnen und die Reste des königlichen Leichnams von Pathologen untersuchen lassen, um endlich zu erfahren, ob der König ertrunken, vergiftet oder erschossen worden ist?" Oder ob der 42jährige Monarch an jenem Pfingstsonntag Abend einem Herzschlag erlegen? Pathologen könnten das am einbalsamierten Leichnam seiner Majestät heute noch genau feststellen.

Der Pater Minister lächelte und hielt sich für nicht zuständig. Er könne diese Frage nicht einmal theoretisch beantworten, geschweige denn wage er, die Hoffnung auf Erteilung einer Genehmigung auch nur anzudeuten. Aber nach einer Weile fügte er hinzu, daß den Gründen der Pietät hier freilich ernsthafte Gründe der Möglichkeit, die wissenschaftliche Forschung voranzutreiben, entgegenstünden und wie er gern einräume, handle es sich sogar um die einzige Möglichkeit, Licht in das Dunkel zu bringen. Ja, sogar die Chance der Aufklärung eines solchen Verbrechens, das womöglich bayerische Minister an ihrem König begangen, sei mit einer Obduktion des Leichnams des Königs gegeben.

Professor Henno Steinhuber spürte das wohlwollende Interesse des Pater Minister. Da ist ihm ja das Glück des Zufalls einmal erklecklich entgegengekommen! Der amtierende Jesuitenrektor war selber ein leidenschaftlicher Historiker und ein eifriger Leser der Werke Steinhubers.

Er war von der Idee einer Autopsie des königlichen Leichnams geradezu fasziniert und er erweckte in dem Professor die Hoffnung auf die Erteilung einer Obduktionsgenehmigung durch die Generaldirektion des Wittelsbacher Ausgleichfonds.

Die ersten Gesuche wurden verworfen. Eine persönliche Vorsprache beim Herrn Generaldirektor führte zu keinem anderen Ergebnis. Selbst die Vorhaltungen der Paragraphen 87 bis 90, nach denen zur Aufdeckung einer Straftat — auch auf bloßen Verdacht hin — die Sektion auch ohne Einwilligung der „Angehörigen", ja unter den gegebenen Umständen sogar wider deren Willen, durchgeführt werden könnte, beeindruckte den Verwalter der Königlich Bayerischen Fürsten-Grüfte nicht besonders. Seiner Meinung nach seien diese Umstände nicht gegeben. An der mehr oder minder stark verwesten Leiche des Königs könne unmöglich ein Verbrechen aufgedeckt werden.

„Und warum hat das Ministerium Lutz jenes berühmte Bootshaus im Schloßpark zu Berg bereits am Pfingstmontag abzubrechen und die Bretter desselben unverzüglich zu verbrennen befohlen?" wagte Professor Steinhuber zu fragen. „Doch nur, weil es die Spuren der turbulenten Ermordung des Königs am Pfingstsonntag 1886 abends verwischen wollte. In jenem Bootshaus nämlich – diese Forderung drängt sich auf – waren die tapferen königstreuen Patrioten mit dem befreiten König aufgebracht worden, wie sie gerade die Kähne besteigen wollten und die zahlreichen Geheimgendarmen haben dann wütend das Feuer auf diese Bretterhütte eröffnet. Die Patrioten ihrerseits haben möglicherweise aus dem Bootshaus ebenfalls Schüsse abgegeben. Jedenfalls haben zahlreiche Bretter mehrere Durchschüsse gehabt. – Die Wahrheit könne man nur noch durch eine Autopsie an den Tag bringen."

Der tote König sei ja damals gründlich seziert worden und die Ergebnisse jener Sektion wären sogar der Presse nicht vorenthalten worden.

Professor Henno Steinhuber lächelte. Jene Autopsieberichte seien nichtssagend und auf die angebliche Geisteskrankheit des Monarchen beschränkt gewesen. Ministerpräsient Lutz wollte von den Pathologen den Entmündigungsgrund bestätigt bekommen. Der Professor zückte ein Zettelchen und zitierte aus dem Obduktionsbericht vom 15. Juni 1886:

„Hochgradige Veränderungen degenerativer Natur am Schädel sowie am Gehirn und seinen Häuten. Dieselben sind teils durch chronische Entzündungen hervorgerufen, teils älteren und jüngeren Datums, teils auf abnorme Entwicklungen zurückzuführen ...“

Die Autopsie war sofort nach Ankunft der Königsleiche in der Münchner Residenz durchgeführt worden. Von Spuren der Gewalt am königlichen Körper ist nirgends die Rede, obschon das Ministerium den Obduktionsbefund höchst pietätvoll bereits am Dienstagnachmittag der Presse mitteilen läßt usw. usw. Der Professor macht eine abfällige Handbewegung und empfiehlt sich.

Den Präsidenten der Herzoglichen Kanzlei wagt er gar nicht erst aufzusuchen.

Er beschließt, selbständig zu handeln. Zwei Pathologen, ein alter Präparator, zwei erfahrende Friedhofsbeamte, ein Sargmacher, ein Beleuchter, ein Kameramann und Fotograph und zwei Schweißer mit den verschiedensten Gerätschaften begeben sich, mit Hilfe des Gruftkastellans, eines alten Rentners, und auch mit dem Wohlwollen des Jesuitenrektors nachts in die Königsgruft. Die aufregendste Aktion, welche ein bayerischer Historiker jemals unternommen, hatte begonnen.

Der zinnerne Prunksarg des Monarchen wurde geöffnet. Das machte die größte Schwierigkeit. Der Deckel des Holzsarges darunter mit dem königlichen Leichnam konnte leicht abgenommen werden. Welch eine Überraschung! Seine Majestät lagen unversehrt im Sarg. – Selbst das Jasminsträußchen der österreichischen Kaiserin Elisabeth schmückte noch, kaum verwelkt, die königliche Brust.

Die Herzen der Beteiligten begannen erregt zu klopfen. Professor Henno Steinhuber sank in die Knie und über seine Lippen kamen die Worte: „Majestät, verzeihen!"

Dann begannen die Leichenwärter den Anweisungen der Pathologen zu folgen. Alle Handlungen wurden pietätvoll und sehr behutsam vorgenommen. Die Enthüllung des königlichen Leichnames ging nur langsam voran. Der Professor mußte vorübergehend die Augen schließen. Endlich konnten die Pathologen mit ihrer Untersuchung anfangen. Aber da war nicht viel zu tun! Drei Einschüsse konnte man selbst als Laie feststellen. Eine Kugel fand man im Sarg, eine zweite steckte in einem der Brustwirbel.

Die Obduktion der exhumierten Königleiche bedeutete für die bayerische Geschichtsforschung eine Revolution. Wie ganz anders wären nun die Wünsche der bayerischen Separatisten zu würdigen! Wie ausführlicher ihre Argumente zu interpretieren! – Wehe den Reichsparteien! Vivat der König der Bayern!

Während die zahlreichen Helfer den königlichen Leichnam wieder sorgfältig in den Sarkophag betteten, erinnerte Professor Henno Steinhuber an jenen Blitz- und Donnerschlag, der am Samstag, dem 19. Juni 1886, um 15 Uhr und 10 Minuten auf die Michaelhofkirche niedersauste, justament in dem Augenblick, als der königliche Leichnam in diese Königsgruft heruntergetragen wurde. Es war, als ob Sankt Michael sein Flammenschwert gezückt hätte, um den Königsmördern Rache und Vernichtung anzudrohen.

Das bayerische Volk bedarf eines weiteren Beweises nicht mehr, es erkennt nun den Willen seines Königs. Es will wieder frei werden und souverän.

Und der Professor mußte unmittelbar an einen bayerischen Dichter in New York denken, der über seinem Schreibtisch zwei Bilder aufgehängt hatte: Karl Marx und König Ludwig II., der am hochheiligen Pfingsttag des Jahres 1886 mit kaum 42 Jahren hat sterben müssen. Der heilige Gral, das ritterliche Symbol des Heiligen Geistes, ist ihm zum Zeichen geworden. Unsterblich ist seine Majestät, es lebe der König von Bayern!

Noch ist es freilich nicht soweit, daß ein Professor und ein Jesuit eine so gewagte Tat wagen würden. – Und wie — wenn sie keine Kugel fänden?

Auch die bayerische Geschichte ist eine Wissenschaft. Und eine Wissenschaft will Gewißheit haben. Auf geheimnisvollen Abgründen ist kein föderalistisches, gesamtdeutsches Gebäude zu errichten.

Hat die Weltstadt kein Herz fürs Volkstheater?

Je liebloser sie sich gebärden, je mehr sie von der Lebensqualität sprechen, desto ungemütlicher wird es. Soll München weiterhin die Hauptstadt der sieben bayerischen Regierungsbezirke bleiben dürfen, dann muß es wieder ein Volkstheater bekommen, einen Komödienstadel! Seit Jahrzehnten wird der Errichtung eines repräsentativen bayerischen Mundarttheaters entgegengearbeitet. Während die städtischen und staatlichen Bühnen Subventionen in Millionenhöhe kassieren, vergönnt man einem Volkstheater keine Mark von den Steuergeldern des Volkes. Gar für einen hübschen Tempel, in dem sich die bayerischen Musen wohlfühlen könnten, hat die Unsummen verschlingende Geschaftelhuberei leertönender Kulturbetriebsamkeit keinen Pfennig übrig. Wenn es um ein bayerisches Volkstheater geht, um eines, in das das Volk auch gern hineingeht, nicht um eines, das den Herren Kulturpädagogen und überall heimatlosen Weltliteraten gefällt, wenn es um ein so nobles Haus geht, dann hören weder die roten noch die schwarzen Politiker. Es fehlt halt in Bayern der große Wille eines erhabenen Kunstmäzens, eines Königs oder eines Prinzregenten!

Ludwig II. hat das Gärtnerplatztheater den Münchnern als eine Art Komödienstadel geschenkt. – Die Operette hat es erobert. Und das zerstörte, große und schöne Münchner Volkstheater wurde nicht mehr aufgebaut. Endlich wagte es ein Privatmann mit geringen Mitteln in der Sonnenstraße eine Art Volkstheater zu unterhalten. Die Abgelegenheit und Schäbigkeit des Etablissements ließ das Unternehmen zugrunde gehen. Vielleicht war auch der Spielplan schuld? Man darf in einem bayerischen Volkstheater keinen Molière und keinen Goldoni, keinen Shakespeare und fast keinen Raimund und Nestroy spielen, denn für diese Himmlischen sind ja die großen Bühnen da. Auf den Brettern eines bayerischen Volkstheaters, eines Komödienstadels, müssen überwiegend Mundartstücke gespielt werden. Die Hamburger tun das. Auch die Kölner. Den Münchnern im Rathaus und im bayerischen Kultusministerium wäre das viel zu geschert. Die Herren würden mit Entsetzen die bayerischen Laute anhören, denn man will doch eine internationale Weltstadt sein! –

Und wenn man wirklich so ein „Bayerisches Bauern- und Idiotentheater“ gestatten würde, dann nur in einem sehr bescheidenen Rahmen, in einem alten Saal in der Briennerstraße, wo schon fünfmal ein Theaterunternehmen gescheitert ist, oder als Faschingsnachsaison in einem Ballsaal.

Umgekehrt müßte es sein. Dieses bayerische Volkstheater gehörte in ein sehr vornehmes und großartiges Haus hinein, denn die bayerischen Komödienstadel-Musen sind Stuck und Ornament, sind Fresken und Prunktreppen gewohnt. Und sie möchten ein festlich gekleidetes Publikum sehen, keine Werkraumtheaterjusofürsorgeempfängerstudenten! – Die oft einzige Unterhaltung, die man im heutigen Theater findet, ist ja doch die mitgebrachte Festlichkeit in der Garderobe. Und dazu braucht es einen entsprechenden Rahmen, braucht es glänzende Treppenhäuser, Foyers und ein kulinarisches Buffet. Auch der Arbeiter-, Bauern- und Soldatenrat möchte heute – und mochte früher — so ins Theater gehen. Heute gleich gar! Denn in

Blue Jeans und im Pullover liegt man besser daheim im Fernsehsessel. Ein Theaterbesuch ist heute eine Möglichkeit, sich festlich anzuziehen, denn die modernen Kardinäle haben den Gottesdiensten schon lange jedwede Festlichkeit genommen. Das Leben ist eine Komödie! – Der Anfang des Theaters war der Kult. Festroben bei Premieren sind die kultischen Kleider der Gegenwart.

Also brauchen wir in München – und zwar im Herzen dieser immer internationaler werdenden bayerischen Landeshauptstadt – ein bayerisches, repräsentatives Theater, das ausschließlich Stücke in bayerischer Sprache spielen soll. Es soll halt auch ein Sprachenmuseum sein! Unsere heutige Sprache hat von der Lebendigkeit nicht mehr viel zu erwarten, nur noch von der Vergangenheit! Die therapeutische Wirkung unserer feinen alten Mundart, die nicht beiläufig hervorragende Lustspiele, zahllose Schwänke, Geschichten und Exempel zusammengereimt hat und sie einem geplagten und seelisch verarmten Publikum vorstellen möchte, dieses seelenheilende und tröstende, das Gemüt aufmunternde Wirkung unserer bayerischen Mundart, wäre für die Leute in München und um München herum eine Wohltat in all der verfremdenden Gegenwart und Zukunft. – Aber was nützen diese Lippenbekenntnisse? — Unsere Mundart, die boarische Sprach, hat eine Zukunft. Vielleicht wird sie, wegen ihrer Gemütlichkeit, eines Tages sogar in den Rang einer Weltsprache erhoben? Wenigstens werden einige Redewendungen einige Internationalität erlangen – wie das Dirndlgewand und die Lederhose. „Well, heit san ma grüabig!"

Man braucht natürlich zuerst ein Haus. Das ideale Gebäude wäre der Augustinerstock in der Fußgängerzone. Die ehrwürdige Kirche der Augustinerbarfüßer in München, seit 1803 profaniert, dann von König Ludwig I. zur

Börse umgestaltet, beherbergte später einen Polizeiturnsaal und jetzt – seit etlichen Jahren – das bayerische Jagdmuseum. Respekt vor dem bayerischen Jagdmuseum! Aber nun gleich in die Mitte der Hauptstadt? Frankreich hat sein Jagdmuseum auch nicht in Paris, sondern in einem Schloß an der Loire untergebracht. Wir haben sehr viele leerstehende prächtige Bauten, die erhalten werden müssen und sich für ein Jagdmuseum eignen würden. Freilich kostet eine abermalige Umbettung dieses bedeutenden Museums viel Geld. Da wären vor allem Schlösser in Oberfranken zu nennen: Seehof bei Bamberg und Schloß Banz etwa; letzteres wäre für fünf Mark zu haben. Auch das im Aufbau befindliche alte Wilhelmsschlößl in Schleißheim käme für das Museum der Jäger in Frage. Bayern hat ja nur 28 000 Jäger.

Kurzum, ein bayerisches Volkstheater in der Augustinerkirche wäre, wenn wir das Gotteshaus schon nicht wieder in eine Kirche umwandeln können, himmelschreiend notwendiger für München und für Bayern als dieses ehrenwerte Jagdmuseum. Aber die Jagdmuseumsfreunde sehen das nicht ein und sie sind viel mächtiger, haben mehrere Ministerien hinter sich, sogar den Bundeslandwirtschaftsminister usw.

Wenn man natürlich auch noch gesellschaftspolitische Relevanz von einem bayerischen Volkstheater verlangt, dann versprengt man die bayerischen Musen sofort, denn die bevorzugen eine grüabige Gesellschaft. Sie bleiben aber jeder Geschichte geöffnet, einer guten und einer bösen, einer lieben und einer verspottenden, einer frommen und einer Henkersknechtskomödie, einer alten und einer neuen!

Die ganze bayerische Theatergeschichte ist voll der spielbaren Cumedi-Stückl. Auch an das „drama-musica“ der Jesuiten darf gedacht werden. Und natürlich auch an das der Zisterzienser und Benediktinier, an die wohl hundert Endskomödien, die Anfang Juli in Bayern an den Klostergymnasien und Stadtlyzeen zu einer solennen Aufführung gebracht werden konnten. Welch gewaltige Theatersaison! Von einer bayerischen Schulmisere kann keine Rede sein, am allerwenigsten im Zeitalter der barocken Gegenreformation, der Jesuiten. Sie haben dem Theater – auch dem Komödienstadel und dem ganzen Volkstheater, in der Auswirkung selbst noch dem Bauerntheater der Schlier- und Tegernseer – einen ungeheuren Impuls gegeben, der auch heute noch lebendig ist in unserem theaterfreundlichen bayerischen Volke.

Einakter zum Heiligen Geist oder Bayerische Schwänke auf das hochheilige Pfingstfest

Da streiten sich auf der Jesuitenbühne etliche barocke Philologen über die Sprache des Heiligen Geistes. Ob er Lateinisch oder Griechisch, Französisch oder Deutsch spricht, wenn er göttliche Offenbarungen preisgibt? Das Stück heißt: „Lingua Sancti Spiritus – Linguarum Princeps!“ Die Sprache des heiligen Geistes ist aller Sprachen Fürstin! – Oratorio-Poetica pro Festo Pentecostes! – Rhetorisch-poetisches Festgedicht auf das hochheilige Pfingstfest.

„Es ist eine ausgemachte Sach,
Daß vor allem muß auf Erden
Fürstin genennet werden
Die Teutsche Sprach ...“

„Pardonnez moi, Monsieur, das Szepter gebühret der französischen Sprach.“

„Piano, piano! Was prahlt sich der gallische Hahn noch ehvor er den Italiener gehört? – Si, si Senori, ich erkläre das Italienische zur Königin der Sprachen ...“

„Modeste, modeste! Ich bitte mir mehr Bescheidenheit aus, Italiener! Lingua Latina est mater omnium Linguarum!“

Es blitzt und donnert, ein Trompetensignal ertönt und die Orgel setzt ein. Der Genius des Heiligen Geistes entsteigt einer vom Himmel herabschwebenden Wolke und spricht mit erhabener Stimme: „Streitet euch nicht! Die Sprache des Heiligen Geistes ist die Liebe!“

Und dann fallen alle auf die Knie und die Komödie endet mit dem uralten Gebet: „Komm, Heiliger Geist, erfülle die Herzen Deiner Gläubigen, die du – trotz der Verschiedenheit ihrer Sprachen – in der Einheit des Glaubens zu einem Volke werden läßt.“ – Ja, der Geist weht, wo er will – auch bei den Bayern – gerade bei den Bayern im 18. Jahrhundert. Wo anders auf der Welt hätte sich ein Komödienschreiber getraut, auf den Heiligen Geist, auf das unfaßliche göttliche Pneuma, auf die dritte Person des Allmächtigen Gottes, ein Lustspielchen zu schreiben, als im alten Kurfürstentum Bayern in der späten Rokokozeit? –

Zwischen „geistig“ und „geistlich“ hatte man damals kaum einen Unterschied gemacht. Alles Geistige war geistlich und alles Geistliche wurde im barocken Bayern für etwas Geistiges gehalten. Außerdem hätte eine solche Differenzierung niemanden einen Nutzen gebracht, denn alles Abstrakte in der bayerischen Geistigkeit will Fleisch und Blut haben und wirklich und wahrhaftig dargestellt werden. Aus der Ehrfurcht wird eine Prozession, aus Kummer und mancherlei Not eine Wallfahrt, aus der Liebe zu Gott ein strahlender Kirchenraum und aus dem Übermut eines frommen, dankbaren Herzens wachsen sinnlich-abstrakte Gipsgirlanden, Muscheln und Akanthen und hübsche Engelsköpfe. Die lustigste und feinste Musik des Rokoko ist ohnehin die geistliche. Sogar in der leicht angedeuteten kleinen Kniebeuge eines alten Bauernknechtes kann eine gehörige Portion Geistigkeit verborgen sein, denn die frommen Zeremonien der Bayern haben eine beinahe eineinhalbtausendjährige Tradition und sind im Keime schon in der Algilolfingerzeit ausgebildet.

Selbstverständlich wurde an der Vervollkommnung dieser realen Geistigkeit im Laufe der Jahrhunderte immer rege weiter gearbeitet. Puritanische Gegenströmungen kennen wir kaum. Und die heute als Aberglaube verschrieene Frömmigkeit des Mittelalters wurde von der Geistigkeit des Barock in ebendiesem Aberglauben noch bei weitem übertroffen. Omnia ad maiorem Dei gloriam, alles zur größeren Ehre Gottes! Das war das Thema aller Musiken und die Richtschnur aller Baumeister. Und gleich gar die Poeten wollten nicht zurückstehen im Ehre einlegen. Was hatte man nicht schon alles besungen? In jedem Kolleg jährlich eine andere Endskomödie zur festlichen Beschließung des Schuljahres vor der großen Vakanz. In Allegorien und Metaphern, in Symbolen und beredten Syllogismen, in herzbewegenden Arien und in stummen, pantomimischem Spiel, ja sogar unter Mitwirkung tanzender Teufel, übermütiger Englein und der schrecklichen Majestät des Todes hat man die Eclesia, die Kirche, das Leben der Heiligen und hohen Würdenträger oder Jubilare auf die Bühne gebracht. In lateinischen Versen und von einer rauschenden und jubilierenden Musik umrahmt, deklamierten und sangen Jesus und die Erzengel, Maria und die fürbittenden Schutzengel, kämpften die Teufel um die verstaubte Anima des Sünders oder des Gerechten. Auch der Gott Vater tritt gelegentlich auf. Es fehlte im Repertoire – in der Mitte des 18. Jahrhunderts – eigentlich nur noch ein Drama-musica zu Ehren der dritten göttlichen Person; um mit noch nie Dagewesenem eine Ehr einzulegen mußte man, um es ein bisserl frech auszudrücken, sich schon an ein „Heilig-Geist-Operettl“ wagen. Und ein bayerischer Jesuit, ein gebürtiger Münchner, hat sich daran gewagt: Pater Ferdinand Hueber, erst Rhetorikprofessor in Ingolstadt, dann Prediger in Augsburg und schließlich Präses des unter der Schirmherrschaft des Kurfürsten stehenden „Georgi-Ritter-Ordens zur Verteidigung der unbefleckten

Empfängnis" zu München. Als Georgi-Ritter-Präses ist er denn auch im Alter von 83 Jahren und rüstig bis zuletzt, am 1. April 1762 in München gestorben.

Pater Ferdinand Hueber stammte aus der Münchner Gastronomie und wurde 1679 im Graggenauerviertel geboren. Schon mit 18 Jahren trat er in den Orden ein. Er muß ein wendiges, kleines Männlein gewesen sein und schon äußerlich etwas Künstlerisches und Spirituelles an sich gehabt haben. Denn in seinem Nekrolog heißt es: „Pater Ferdinand war zwar nicht seinem Körper nach groß und stark, aber er hat sich dafür in der Poesie, in der Musik und in der Beredtsamkeit einen weitberühmten Namen gemacht. – Und den Ruhm seines Namens hat seine Tugend noch übertroffen. Er war streng mit sich und genau in der Einteilung seines Tagewerkes, ja selbst als Greis hat er noch fleißig gearbeitet ..."

Allein seine gedruckten Predigen füllen mehrere dicke Folianten, die aber der emsige Münchner alle unter ein und demselben Titel „der zur Himmelsweid rufende Seelenhirt . . ." erscheinen ließ. Darüber hinaus aber gibt es von ihm noch zwei Bände Dramen, die „Flores poetici Ingolstadii . . .", d. h. „Poetisch-rhetorische Blütenlese zu Ingolstadt anno 1747/48 in den Druck gegeben, vorher aber an der Schulbühne erprobt und oft aufgeführt ..."

Die Flores – Poetici-rhetorici – Ingolstadii . . ." des Pater Ferdinand Hueber enthalten zahlreiche Schauspiele in Latein und mit Musik, darunter auch ein großes und solennes über den unglücklichen Kaiser Karl VII., den der Dichter ja gut und aus nächster Nähe gekannt haben muß. Bei den meisten Dramen aber handelt es sich um Deklamationen, um sogenannt Oratoriones-Poeticae, um szenische Streitgespräche oder geistliche Schwänke und lustige Einakter zu Ehren des Heiligen Geistes.

Diese lateinischen Heilig-Geist-Einakter für die späte Schulbühne der Jesuiten wurden jahrzehntelang – bis zur Aufhebung des Ordens – jährlich in allen bayerischen Kollegien mit Erfolg aufgeführt, ja es wird sogar berichtet, daß sie auch im übrigen Europa fleißig gespielt worden sein sollen. Eine seltene Kuriosität der Theatergeschichte! Dem Genre und dem Thema nach eine einmalige Spielart der dramatischen Dichtung! – Hueber selbst ist sich dessen bewußt, denn er nennt seine „Flores-Poetici-Rhetorici-Ingolstadii . . ." in einem der Untertitel auch „Poetico-Theologici tum sacri tum scholastici . . .", d. h. „der Theologie und den schulischen Übungen gleichermaßen förderlich". Und im Vorwort zum zweiten Band schreibt er:

Es sind eigentlich Meditationen und darum hab ich mich in frommen Schranken gehalten und bin nicht zu lustig geworden. Auch die aristotelischen Einheiten hab ich berücksichtigt, so daß die Stückl nicht so ganz den Namen einer Komödie verdienen, wenn sie gleichwohl auf dem Theater immer erfolgreich aufgeführt werden, sondern eben den einer Meditation.

Im Konkurrenzkampf mit der italienischen Oper hatte sich das Jesuitentheater gerade damals, in der Zeit Emanuels und Karl Albrechts, schwer anstrengen müssen, wollte es bei Hofe noch eine gewisse Ehre einlegen – und das wollte es auf jeden Fall. Aber die Münchner Jesuiten waren da nicht verlegen. Entweder haben sie sich mit Musik und Tanz reichlich geholfen – und das oft so sehr, daß wiederholt von Rom gemahnt wurde, Musik und Tanzerei doch etwas mehr einzuschränken, da dergleichen Künste dem Jesuitentheater, im Übermaße gebraucht, zuwider seien . . . oder man hat konsequent vom Stoff her und vom Geist her noch mehr zu bieten gehabt, als das Rauschen der Musik: nämlich das gewaltige Brausen des göttlichen Geistes. – Mit einem Wort: Hueber hat mit seinen Heilig-Geist-Stücken den Nagel auf den Kopf getroffen. Dergleichen spezielle Themen wurden bisher nur im Vortrage und in der Predigt geboten, nicht aber auf dem Theater.

Die Bühne stellt unter freiem Himmel eine große, aber sehr schöne und liebliche Waldwiese dar. In der Mitte steht Diana und singt ihre Arie zu Ende. Orpheus aber kommt während des Gesanges aus dem Wald und hört ungeduldig zu. Er macht Gesten, als wollte er sagen: genug gesungen, laß mich endlich reden, liebe Diana! Aber die Arie der Diana dauert mit allen Wiederholungen eben seine Zeit. – Diana singt:

„Ein König! Ein König — soll heut erwählet werden.
Herbei, herbei, ihr Musikanten!
Fliegt geschwind herbei, fliegt geschwind herzu!
Spielt eurem König eins auf! – Spielt eurem König eins auf!
Ein König, ein König soll heut erwählet werden.
Doch kein gewöhnlicher König! Nein! Kein Gewöhnlicher.
Vielmehr ein König der Vögel! Ein König aller Vögel.
Ein rechter Vogelkönig! Ein König aller Vögel der Welt! –

„Ach liebste Diana". Der Orpheus kann endlich was sagen wie ein dicker Wagnertenor: „Was singst du, was singst du so endlos lang? Ich mag so lange Arien nicht mit den fortwährenden Wiederholungen. Ich bin ja schließlich selber der Gott des Gesanges. Genug, ich hab die Kundschaft längst vernommen. Und, meine Liebste, was die Vögel betrifft, kenne ich mich einmalig gut aus. Warum? Einmal nenne ich mich selbst einen alten Bewohner der Wälder und dann auch wegen der gemeinsamen Studien in der superben Musique. Oh, ich sage dir, es gibt keinen Vogel, dessen Begabung und Können, dessen Charakter und Gefieder etc. verborgen wäre . . ."

„Bitte, lieber Orpheus, wen willst du vorschlagen? Nenne mir kurz deinen Kandidaten, das weitere wird sich finden."

„Tja, meine liebe Diana, die Vögel! Oh, diese Vögel! Das ist eine Wissenschaft für sich. – Aber hör mir einmal zu, erhabene Jägerin! Mit meinem Vorschlag wirst du sehr zufrieden sein. Ich folge da nämlich meinen Prinzipien bei einer Königswahl. – Mit einem Wort: ich bin überzeugt, daß das Wichtigste an der ganzen Königswürde die musikalische Begabung des Kandidaten ausmacht. – Jawohl! Zum Regieren braucht einer eine sanfte Weise und eine angenehme Art und noch dazu sehr viel Takt. Übrigens auch ein ruhiges Herz in Glück und Unglück. – Und eben justament diese Tugenden besitzt ein rechter Musikant. Denn die Musik vereint alle unsere Gemütserregungen zu einer einzigen, süßen Harmonie. – Oh, diese Harmonie! Oh! Sie macht aus dem Menschen einen waren Neptun. Wenn der Wind des Zornes die Fluten aufpeitscht, glättet sie die aufgewühlte See im Handumdrehen. Oh! – Und, meine Liebe, du wirst es auch schon erfahren haben: wenn das Herz traurig ist und von einer unerfüllbaren Begierde oder Leidenschaft gepackt und geschüttelt wird, dann genügt oft eine einzige süße, liebe, gute Melodie – und die zufriedene Gemütlichkeit ist wieder da.

Oh, diese süße Musik! – Schüttelt dich die Rachsucht, brennt die Glut der Raserei in dir – ein kleines Lied, das von ungefähr dein rechtes Ohr streift, besänftigt dein Gemüt im Nu. – Womit mit Evidenz erwiesen ist: ein guter König muß musikalisch sein. – Herrgott verschone uns bei der nun anstehenden Wahl vor einem unmusikalischen Regenten! – Oh! –"

„Du hast mir, lieber Orpheus, noch immer nicht den Namen deines Kandidaten genannt."

„Ich bin im Begriffe, es zu tun. – Gerade, justament wollte ich den Namen nennen. – Du hast so lange gesungen, laß mich nun auch ein bißchen argumentieren. – Nun gut, ich will dich nicht länger auf die Folter spannen: des Rätsels Lösung lautet: der tüchtigste Musikus unter allen Vögeln ist die Nachtigall. – Sie hat eine Stimme. Und welche Stimme! – Sie ist erfindungsreich, besitzt eine ausgebildete Koloratur, klingt aber auch in der mittleren Tonlage recht angenehm. In Summa: die Nachtigall soll Königin sein."

„Natürlich, die Nachtigall! Ich hab ja den Namen deines Kandidaten schon die ganze Zeit geahnt. Orpheus und die Nachtigall, natürlich!"

„Diana, hüte deine Zunge! Die Nachtigall wird eine gute Königin sein."

„Ja, ja, ich weiß. Die Nachtigall gefällt, wenn sie singt. Wird sie aber auch gefallen, wenn sie regiert? Eine schöne Stimme hat sie. – Und was hat sie sonst?"

In der Art geht es noch eine Weile fort. Arion lobt den Schwan, Juno führt den Pfau vor. Und alle die gepriesenen Vorzüge erscheinen wie schlechte und nicht ganz gestimmte weltlich-eitle Analogien zu den sieben Gaben des Heiligen Geistes. Diana, scharfzüngig und mit unerbittlicher Logik, weist alle Bewerber zurück. Da treten mit großer Assistenz die einzelnen Erdteile auf. Die Bühne wird buchstäblich zur ganzen Welt, zur ganzen Schöpfung. Die Erdteile werden als vornehme Frauengestalten repräsentiert, als Asia, Africa, America und Europa. Von Australien wußte Pater Ferdinand noch nichts.

In den Gefolgen der einzelnen Erdteile können alle Buben der niederen Klassen verwendet werden. Man kostümiere sie als allerlei phantastische Vögel und seltene Lebewesen. Nach dem Einzug der Erdteile und dem Tanze des Gefolges beginnt America, ihren Vogel anzupreisen. – Die anderen Erdteile bieten ihre Lieblinge an und so entsteht ein ziemliches Streitgespräch.

„Aber, aber, meine Damen", versucht Diana zu schlichten, „was soll denn Africa denken, wenn Asia und Europa sich so heftig streiten? – America, fang an! Wie heißt dein Vogel?"

„Natürlich ist's der Papagei. Myladys und Gentlemen: es gibt keinen anderen Vogel, der die Stimme des Menschen so vortrefflich nachzuahmen im Stande ist, wie der Papagei. Well, Mylady, er hat genau den richtigen Akzent. Und er kann jede Sprache erlernen, auch die barbarische der Teutonen oder Griechisch und Latein. Er kann sogar in jeder Mundart reden. Und das macht den König. Ein König braucht kein Sänger sein, aber er muß gut reden können. Thank you."

„Ich auch. – Du hast mich nicht überzeugt, America. Da sind mir die Sänger noch bei weitem lieber, als so geschwätzige Leut. – Nun. Asia . . ."

Mit ähnlicher Eloquenz stellen nun Asia den Phönix, Africa den Vogel Strauß und Europa den Adler vor. Und dieser europäische Adler – der Kaiseradler – erhält einstimmig die Krone. Das Spiel scheint schon in den Schlußchor zu münden und die kaiserlichen Fanfaren umbrausen den Reichsadler, als plötzlich, aus heiterem Himmel ein Blitz herniederfährt und ein gewaltiger Donnerklapf sich hören läßt, ein Wum-Bum! Und ein langer Paukenwirbel! Der erhabene Genius des Heiligen Geistes erscheint und verkündet:

„Procul hinc profana nomina et numina! — Weichet von hier, ihr unheiligen Gottheiten und leere Namen!"

„Flieht! Ein höherer Geist vertreibt uns!" ruft Diana.

„Aber wohin denn?", fragt Orpheus. – „Am liebsten

wär ich jetzt eine Melodie, die so ganz geschwind sich verflüchtigen könnte!"

Es donnert und blitzt abermalen und der Heilige Genius fährt fort:

„Ich bin es. Der Genius der fremden Welt. – Ihr suchet eine Königin der Vögel?"

Da schwebt im Strahlenkranze die Heilig-Geist-Taube hernieder.

„Hier, in diesem Lichte erstrahlt sie euch: die Taube ist's, denn in ihrer Gestalt hat sich der eine Gott, der Heilige Geist, der Welt gezeigt."

„Veni sancte spiritus, reple tuorum corda fidelium!" Und die Orgel setzt ein und alle Anwesenden respondieren das gewohnte Gebet.

Das ist freilich eine recht einfache Geschichte, wie der Deus ex machina am Schluß alles rasch entscheidet. Aber man muß sich das alles im Stile der Jesuitenbühne vorstellen mit all dem barocken Theaterzauber und in der klaren lateinischen Sprache.

Die Spannung lag bei diesen Deklamationen ja nicht in der Überraschung, in der plötzlichen Wende der Handlung. Der Ausgang war dem Publikum klar. Es ging da nur noch um die szenische Darstellung. Daß ja nur ein jeder seine Rolle gut spielte! Und daß ja der Aufzug der Erdteile nicht zu sparsam ausfiel! — Der mußte schon ein Tableau abgeben. Ein großes, üppiges Ballett.

Die anderen Einakter zum Heiligen Geist behandeln weitaus heiklere Themen. Unser Pater Ferdinand Hueber S. J. hatte ein wirkliches Anliegen an den Tröster Geist, an den „Consolator optime" und an den „Dulcis hospes animae", an den süßen Seelenfreund. Bayern war damals nämlich gerade in einen schrecklichen Krieg verwickelt, in den Österreichischen Erbfolgekrieg. Kann der Münchner

Jesuit und Pazifist dem heidnischen Kriegsgötzen Mars auch nicht persönlich an den Kragen, so ist es ihm eine Genugtuung, diesen tönernen Popanz mit all seiner großmäuligen Generalität wenigstens auf der Bühne durch die Kraft des göttlichen Genius in den Abgrund der Hölle hinabzuschleudern. Die Greueltaten des Krieges sind sinnlos und geistlos und schrecklich, die Wohltaten des Friedens aber – bei all der menschlichen Unzulänglichkeit – stellen ein kostbares Geschenk des Heiligen Geistes dar, sie sind menschenfreundlich, geistig-geistlich, halbwegs gerecht und gemütlich und sie regen die Künstler an.

„Spritus Sanctus, Bellorom arbiter, der Heilige Geist ist die entscheidende Macht in den Kriegen."

Oder dasselbe Thema nochmal in der Feldherrenkomödie: „Bellum inter Martem et Pacem", Krieg zwischen Mars und Friede.

Das sind nun schon beinahe ausgewachsene Komödien. Die Typisierung der hohen, weltberühmten Generalität ist dem Pater Ferdinand da köstlich gelungen. Caesar und Alexander, Themistocles und Hannibal können, angetan mit den Heldentaten mehrerer Jahrtausende, kaum einen Schritt gehen; so stolz sind sie. Dazu reißen sie noch gewaltigere Sprüch und einer versucht, den anderen zu überbieten. – Und vorab wird natürlich der oberste Feldherr und Kriegsgott Mars in all seiner Wildheit und verlogenen Logik zum Erkennen deutlich abkonterfeit.

Der Vorhang öffnet sich. Es ist Nacht, Mars liegt im Lager, unbequem schläft er auf einer Pauke. Die berühmtesten Feldherrn ruhen auf ihren erbeuteten Fahnen. Aber schon geht's los. Der wachhabende Trompeter stößt in sein Instrument und übertönt das Schnarchen der Krieger.

Da erwachen sie alle, rennen wild herum und ziehen ihre Degen blank. Zwischen dem Kriegsgott Mars, der nicht mit Majestät oder Exzellenz, sondern mit Gradivus tituliert wird, und dem Trompeter entspinnt sich dieser Dialog:

„He! Was ist los? – Himmeldonnerwetter – Bombensternelement und Bluat von der Katz! – He da, Trompeter, he!“

„Gradivus, oberster Feldherr und Kriegsgott, ich melde mich zur Stelle.“ Der Trompeter steht stramm.

„Na endlich! Wie heißt die Kanaille, die es da wagt, mich, den Kriegsgott Mars, aus seinem wohlverdienten Schlummer zu stören? Nenn’ mir seinen Namen, daß ich ihn auf der Stelle zertrete! – Auf der Stelle!“

„Gradivus, oberster Feldherr und Kriegsgott . . . Ich melde gehorsamts: Ein neuer Krieg steht vor der Tür.“

„Ein neuer Krieg? – Ein wirklicher, toller, grauenhafter und schrecklicher Krieg? – Mann, das ist ja großartig! – Ich werde Sie befördern lassen. – Donnerwetter ein neuer Krieg!“

„Ein neuer Krieg, Gradivus!“

„Himmeldonnerwetter! Warum erfahre ich das erst jetzt? – Kriege sind mir auf der Stelle zu melden! Noch vor heiratsfähigen Töchtern und verborgenen Schätzen! Allein schon wegen der Vorfreude auf die kommenden Schlachtfeste und Mordbrennereien etc. etc. – Wird’s ein großer Krieg? Mit vielen Toten? –“

„Zu Befehl, Gradivus und oberster Kriegsgott!“

„Übrigens . . . Na, ist ja egal. Ich will’s ja noch gar nicht exakt wissen. – Aber sagen Sie, wie heißt denn der Feind?“

„Untertänigst, Gradivus, ich muß für meine Person um Nachsicht bitten. Es ist nämlich ein ganz ungewöhnlicher Feind. Es ist . . .“

„Wer ist es? – Der halbe Erdkreis etwa? – Oder der

ganze?" – Nenne mir den Feind! Je stärker er sich dünkt, umso wohler wird mir's ums Herz. Ich bin der Gott der Generalfeldmarschälle. — Viele Feinde geben viele Tote!"

„Mein Gott und oberster Kriegsherr, Gradivus, wenn du hundert Jahre lang schläfst, so einen Feind kannst du dir nicht einmal erträumen."

„He? He! – Mach mich nicht neugierig!"

„Hören Sie das Märchen: es ist nicht möglich, aber er ist es: Der Friede selber ist es! – Ich habe genaue Nachrichten. Er soll sogar schon seine stinkfaden Friedfertigkeiten eröffnet haben."

„Der Friede? Trompeter, mach keine Witze vor deinem Kriegsgott!" –

„Er ist's. Eben hat sein Gesandter die Kriegserklärung überbracht. Er will heute noch die Schlacht eröffnen."

„So? – Originell. Und was hat er für einen Kriegsgrund, der Spaßvogel?"

„Tja, er will nichts weniger als die Weltherrschaft, den ‚Weltfrieden', wie er es nennt. Er behauptet ganz frech und unverschämt – wo hab' ich das Papier? – Hier – er behauptet: Die Welt kann bisher und in Zukunft niemals durch Krieg und mit Waffengewalt, sondern einzig und allein – verzeih, Gradivus, aber das behauptet das feige Scheusal – einzig und allein durch Wissenschaft, Kunst und Frieden bezwungen werden!"

„Der Teufel soll ihn holen! – Könige, Feldherren, Soldaten! Zu den Waffen! – Himmeldonnerwetter und Sternbombenelement! Dieses ekelhafte, stinkige, feige Tier wagt es, das Szepter der Welt vor meinem Angesichte für sich auch nur mit dem Bruchteil eines Gedankens zu begehren? – Pfui Teufel!" –

Caesar tritt als erster vor und ergreift das Wort:

„Eine unmögliche Geschichte, lieber Mars, eine Schande,

die zum Himmel stinkt! Sollen denn meine fünf Feldherrentriumphe, die ich in Rom gefeiert habe, umsonst gewesen sein? So wahr ich Gaius Julius Caesar heiße, ich lasse diese Schmach nicht auf uns kommen!"

Da meldet sich auch Alexander der Große zu Wort:

„Keine Aufregung! Wir werden einen Krieg entfesseln, wie ihn die Welt noch nicht erlebt hat. Gradivus, ich, Alexander der Große, stelle mich mit Freude zur Verfügung. Die Sache wird einen glücklichen Verlauf nehmen."

„Natürlich wird sie das", erwidert Mars. „Darüber will ich ja gar kein Wort verlieren. Mir geht es hier nicht um die Sache, mir geht es ums Prinzip. Denn es wird ja geleugnet, daß allein den Waffen die Ehre gebührt und daß einzig sie befähigt sind, Länder zu erobern. – Brav! Respekt! Eine schöne, wahre und durch und durch korrupte verlogene Logik. – Ein einziger Blick zurück in die Jahrhunderte der Weltgeschichte genügt uns. Du lieber Jupiter! Wer hat denn die großen Weltreiche zugrunde gerichtet? – Wer hat vordem schon die Königreiche zu Schanden gemacht? Wer hat die Provinzen verheert und die Städte in Flammen aufgehen lassen? – Unsere Waffen sind es gewesen. Meine lieben Generäle und Heerführer haben sich darum verdient gemacht – und ihr, tapfere Soldaten!"

„Danke, Gradivus!" spricht nun wieder Caesar. „Ich kann nur sagen: schaut auf mich, wenn ihr einen Beweis braucht! Auf Gaius Julius Caesar und leset fleißig meine Kriegsberichte aus Gallien! – Ich habe eine ganze Menge rasender Völkerschaften und Nationen, die alle übrigens total barbarisch waren und das Wort Kultur noch nie gehört hatten, sie alle habe ich unterworfen und gebändigt – und etliche Begabte von ihnen zu brauchbaren Soldaten gemacht. Ich habe fünf Triumphe gefeiert. Ich habe Lusitanien, Gallien, Spanien, Griechenland, Macedonien, Ägypten und Africa unterworfen. Moment, Kollege Alexander! – Das Römische Imperium, habe ich es nicht bis an die Grenzen der Erde ausgedehnt? – Diesen Ruhm hat Rom mir, ich aber habe ihn, Gradivus, den Waffen zu verdanken."

Nun fühlt sich Alexander herausgefordert. „Darf ich jetzt ein paar wirkliche Gedanken in die Debatte streuen, Herr Kollege Caesar?", beginnt er spitz und fast beleidigt. – „Ich will hier nicht auch die Treffen alle, die ich geführt habe, der Reihe nach umständlich aufzählen, wie dies eben Caesar getan hat, das liegt mir nicht. Außerdem würde das Aufzählen allein – einen ganzen Tag dauern. Ich übergehe auch alle die zahllosen Länder, die ich erobert habe und die Völker, die ich unter mein Joch bringen konnte. Es genügt mir, einen einzigen Satz zu zitieren, einen Satz aus einem der vielen tausend Lieder und Hymnen, die seitdem auf der ganzen Welt über mich gesungen werden; der Satz lautet: ‚Ein Erdkreis allein – hat nicht genügt dem macedonischen Jüngling.' Ein wahrer Satz und schöner Vers! Bewahrt ihn im Herzen, Jünglinge! – Ich hatte mir nämlich tatsächlich mehrere Erdkreise zu unterwerfen, vorgenommen. – Aber Gradivus, ich bin nie auf die Idee gekommen, dies mit irgendwelchen faulen Künsten des Friedens zu tun – oder wie man sich da auszudrücken beliebt, mit Diplomatie etc. – nein, ich habe die Welt mit Waffen und Krieg bezwungen." –

Alle, nach ein paar Sekunden selbst Caesar, spenden Beifall.

„Zum Teufel mit dem Frieden!" ruft Mars aus. Und fährt gleich fort: „Ein anständiger Soldat bringt dieses fade Wort nicht einmal über seine Lippen. Frie – Friede?

– Pfui Teufel! – Epaminondas, Themistocles, lieber Leonidas, was sagen Sie zu diesem Skandal? – Ist das nicht eine verrückte Welt? Dieser feige Hund erfrecht sich, mir den Krieg zu erklären? – Gottlob ist es lächerlich, aber immerhin, es geht wider das Prinzip. Ich fordere die Anerkennung meiner drei Hauptlehrsätze:

1. Die Welt kann nur mit Waffen erobert werden. Secundo: sie kann nur mit Waffen im Zaume gehalten werden. Und drittens: sie kann nur mit Waffen regiert werden!

Noch heute muß mir diese erbärmliche Friedensmemme in der Gefangenschaft diese drei Lehrpunkte unterschreiben. Zu den Waffen, Soldaten! Und der Teufel hole den Frieden!"

Mars marschiert mit seinem lauten Gefolge ins Feld und räumt, links abgehend, die Bühne. Mit ihm schwindet die Nacht und mit der Morgenröte geht die Sonne auf. Und nun betritt von rechts die Göttin des Friedens, die holde Pax, die Bühne. Feierlich schreitet sie tänzelnd daher – umgeben von einer großen Anzahl guter, lieber Geister, überwiegend Patrone der Künstler und Wissenschaftler. Und die Pax singt eine große, lange Arie. Ihre reizende Gefolgschaft gruppiert sich während der Arie zu einem entzückenden, lieblichen, lebenden Bild. Zu einem Bild des tiefsten und beseligendsten Friedens: Musikanten, Tänzer und Tänzerinnen, Schäfer, Bauern, Fischer, Baumeister, Dichter, Gelehrte, Ärzte, Richter und Anwälte, Astronomen und Lehrer . . .

„Oh weiche, wilder Mars, du hast nur Tränen!", heißt die Arie.

„Wer trocknet sie? – Des Friedens stiller Segen.
Die Menschen tragen gern der Liebe Joch.
Und freudig huldigt mir die ganze Welt.

Die Fahnen dreh'n sich und die Waffen bersten.
Schon zeiget sich die neue Morgenröte.
Und bessere Saecula sind nun im kommen . . .
Im Kriege ist kein Heil!
Die Welt will Frieden haben."

„Ita est. So ist es, Celsissima! Wenn die Völker pazifiziert sind, dann erblühen die Wissenschaften", führt die schlanke Dame in ihrem Gefolge aus – es ist die Jurisprudentia. - „Wer könnte es leugnen, daß ich, die hochgelehrte Jurisprudenz, etliche Legislatores famosos unter meinen Fittichen groß und weltberühmt gemacht habe? – Legislatores famosos autem sunt orbis victores! Die Gesetzgeber sind die großen Sieger in der Welt. – Und haben etwa ein Lykurgus, ein Solon von Athen, ein Zaleukus oder ein Charandus jemals ein Schwert gezogen? Und dennoch gehorchen ihnen soviele kultivierte Städte? – Ich sage euch, sie haben nicht mehr getan, als daß sie die Gesetze aufgeschrieben haben: Leges scripsit et pacis jugum imposuit, wer Gesetze aufschreibt, errichtet das milde Joch des Friedens."

Und doch weiß der Münchner Pater Ferdinand, ist auch im Frieden nicht alles rosig, denn er läßt eine merkwürdige Illustration geschehen: An dieser Stelle überwältigen die Gerichtsschergen unter dem Beifall der Steuereinnehmer und Zöllner etliche friedliebende Bürger und nehmen ihnen die Geldbörsen ab. Dergleichen szenisches Beiwerk ergötzt das Publikum ungemein. Auch zanken sich die friedlichen Herren Juristen und Verwalter und Advokaten und Richter im Gefolge der Friedensgöttin untereinander um die Geldbörsen und Naturalien der Bürger. Ein Advokat zieht einem Bürger gar den letzten Rock aus. Das Publikum klatscht Beifall in der Michaelskirche.

Dann aber tritt die asketische Göttin der Ethik auf. Sie

ist nicht nur trist-schlank, sie ist hager-knöchern. Es gebe noch eine größere Weisheit, meint sie stolz, als die Gerechtigkeit! – Und das sei die Ethik! – „Wie sehr hat ein Pythagoras oder ein Sokrates, ein Platon oder ein Anthistenes die guten Menschen zu fesseln vermocht! Wollen die Menschen die Sitten ändern und neue Lebensformen einführen, dann müssen ihre Ohren am weisen Munde eines Ethikers hängen. Potius Ethicae praeceptis, der Ethik allein gebührt der erste Rang, haec adscribenda est victoria, ihr ist der Sieg über die Menschheit letztlich zuzuschreiben."

Im Gefolge der Friedensgöttin gibt es noch mehrere originelle Käuze, zum Beispiel den Philosophen:

„Etiam philosophem memorem? Wollt ihr, meine hochgelehrten Damen und Herren, endlich auch erfahren, was die Philosophen und Weisen darüber denken? Dias, Thales, Aristoteles, Crates und Xenocrates etc. etc., sie alle haben mit großer Tapferkeit die Menschen zu fesseln vermocht. Aber sie benützen dazu keine Stricke und Galgen, keine Waffen also, denn Stricke und Ruten, Blöcke, Daumenschrauben und Galgen sind ja auch Waffen, die Philosophen benützen nicht einmal Gesetzesbücher! Nein, sie alle haben mit der kleinsten und wirkungsvollen Waffe gekämpft, die es gibt, mit der Feder. Ein Philosoph muß endlich die Welt regieren dürfen!"

Da regen sich noch etlich illustre und lustige Herren im Gefolge der Friedensgöttin. Es kommen mit großem Aufwand die freien Künste zu Wort. Alle sind sie sich einig im Lager des Friedens, obschon es auch da erhebliche Meinungsverschiedenheiten gibt, wie Pater Ferdinand Hueber es anzudeuten sich nicht gescheut hat. Sie sind sich trotzdem alle einig, in dem Ruf: Nostra est victoria, unser ist der Sieg.

Das ist auch höchste Zeit, denn schon naht sich wütend wiederum der Mars mit seinen fluchenden Kumpanen. Die beiden Repräsentanten werfen sich kräftige Schimpfworte zu, homerische, und schicken sich gegenseitig fort oder zum Teufel. Es fehlt nicht viel und die holdselige Pax zerkratzte dem Gradivus Mars das Gesicht. Während dieser die Holdselige mit dem Schwerte zu durchbohren sucht. In diesem Augenblick erhebt sich zwischen den beiden Lagern eine Maschinerie, welche den Globus trägt; und dieser Erdball wird von den vier Erdteilen flankiert. Von oben herab aber schwebt der Genius „Concordia" des Heiligen Geistes.

„Concordiam audite! Höret die Stimme der Vernunft! Höret den Geist der Eintracht! Jedem von euch gebührt seine Ehre, dem Mars und der Pax.

Der holdseligen Friedensgöttin freilich die größere. Mars kann nur mit Furcht und Schrecken herrschen. Viel süßer aber ist der Ruhm des Friedens am Sieg über die Welt, denn er ist voll von Liebe. Schaut auf das Beispiel der Apostel, die am heutigen Tag mit dem göttlichen Geiste erleuchtet worden sind. Es war der Geist des Friedens. – Asia, hast du von diesem Geiste erfahren?"

Asia: „Ich habe von ihm erfahren!"

„Africa, hast du dich ihm ergeben?"

Africa: „Subdidi. Ich habe mich ihm ergeben."

„America, hast du seine Lehre gehört?"

America: „Ich habe sie gehört, yes."

„Hos, ut legum conditores acceptasti, Europa? Europa, hast du deine Gesetze auf die Lehren dieses Friedensgeistes gegründet?"

Europa: „Acceptavi, ich habe sie darauf gegründet."

„Non armis, sed amore ac divina eloquentia. Non gladiis, sed in Spiritu Pacis! – Nicht mit Waffen, sondern im

Geiste des Friedens! – Wie wunderbar sind die Füße derer, die das Evangelium verkünden! Mit dem Apostel hat der Friede die Welt bezwungen und heute triumphiert er glorreich! Veni Sancte Spiritus!“

Omnes: „Reple tuorum corda fidelium! Et tui amoris in eis ignem accende!“ „Und die Orgel, die Trompeten, das ganze Orchester spielt die solenne Schlußmusik.

Herrgott, waren das Zeiten, als es in München noch solche Jesuiter gegeben hat! – Die Tage kehren nicht wieder. – Ein Drama musica oder ein Heilig-Geist-Operettl wird in Sankt Michael so geschwind nicht wieder zur Aufführung kommen.

Es gibt keine Komödie in Bayern, die nicht von diesen Heilig-Geist-Einaktern aus Ingolstadt angeblasen worden wäre! – Ja, es ist von diesem Pater Ferdinand selbst zu Ludwig Thoma kein allzu großer Schritt! – Darum ist's keine Sünde, wenn wir in den Flores Rhetorici Ingolstadii des Ferdinand Hueber ein bißchen noch herumstöbern, denn der Genius Concordia, der Abgesandte des Heiligen Geistes, weht auch in der Vergangenheit und oft viel mächtiger spürbar in verstaubten Fascikeln und uralten Büchern, als in den Labors der Gegenwart und Zukunft.

Noch direkter und beinahe zeitkritsch geht es im Bellorum arbiter zu. Da streiten sich die Vertreter der europäischen Staaten um den höchsten Kriegsruhm. Der Münchner Jesuit hat einen ausgeprägten Sinn für die Macht. Wer ist der höchste? Wer ist der zweitmächtigste? – Im Bellorum arbiter also geht's um das europäische Gleichgewicht. Hueber hat das opus etwa um 1745/46 gedichtet. Merkwürdig, er läßt den Deutschen am lautesten schreien. Damals schon! – Der Franzose – der alte Verbündete Bayerns – macht sich über das rauhe, laute Teutschland sehr lustig, erinnert an die Scharmützel zu Speyer, Freiburg und Landau. – Der stolze Spanier zählt zwei Seiten lang alle seine Siege auf und nennt sich einen Lehrmeister der Feldherrenkunst. Der Italiener beruft sich – man staune – auf den Prinzen Eugen. Der Engländer hält sich für unüberwindlich zur See und erzählt von weiten Reisen. Die Ungarn und Holländer, sie alle wollen nicht zurückbleiben im heiligen römischen Reich. Es kommt beinahe zu einer Rauferei, die Merkur, wie ein Gastwirt, nur mühsam unterdrücken kann.

Aber noch übler als die Soldateska läßt Pater Ferdinand die beiden Göttinnen, die glücksbringende Fortuna und die tapfere Pallas Athene aufeinander losgehen. Sie zanken sich wie zwei bitterböse Marktweiber. – Überhaupt springt der Münchner Poet mit den olympischen Göttinnen allerwege nicht sehr zimperlich um. In den meisten seiner Predigtmärlein läßt er sie Redensarten von Marktweibern führen. So erzählt er einmal in einer Osterpredigt wie Venus und Ceres miteinander zankten, daß sich die Götter selbst aus dem Olymp verkrochen hätten und im nächsten Wirtshaus hätten sie sich Mars und Zeus und alle miteinander einen fürchterlichen Rausch angesoffen. In dieser Predigt zum Beispiel nennt Venus die Ceres einen gescherten Bauerntrampel! Und die Ceres antwortet:

„Was hast gsagt? — I waar ein Bauerntrampel! Ja, du schlechtes Venusmensch, du ausgschamtes! Weißt, was du bist? Eine Strohjungfer, eine ausgetretene!“

Das klingt doch schon um 1750 ganz komödienstadelhaft?

Eine spezielle Eigenart des Pater Ferdinand, Präsens des wittelsbachischen Georgi-Ritter-Ordens, daß er sich über die heidnischen Götzen erlustiert. Er schlägt damit gleich zwei Fliegen auf einen Schlag: einmal darf man den heidnischen Fratzen keine Ehre antun und zum anderen ist es recht lustig und die Leut lachen über die Strohjungfrau Venus und über die Bauerndirn Ceres oder gar über den versoffenen Gott Merkur. – Hören wir uns also die beiden Damen des Olymps, Pallas und Fortuna, an, wie sie der schlichtende Merkur kaum auseinanderhalten kann:

„Bittschön, meine Damen, denkens doch dran, daß Sie Damen sind und römische Göttinnen!“ – Merkur weiß sich schon fast keinen Rat mehr. Aber Pallas Athene wird nur noch wütender:

„Sie ist ein ehrgeiziges Weibsstück, dieses Luder! Wenn eine schon Fortuna heißt, dann reicht's mir. Frag nur diese Helden da! Diese Giganten der Schlachten! Die glauben deinen Sprüchen alle miteinander einen Dreck! – Ich, Pallas Athene, bin ihre Hoffnung und Zuknuft. Meine Hand ist es, die ihre Tapferkeit zum Siege führt!“

Das läßt sich natürlich die Glücksgöttin Fortuna nicht gefallen:

„Mit deinesgleichen red' ich gar nicht! Pah! Diese Bürschlein da nennst du deine Giganten! O jemine! Wie die Hasen laufen sie alle davon, wenn ich will. Ich, Fortuna, bin die Lenkerin der Schlachten. Und dabei bleibt es. Jeder ergraute Generalissimus wird es mir bestätigen: zum Kriegsführen braucht man Glück, grad so wie am Spieltisch und in der Liebe.“

„Das ist ja eine Frechheit! Wo ist dein mutiger Geist bei den furchtbaren Niederlagen? Weißt, was du bist? Ein Schandweib! Du laufst bald dorthin und bald hierhin. Du liederliches Trumm!“ –

„Darfst du so mit mir reden, du! Ich bin fei eine Göttin“, ruft Fortuna und nähert sich der Pallas Athene wie eine Furie.

Diese bleibt ihr aber nichts schuldig: „Eine Göttin! Ein Luder bist du, ein verlogenes!“

„Red' dich ruhig aus! Mir tut das nichts, ich bin fester als Gold."

„Ach, du bist launisch wie der Südostwind."

„Ich bin heller als die Sonne."

„Und so blind und dreckwühlerisch wie ein Maulwurf."

„Ehrgeiziges, gräußliches Mannweib!"

„Du Mistviech, du falsche Schlange! Du . . ."

Jetzt muß der Merkur wieder eingreifen: „Aber meine Damen! Herrschaft mal! Denkts doch dran, daß ihr Göttinnen seids! Echte römische Göttinnen!"

„Du grausame Bestie!"

„Du Lügnerin!"

Die zänkische Schimpfkanonade wird in einem knappen, neobarocken Latein geführt, das aber die bayerische Gedankenwelt durchblicken läßt: „Tu cruda, tu inurbana, tu vana, tu stula, tu inculta! Tu barbara es, tu crudelis es, tu inproba es, tu omnibus molesta es! — Tu lunatica es, tu perfida es, tu instabilis es, tu superba es, to omnibus infesta es! — Sic ferminae bellant!

„Gefühllose Barbarin! Der Neid zerfrißt dich und allen Menschen bist du lästig!"

„Du gescherter Bauerntrampel du, halt endli amal dein Mäui!"

„Keine Formalbeleidigungen, gell! Und jetzt ist eine Ruah, sonst sag ich's den Herrn Gemahlen!" ruft Merkur aus und erzielt damit erstaunlicherweise einige Wirkung.

Diesmal erscheint kein Genius der Eintracht, sondern ein anderer Abgesandter des Heiligen Geistes, der „Mars Christianus". – Auch ihn kennt der sonst so pazifistische Pater Ferdinand. Und er ruft die Helden auf zu einem heiligen Krieg wider die ungläubigen Türken. – Eine elegante Lösung unter dem Patronate Kaiser Karl VII. – Alle Helden stimmen begeistert bei. „Zu den Waffen, zu den Waffen, es siege die heilige Religion des göttlichen Erlösers!" So rufen sie von allen Seiten und die Trompeten und Pauken fallen darein. „Ad armas, ad armas, über die Türken regiere der Göttliche Geist!"

Und der letzte General, der deutsche ruft:

„Es lebe aber auch unsere Römische Majestät, Kaiser Karl VII!"

„Vivat Imperator Carolius! Veni creator Spiritus ..."

Daß Ferdinand Hueber neben diesen lautstarken Helden auch noch Typen des Alltags zeichnen kann, bestätigt die Deklamtion „Nova et vera Fortuna", ein hübsches Bild vom Studentenleben der Barockzeit in Ingolstadt.

Etliche Studiosi haben die lästige Schulzucht und die langweiligen Vorlesungen der Professoren ziemlich dick. Sie beschließen, ihr Glück in einem anderen Berufe zu suchen. Aber gerade, als sie ihre Bücher verkaufen und ihre Federkiele wegwerfen wollen, erleben sie, in einer Art Vision, jeweils eine recht heilsame Begegnung. Dem Candidatus der Jurisprudenz erscheint ein elender und bettelarmer Soldat und erzählt, wie er früher auch einmal Jurastudent gewesen war, zu den schönsten Hoffnungen berechtigt, dann es aber nicht mehr ausgehalten und noch vor dem Examina zu den Soldaten gelaufen wäre. Und was habe er jetzt?

„Ja, was hab i jetzo? A Krüppel bin i, kein Frack hab ich zum Anziehn, mit Müh und Not sowas Ähnliches wie eine Hosn. Oh, mein Gott, junger Herr, heut ist der dritte Tag, an dem i hungrig werd ins Bett gehn müssn! – Derweil hab i net amal a Bett. — O Elend, reiß d'Augn auf, schaug d'Not an! Und was aber könnt i sein, wenn i selbigsmal weiter gstudiert hätt? – Mindestens Pfleggerichts-Sekretarius! Oder vielleicht sogar Regimentsrat mit tausend Gulden im Jahr, fünf Klafter Brennholz und einem eigenen Gaul. Von einer schönen Frau Gemahlin samt folgsamer Kinderschar ganz zu schweigen! Die Gastgeber und Bierbräuer hätten eine Freud, wenn ich – ein wohlbestallter Herr – ihnen die Ehre gäb und mi tät in ihrer guten Gaststube mit Wein vollrinnen lassen. Oh! Diese verflixte Faulheit und Unlust meines Kopfes! – Schau nur, wie mich jetzt die Frauenspersonen verachten, wie sie sich ekeln vor meiner Verkommenheit! – Keine gibt mir ein Almosen, keine! – Oh, mein fauler, blöder Kopf! – Ich könnte Rentmeister sein, churfürstlicher Rat sogar! – Ja, ein Adelsprädikat hätte man mir verliehen, denn von Haus aus fehlt ihm nichts, diesem stinkbesoffenen, feigen Kopf! – Oh, junger Herr, steh mir bei, ich glaub', ich end' mein Bettlerleben auf der Straßen ... "

Dem Mediziner begegnet ein originell-verkommener Schuster, eine Art Meister Knieriem. Er wollte früher auch einmal in Ingolstadt die Arzneiwissenschaft studieren und ein zweiter Galen werden. Das Zeug hätte er dazu gehabt. Allein schon sein Blick hätte die Kranken gesund machen können, eine solch gewaltige Begabung hätte er in sich gehabt. Und er sei auch nicht selbst vom Studium davongelaufen. O, nein!

„Die ersten Kneipptage hab ich immer erst drei-vier Krügeln zusammengebracht. Ein gemütliches, geheimes Zusammensitzen in der roten Fahne. Ein bißchen hab ich mich damals auch noch geniert vor der Wirtin Töchterlein. Dann passierte das Malheur: wir siedelten über zur weißen Taube, wo es gleich drei flotte Kellnerinnen gegeben hat. Ach, war das eine sündige Zeit! Am End war meine hohe medizinische Begabung total versoffen. Dafür aber ist mein Bierbauch gewachsen und das Geld ist mir ausgegangen, die ganze hübsche Summe, die mir mein in Ehren ergrauter Vater hat mitgegeben auf die hohe Schul nach Ingolstadt. Da bin ich denn in den Schwarzen Bären gegangen, wo man auch hat auf Pump saufen können. Ja, da haben sie mich dann erwischt: Raufhändel, Schulden, Todsünden. Der Karzer hat bei mir nicht mehr angerührt. Man hat mich von der hohen Schul davongejagt und ich bin zu einem Schuster in die Lehre gekommen. Ach, du lieber Herr, was hab ich jetzt davon? – Ich will's Ihnen sagen, was ich davon hab: Jetzt, wann mich der Durst plagt, kann ich ein Wasser saufen!"

Ein anderer wieder wollte höher hinaus und hat sich mit einer Baroneß — anbetender Weise — ruiniert. Daraufhin ist er Dachdecker geworden. Jetzt darf er hoch droben auf den Dächern herumsteigen und die Kamine putzen.

Derlei visionäre Begegnungen sind den faulen Studenten wirklich eine heilsame Lehr. Und sie wollen wieder fleißig lernen. Sie gehen in die Kollegkirche und beten zum Heiligen Geist: „Veni creator Sancte Spiritus! Reple tuorum corda fidelium . . ."

Da haben wir schon spürbare Ansätze zum Volksstück, zur Vorstadtkomödie, ja zur Zauberposse. Den Hanswurst hat Pater Ferdinand allerdings noch nicht bemüht. – Er war ja dafür auch viel zu gebildet und als Georgi-Ritter-Präsens auch zu vornehm. Aber sein älterer Ordensbruder und Konkurrent, der Österreicher Johann Baptist Adolph, den man einen Abraham a Santa Clara auf der Wiener Schulbühne genannt hat, der hat etliche Wurstl auftreten lassen. - In München war man halt immer schon ein bisserl seriöser gewesen. – Hueber hat sich auch theoretisch Gedanken gemacht. Er ist fast ein kleiner Lessing. In seinen dramaturgischen Anmerkungen schreibt er:

„In den Komödien hat es eine gar große Schwierigkeit, da man nach Aristoteles bei ihnen drei Stück beachten soll:

die Einheit des Ortes, der Zeit und der Wahrscheinlichkeit. Was die Einheit des Ortes betrifft, so möchte ich wissen, ein wie großer Ort einem zugebilligt wird: eine ganze Stadt oder nur ein Haus? Oder gar nur ein Zimmer, wie einige neumodische Kritiker dahinter es haben wollen? – Wenn nur in einem Zimmer oder Haus gespielt werden darf, dann sollen sie Komödien aufführen, wo sie nichts anderes darstellen als den Diskurs der Schauspieler, die um einen Tisch herumsitzen und die Rollen einfach sprechen. – Ein Theater ist also eine Komödie aber dann nicht. Und ein Kunstwerk dreimal nicht.“ – Wie untheatralisch käme ihm mancher Bauernschwank vor?

Hueber hat sich auf mancherlei Weise zu helfen gewußt und er hat es fertig gebracht, in der Einheit der Szene die ganze Welt mit allen Erdteilen zu zeigen. Auch das macht ihm so schnell keiner nach in einer Komödie. – Unter allen Declamationen auf den Heiligen Geist ist ihm das Spiel von den Sprachen am meisten geglückt: Lingua Sancti Spiritus, Linguarum Princeps: die Sprache des Heiligen Geistes ist die Herrscherin aller Sprachen der Welt. Und ein trefflicherer Stoff hätte ihm für den Pfingsttag gar nicht einfallen können, denn am Pfingsttag haben die Apostel zu Jerusalem in allen Zungen und Sprachen gepredigt. Der Lateiner und der Grieche treten auf, der Hebräer und der Teutsche, der Spanier, Franzose und Italiener und sie alle beginnen die lebhafteste Diskussion über die Vorzüge ihrer Zungen, wie sie in der Geschichte der Philologie noch nie gehört worden ist. Auch eine Spottfigur fehlt nicht: es ist der Teuto-allamodicus, der Alla mode – Mensch, der ein rechtes Kauderwelsch spricht: es ist der unsterbliche deutsche Pseudogebildete, der auch heute noch in allen Feuilletons anzutreffen ist, die in den großen deutschen Zeitungen zwischen Hamburg und München täglich erscheinen: auch da wimmelt es nur so von hochgelehrten Teuto-allamodices.

„Monsieur, affrontieren Sie nicht den Spiritus! Auch schon man mich fernhin, Chagrin zu machen, ansonst enfin mag sich mein Degen rühren und den Despect hoch resentieren. Wie soll den Mann mit Parveur und Distinction ein einfältiger Teutscher cujonieren dürfen?"

Aber auch der „reine Germanus" meldet sich zu Wort, der ehrliche, brave deutsche Mann: „Ich bin ein Teutscher oder Allemani, das heißt ein „alle Männer". Männer mit starkem Herz und starker Hand sind das. Solche Männer können keine schwache Sprache haben.

Wo andere leere Phrasen dreschen, und schöne Worte drechseln, da spricht der Germane geradeheraus und nennt Dreck Dreck und scapha scapha. Denn die Teutsche Sprache ist auf heimischem Boden gewachsen und stammt nicht wie eure Zünglein von einem korrupten Latein her.

Jetzt fallen die anderen auf den Teutschen her. Der Franzose, Engländer, Italiener und Spanier. Merkur endlich fällt die Entscheidung und kürt das Hebräische zur Königin der Sprachen. Da aber kracht und blitzt es und der Genius des Heiligen Geistes erscheint:

„Die Sprache des Heiligen Geistes ist die Liebe. In feurigen Zungen ist diese göttliche Pneuma in der Welt erschienen und wird den Erdkreis regieren. – Vehi sancte creator Spiritus – Reple tuorum corda fidelium! – Qui per diversitatem linguarum conctarum Gentes in unitate fidei congregabis! – Komm, Heiliger Geist, erfülle die Herzen Deiner Gläubigen, die du – trotz der Verschiedenheit ihrer Sprachen in der Einheit des Glaubens zu einem Volke werden läßt!"

Und die Orgel draht auf,
d'Musikanten zu Hauf!
Der Geist weht, wo er wuil,
Aa im Kumedi-Gspuil.
Und aufm Geist kimmts drauf an –
auch im Komödienstadel.

ERSCHIENEN BEI R. S. SCHULZ

Karl-Heinz Köpcke
Guten Abend, meine Damen und Herren
DM 19,80

Peter Kreuder
Nur Puppen haben keine Tränen
DM 25,–

Hardy Krüger
Wer stehend stirbt, lebt länger
DM 26,–

Karl Lieffen
„Was fällt Ihnen ein – Lieffen"
DM 22,80

Georg Lohmeier
Geschichten für den Komödienstadel
DM 19,80

Angelika Mechtel
Die Blindgängerin
DM 25,–

Angelika Mechtel
Das gläserne Paradies
DM 25,–

Angelika Mechtel
Friß Vogel
DM 25,–

Peter de Mendelssohn
Das Gedächtnis der Zeit
DM 25,–

Werner Meyer
Carl Schmidt-Polex
Schwarzer Oktober
17 Tage Krieg um Israel
DM 9,80

Peter Norden
Das Recht der Frau auf zwei Männer
DM 16,80

Erik Ode
Der Kommissar und ich
DM 25,–

Birte Pröttel
Ein Zwilling kommt selten allein
DM 9,80

Herbert Reinecker
Feuer am Ende des Tunnels
DM 25,–

Herbert Reinecker
Das Mädchen von Hongkong
DM 19,80

Luise Rinser
Dem Tod geweiht?
DM 25,–

ERSCHIENEN BEI R. S. SCHULZ

Luise Rinser
Wie, wenn wir ärmer würden
DM 16,80

Luise Rinser
Hochzeit der Widersprüche
DM 21,–

Johannes Rüber
Wer zählt die Tage
DM 19,80

Karlfriedrich Scherer
Essen + Trinken 250,– DM für eine Familie monatlich mit einem Kind
DM 9,80

Rolf S. Schulz
Die soziale und rechtliche Verpflichtung des Verlegers
DM 7,80

Hannelore Schütz
Ursula v. Kardorff
Die dressierte Frau
DM 14,80

Monika Sperr
Die dressierten Eltern
DM 16,80

Helene Thimig-Reinhardt
Wie Max Reinhardt lebte
DM 26,–

Luise Ullrich
Komm auf die Schaukel Luise
Balance eines Lebens
DM 25,–